古典文獻研究輯刊

三九編

潘美月·杜潔祥 主編

第3冊

《山海經》校補

蕭 旭 著

國家圖書館出版品預行編目資料

《山海經》校補／蕭旭 著 -- 初版 -- 新北市：花木蘭文化事
業有限公司，2024〔民113〕
目 2+218 面；19×26 公分
（古典文獻研究輯刊 三九編；第 3 冊）
ISBN 978-626-344-923-7（精裝）
1.CST：山海經 2.CST：研究考訂
011.08   113009699

古典文獻研究輯刊
三九編　第三冊　　　　　　ISBN：978-626-344-923-7

《山海經》校補

作　　　者　蕭旭
主　　　編　潘美月、杜潔祥
總 編 輯　杜潔祥
副總編輯　楊嘉樂
編輯主任　許郁翎
編　　　輯　潘玟靜、蔡正宣　美術編輯　陳逸婷
出　　　版　花木蘭文化事業有限公司
發 行 人　高小娟
聯絡地址　235 新北市中和區中安街七二號十三樓
　　　　　　電話：02-2923-1455／傳真：02-2923-1452
網　　　址　http://www.huamulan.tw 信箱 service@huamulans.com
印　　　刷　普羅文化出版廣告事業
初　　　版　2024 年 9 月
定　　　價　三九編 65 冊（精裝）新台幣 175,000 元　　版權所有・請勿翻印

《山海經》校補

蕭旭 著

作者簡介

蕭旭，男，漢族，1965 年 10 月 14 日（農曆）出生，江蘇靖江市人。南京師範大學客座研究員。中國訓詁學會會員，中國敦煌吐魯番學會會員，江蘇省語言學會理事。

無學歷，無職稱，無師承。竊慕高郵之學，校讀群書自娛。出版學術專著《古書虛詞旁釋》、《群書校補》、《群書校補（續）》、《群書校補（三編）》、《淮南子校補》、《韓非子校補》、《呂氏春秋校補》、《荀子校補》、《敦煌文獻校讀記》、《史記校補》、《道家文獻校補》凡 11 種，都 920 萬字（修訂版 960 萬字）。在海內外學術期刊發表學術論文 140 餘篇，都 230 餘萬字。

提　　要

《山海經》18 卷，大抵成書於戰國，東晉郭璞注。明清以還，研究《山海經》的著作主要有王崇慶《山海經釋義》、楊慎《山海經補注》、吳任臣《山海經廣注》、畢沅《山海經新校正》、汪紱《山海經存》、郝懿行《山海經箋疏》、郝懿行《山海經訂譌》、陳逢衡《山海經彙說》。郝氏成就最高。後人出版的《山海經》研究著作，大抵抄撮眾說，陳陳相因。或無考證文獻的根蒂，信口胡說，多不足信。本書參校眾本，博覽眾說，著意於校勘訓詁，力探古語真諦，以期更進一步讀懂《山海經》。

目

次

《山海經》校補

　　《山海經》18 卷，大抵成書於戰國，東晉郭璞注〔註1〕。明清以還，研究《山海經》的著作主要有如下各種：王崇慶《山海經釋義》〔註2〕，楊慎《山海經補注》〔註3〕，吳任臣《山海經廣注》〔註4〕，黃丕烈《山海經校勘記》〔註5〕，畢沅《山海經新校正》〔註6〕，汪紱《山海經存》〔註7〕，郝懿行《山海經箋疏》、《山海經訂譌》〔註8〕，陳逢衡《山海經彙說》〔註9〕，吳承志《山海經地理今釋》〔註10〕，俞樾《讀山海經》〔註11〕，呂調陽《五藏山

〔註1〕郭璞注中曾引過「璨曰」，不知「璨」是何人。
〔註2〕王崇慶《山海經釋義》，收入《山海經穆天子傳集成》第1冊，上海交通大學出版社 2009 年影明萬曆刻本，第 145～290 頁。
〔註3〕楊慎《山海經補注》，收入《山海經穆天子傳集成》第1冊，影光緒刻本，第 291～305 頁。
〔註4〕吳任臣《山海經廣注》，收入景印文淵閣《四庫全書》第 1042 冊，臺灣商務印書館 1986 年初版，第 85～243 頁。吳氏《廣注》另有康熙 6 年（1667）刻本、康熙丙子本（1696）、乾隆 51 年（1786）刻本，余皆未見。
〔註5〕黃丕烈《山海經校勘記》，收入《山海經穆天子傳集成》第1冊，第 142～143 頁。
〔註6〕畢沅《山海經新校正》，收入《山海經穆天子傳集成》第2冊，影光緒刻本，第 159～287 頁。
〔註7〕汪紱《山海經存》，收入《山海經穆天子傳集成》第2冊，影光緒刻本，第1～131 頁。
〔註8〕郝懿行《山海經箋疏》（欒保群整理），中華書局 2019 年版。郝懿行《山海經訂譌》，附於郝懿行《山海經箋疏》。《訂譌》與《箋疏》說同而重出者，只引《箋疏》，不重複引用。
〔註9〕陳逢衡《山海經彙說》（劉朝飛點校），花木蘭文化事業有限公司 2023 年版。
〔註10〕吳承志《山海經地理今釋》，收入《山海經穆天子傳集成》第3冊，影民國刻本，第1～189 頁。
〔註11〕俞樾《俞樓雜纂》卷 23《讀山海經》，收入《山海經穆天子傳集成》第3冊，影春在堂全書本，第 241～250 頁。第 252～261 頁又收俞樾《諸子平議補錄·

經傳》〔註12〕，孫詒讓《山海經郭璞注札迻》、《山海經圖讚札迻》〔註13〕，陳漢章《郝疏山海經識語》〔註14〕，范祥雍《山海經箋疏補校》〔註15〕，袁珂《山海經校譯》、《山海經校注》〔註16〕，徐顯之《山海經探原》〔註17〕，郭郛《山海經注證》〔註18〕，欒保群《山海經詳注》〔註19〕，賈雯鶴《〈山海經〉專名研究》〔註20〕。

王崇慶《釋義》只是評論性質，不脫明人陋習，語多蹈虛，幾無精義可採。《四庫全書總目》評論其書說：「崇慶間有論說，詞皆膚淺，其書亦書肆俗工所臆作，不為典據。」〔註21〕黃丕烈《校勘記》只是把宋本、黃省曾本、吳毓萢菴本的異文記錄於《古今逸史》本上，文字簡單。阮元曰：「吳氏《廣注》徵引雖博而失之蕪雜，畢氏校本於山川考校甚精，而訂正文字尚多疏略。今郝氏究心是經，加以箋疏，精而不鑿，博而不濫。」〔註22〕梁啟超評論吳氏《廣注》說：「濫引《路史》及六朝唐宋詩文，以至晚明惡劣類書，殊無義法。」〔註23〕阮元、梁啟超的評論中肯，但吳氏亦偶有精義，不可輕棄，需要讀者披沙揀金。郝懿行《〈山海經箋疏〉敘》自稱「箋以補注，疏以證經」，廣徵群書，在文字考訂上代表清人研究《山海經》的最高成就，但他汲取吳氏《廣注》、畢氏《校正》的意見，多不標示出處，不很規範。余嘉錫即指出：「郝疏往往襲畢氏之語，易『沅曰』為『懿行案』，即攘為己有，即或小有異同，亦多取材

　　　山海經》。二篇全同，本文引用前者。
〔註12〕呂調陽《五藏山經傳》，收入《山海經穆天子傳集成》第3冊，影光緒刻本，第264～366頁。
〔註13〕孫詒讓《山海經郭璞注札迻》、《山海經圖讚札迻》，收入孫詒讓《札迻》卷3，中華書局1989年版，第90～98頁。
〔註14〕陳漢章《郝疏山海經識語》，收入《陳漢章全集》第15冊，浙江古籍出版社2014年版，第125～146頁。
〔註15〕范祥雍《山海經箋疏補校》，上海古籍出版社2013年版。過錄王念孫、費念慈、王鑒（字佩諍）三家校語。其字潦草不易辨識，本文不全部徵引。
〔註16〕袁珂《山海經校譯》，上海古籍出版社1985年版。袁珂《山海經校注》（最終修訂本），北京聯合出版公司2014年版。本稿引用依據《校注》。
〔註17〕徐顯之《山海經探原》，武漢出版社1991年版。
〔註18〕郭郛《山海經注證》，中國社會科學出版社2004年版。
〔註19〕欒保群《山海經詳注》，中華書局2019年版。
〔註20〕賈雯鶴《〈山海經〉專名研究》，中國社會科學出版社2020年版。
〔註21〕《四庫全書總目》卷144，中華書局2003年版，第1227頁。
〔註22〕阮元《刻〈山海經箋疏〉序》，郝懿行《山海經箋疏》（欒保群整理），中華書局2019年版，第1頁。
〔註23〕梁啟超《中國近三百年學術史》，上海古籍出版社2014年版，第234頁。

於畢。（余氏舉二例，茲略）詳略雖異，而引用略同。何不先載畢氏之語加以補正乎？同注一書，取資前人，而必欲功歸於己，非學者之所宜也。」〔註24〕據冷亦統計，郝氏引用畢沅說 41 條，指出「更多情況是採用了卻沒有說明」〔註25〕。張之洞指出「郝勝於畢」〔註26〕，亦是事實，所謂後出轉精也。陳逢衡《彙說》長於史實及地理考證，語多精闢。顧頡剛未見《彙說》〔註27〕，據其《逸周書補注》評曰：「陳逢衡畢生研究古文，著作甚多，而學識庸下。」〔註28〕顧說非確論。呂調陽常常憑空穿鑿，逞勇妄調經文次序，妄改經文文字，亂說訓詁，所出新見，幾無一當。此非我妄言，范祥雍即說「其屬於臆測影響之詞則蓋（概）屏不取（如呂調陽的《五藏山經傳》、吳承志《山海經地理今釋》很少採用）」〔註29〕。賀次君稱吳承志《山海經地理今釋》「平實」〔註30〕，非其實也。張步天說「《五藏山經傳》不列舉各家注釋，徑自發揮，表現了不附合別人，刻意正本清源獨成一說的治學風範」〔註31〕，亦非其實也。胡說一通不是什麼正本清源獨成一說，恰恰相反，是亂本濁源獨出妄說耳。今人袁珂《校注》的校語絕大多數都自畢沅、郝懿行說化裁而出（竊用郝說尤多）〔註32〕，自出校語極希，偶爾補充二條材料。袁氏未曾見余嘉錫評語乎？攘竊

〔註24〕余嘉錫《讀已見書齋隨筆‧郝懿行〈山海經箋疏〉》，收入《余嘉錫論學雜著》，中華書局 2007 年版，第 680 頁。

〔註25〕冷亦《畢沅〈山海經新校正〉研究》，四川師範大學 2016 年碩士論文，第 50 頁。李尚維統計指出郝懿行引用畢沅說 46 條，亦指出郝氏的襲用情況。統計資料有差異，我未核檢。李尚維《郝懿行〈山海經箋疏〉的學術價值》，四川師範大學 2017 年碩士論文，第 103 頁。

〔註26〕張之洞《書目答問》，上海古籍出版社 2001 年版，第 87 頁。

〔註27〕顧頡剛曰：「聞胡厚宣言穆堂尚有《山海經注》，未見其他記載，而固亦可有。」陳逢衡字穆堂。顧頡剛《顧頡剛讀書筆記》卷七《李慈銘記陳逢衡書》，中華書局 2011 年版，第 240～241 頁。

〔註28〕顧頡剛《顧頡剛讀書筆記》卷五《陳逢衡為護〈偽古文〉而注〈逸周書〉》，第 181 頁。

〔註29〕范祥雍《山海經箋疏補校》范邦瑾寫的《影印說明》抄錄范祥雍給中華書局編輯部的信，上海古籍出版社 2013 年版，第 5 頁。

〔註30〕賀次君《〈山海經地理今釋〉校勘記》，《書林》（半月刊）第 2 卷第 3 期，1937 年版，第 11 頁。

〔註31〕張步天《呂調陽〈山海經〉研究初探》，《湖南城市學院學報》2013 年第 1 期，第 29 頁。

〔註32〕據冷亦統計，袁氏引用畢沅說 37 條，「亦有引用了卻未說明的情況」。梁蕊的碩士論文普查袁珂《校注》，於各條分別指出袁珂《校注》襲用郝懿行說而不作說明的情況，而且袁氏抄襲前人說又不認真，往往有脫衍或倒誤，梁蕊於論文第 81～82 頁列表統計袁珂襲用郝說 151 條，襲用畢說 3 條，甚是詳盡。但

前人成說而雜湊成書，亦「非學者之所宜也」。今人往往為袁氏所欺，比如徐顯之就往往上當（正文中有舉證）。李無未誤以為袁珂《校注》中「珂案」所說的音轉關係都是袁氏首創〔註33〕，而不知袁氏實多是抄襲前人。衣淑豔博士論文引的袁珂校語〔註34〕，其中大部分實出於前人。郭郛的專業本是昆蟲學，沒有文獻學的根底，《注證》所出語言學的新說全是荒謬之言，本文引其前二卷的說法，以見一斑。欒保群《詳注》則是雜錄眾說而成，未見欒氏自出機杼者，無所發明，沒有學術價值。周明《山海經集釋》全是彙錄前人成說，集而不釋〔註35〕。劉瑞明《山海經新注新論》通書濫說音轉，所出新說匪夷所思〔註36〕。本文都不作徵引。徐旭生《讀〈山海經〉札記》於《山海經》錯簡提出自己的意見〔註37〕，頗有參考價值。

　　夫不通古音，不明故訓，難與言《山海經》奧義。所謂的神話研究、地理研究等等，只是空中樓閣、南轅北轍，斷不可信。茲舉二例：①《海外北經》「北方禺彊」，郭璞注：「莊周曰：『禺彊立於北極。』一曰禺京。一本云：『北方禺彊，黑身手足，乘兩龍。』」袁珂曰：「北海海神適名禺京，又字玄冥，此與莊周寓言中『北冥之鯤（鯨）』豈非有一定之關聯乎？而『鯨』字本作『鱷』，《說文》：『鱷，海大魚也，從魚，畺聲。』又與『禺彊（禺京）』之『彊』合。『黑身手足』之禺彊，猶『手足魚身』之陵魚，均人魚之類，『黑身』蓋『魚身』之訛也。」（P223）袁氏以「禺彊（京）」牽附作鱷（鯨）魚，至欲妄改一本經文，全不足信。②吳曉東說：「『句芒』的『句』是詞頭，無實意。『芒』即光芒。太陽每天從東邊升起，光芒每天從東方開始出現，故稱東方之神為『句芒』。」〔註38〕吳氏不考故訓，信口開合，荒謬至極。《白虎通・五行》：「句芒者，物之始生。」「句芒」音轉又作「句萌」、「勾萌」、「區萌」，《淮南子・時

　　　　第 2 頁梁蕊又稱「《校注》校勘精細，是一部非常嚴謹的著作」，明顯邏輯不通。冷亦《畢沅〈山海經新校正〉研究》，四川師範大學 2016 年碩士論文，第 52 頁。梁蕊《山海經校注》校補，貴州大學 2015 年碩士論文。

〔註33〕李無未《山海經校注》「珂案」音釋獻疑，《古籍整理研究學刊》1994 年第 2 期，第 17～19 頁。

〔註34〕衣淑豔《郭璞〈山海經注〉研究》，東北師範大學 2013 年博士論文。

〔註35〕周明《山海經集釋》，巴蜀書社 2019 年版。

〔註36〕劉瑞明《山海經新注新論》，甘肅文化出版社 2016 年版。

〔註37〕徐旭生《讀〈山海經〉札記》，收入《中國古史的傳說時代》（增訂本）附錄三，文物出版社 1985 年版，第 291～302 頁。

〔註38〕吳曉東《山海經》語境重建與神話解讀》，中國社會科學出版社 2013 年版，第 211 頁。

則篇》：「養幼小、存孤獨，以通句萌。」《禮記・樂記》：「然後草木茂，區萌達，羽翼奮。」《周禮・春官・占夢》賈公彥疏引《樂記》鄭玄注：「屈生曰區，芒而直出曰萌。」〔註39〕《釋文》：「區，依注音句。」《管子・五行》：「草木區萌。」王念孫曰：「區萌即句芒。」〔註40〕句音鉤，曲也。芒指木芒。木神即東方之神曰「句芒」者，得名於草木在春天萌芽而出生。《御覽》卷18引《三禮義宗》：「五行之官也，木正曰勾芒者，物始生，皆勾屈而芒角，因用為官名也。」《左傳・昭公二十九年》：「木正曰句芒。」杜預注：「取木生句曲而有芒角也。」《太玄・玄數》：「神句芒。」范望注：「句，取物春句屈而生。」《禮記・月令》孔疏：「是句芒者，主木之官。木初生之時，句屈而有芒角，故云句芒。」再考《史記・樂書》：「區萌達。」《禮記・月令》：「句者畢出，萌者盡達。」達、徹一聲之轉，亦出也。二書一義而表達句式不同，《禮記》「句」與「萌」對文，《史記》「區萌」連文，「句」絕不是什麼詞頭，無實義。

　　以下幾種我未見：歐繽芳《山海經校證》〔註41〕，張步天《山海經解》〔註42〕，周運中《山海經通解》〔註43〕，劉思亮《〈山海經・五藏山經〉校箋》〔註44〕。

　　關於《山海經》的版本，可以參看賀次君的論文〔註45〕。今據郝懿行《箋疏》光緒十二年刻本為底本，校以《古逸叢書三編》影北京圖書館藏南宋淳熙七年刻本（簡稱宋刊本）、元代曹善（字世良）抄本（簡稱元抄本）、明道藏本（缺卷14、15）、四部叢刊影明成化刊本（簡稱明刊本）、四庫全書本，並廣泛查檢各類書及宋代以前舊注所引文字異同而作校補。隨文標示上列各書頁碼，以便覆按。

　　本文引用朱駿聲說皆據《說文通訓定聲》〔註46〕。引用三部唐代韻書P.2011王仁昫《刊謬補缺切韻》、蔣斧印本《唐韻殘卷》、裴務齊《正字本刊謬補缺切韻》，分別省稱作王《韻》、蔣《韻》、裴《韻》。引用類書版本如下：孔廣陶校

〔註39〕今本《樂記》注脫「芒而直出曰萌」。
〔註40〕王念孫《管子雜志》，收入《讀書雜志》卷8，中國書店1985年版，本卷第15頁。
〔註41〕歐繽芳《山海經校證》，台大文哲哲學報刊本。
〔註42〕張步天《山海經解》，（香港）天馬圖書有限公司2004年版。
〔註43〕周運中《山海經通解》，花木蘭文化出版社2021年版。
〔註44〕劉思亮《〈山海經・五藏山經〉校箋》，復旦大學2019年博士學位論文。
〔註45〕賀次君《〈山海經〉之版本及關於〈山海經〉之箸述》，《禹貢》（半月刊）第1卷第10期，1934年版，第9～20頁。
〔註46〕朱駿聲《說文通訓定聲》，武漢市古籍書店1983年版。

刻本《北堂書鈔》（省稱作《書鈔》），南宋刻本《藝文類聚》（省稱作《類聚》），宋刊本《初學記》（古香齋本如有異文，則亦出之），宋刊本《白氏六帖事類集》（省稱作《白帖》），景宋本《太平御覽》（省稱作《御覽》），南宋刻本《事類賦注》，四庫本《記纂淵海》。

《南山經》第一校補

（1）猨翼之山，其中多怪獸，水多怪魚。

　　郭璞注：凡言怪者，皆謂兒狀倔奇不常也。《尸子》曰：「徐偃王好怪，沒深水而得怪魚，入深山而得怪獸者，多列於庭。」

　　楊慎曰：猨豈有翼哉？言此山之險而難登，猨亦須翼。諺所謂「猢孫愁也」。（P294）

　　吳任臣曰：楊慎云云。又《淮南子》云「臨蝯眩之岸」，亦此義。（P87）

　　呂調陽曰：《初學記》引作「稷翼」，誤。猨翼山池水象雌猨懷孕之形，故曰猨翼。翼猶冀也，冀從異，子未生也。（P265）

　　柯昌濟曰：《漢・諸侯王表》「長沙王子封攸輿侯」。「攸輿」、「猨翼」亦聲轉音近之地，然無他確證，是否待徵〔註47〕。

　　袁珂曰：郝懿行云：「《初學記》27卷引此經作『稷翼之山，多白玉』。」珂案：王念孫云：「《一切經音義》九十三引作『即翼之山』，下文又有『即翼之澤』。」是也。（P3）

按：《玄應音義》卷9、《慧琳音義》卷46引作「即翼之山」。袁珂所引王念孫說，范祥雍過錄作「《一切經音義》九（十二頁）」〔註48〕。袁珂誤錄成「九十三」，郭郛（P20）、欒保群（P7）、賈雯鶴（P73）亦是照抄，而未覆核出處，不思《玄應音義》總共25卷，哪有卷93呢？王念孫又指出《初學記》卷27引作「稷翼」、《御覽》卷805引作「稷契」。元抄本亦作「稷翼」，《事類賦注》卷9引同；《御覽》卷50引作「猥翼」。「即」、「稷」古音同，「猨」、「猥」當是「稷」形譌。《御覽》作「稷契」者習于成詞而誤。吳任臣從楊慎說，據誤字說之，非是。呂調陽怪異之說，不足信也。《御覽》卷50引注「倔奇」作「掘奇」，「多列」作「爭列」，無二「深」字。

─────────────

〔註47〕柯昌濟《讀山海經札記》，《古學叢刊》1939年第1期，第2頁。
〔註48〕范祥雍《山海經箋疏補校》過錄王念孫說，上海古籍出版社2013年版，第11頁。

（2）長右之山……有獸焉，其狀如禺而四耳，其名長右，其音如吟，見則郡縣大水。

郭璞注：如吟，如人呻吟聲。

畢沅曰：舊本「舌」作「右」，《廣韻》引此作「長舌」。（P173）

郝懿行曰：《廣韻》引「長右」作「長舌」。（P10）

按：上文「招搖之山……有獸焉，其狀如禺而白耳，伏行人走，其名曰狌狌」，疑此「四耳」亦當作「白耳」，然《山海經圖讚》及《廣韻》「舌」字條、《御覽》卷913引均已作「四耳」。畢沅改作「長舌」是也，與「其音如吟」相應。《御覽》卷913引誤作「長古」。《廣韻》引「見」作「出」。

（3）堯光之山，其陽多玉，其陰多金。有獸焉，其狀如人而彘鬣，穴居而冬蟄，其名曰猾褢，其音如斲木，見則縣有大繇。

郭璞注：猾褢，滑懷兩音。其音如斲木，如人斫木聲。

吳任臣曰：褢，古懷字。《御覽》作「禣襄」，《廣博物志》作「猾㣰」，皆誤。（P90）

郝懿行曰：《御覽》卷813引作「克光之山，其陰多鐵」。《御覽》卷913引「猾褢」作「禣褢」。（P11）

呂調陽曰：「褢」、「裹」通。此經本作「𥅀」，從目從𢆶，匠人相擇積材也。猾𥅀斲難人如犬噬骨也，以其音名。（P271）

按：呂調陽亂改經文，「𥅀」不知何字，其解說亦不知所據。明鈔本《開元占經》卷117引「堯光」同，「猾褢」誤作「猗猿」，下又多「或曰署襄」四字，「斲」作「斷」〔註49〕。《御覽》卷913引「堯光」亦同，「猾褢」作「禣褢」。吳校誤也。「猾褢」名義待考。《御覽》卷813作「克光」者，形近而誤。

（4）成山……閼水出焉。

郭璞注：閼，音涿。

畢沅曰：舊本「閼」作「閑」，音涿。《說文》、《玉篇》俱無此字。《玉篇》有「閼」字，式旨切，藏經本亦作「閼」，今從之。（P173）

汪紱曰：「閑」一作「閼」，音涿。（P10）

〔註49〕四庫本在卷116，「猾褢」、「斲」同今本。清鈔本亦在卷116，「猾褢」作「猾猿」，「或曰署襄」作注文，「斲」同今本。

　　郝懿行曰：《玉篇》云：「閖，式旨切」，從豕不從豖。藏經本亦作「閖」。
（P13）

　　呂調陽曰：閖水，金谿水也。閖，廄門也，防馬外逸，每啟輒閖之。金谿
水南流而東，虖勺自西南反，曲流來會之，象閖門，故曰閖。（P271～272）

　　邵瑞彭引吳承仕曰：「沅說非也。《玉篇》從豕之字，注云『門也』，音式
視（旨）切。《集韻》、《類篇》『閖』字注云：『水名。《山海經》：「成山閖水出
焉。」』有都木、竹角二反。此音正本之郭注。然則舊本作『閖』音涿者是也。
畢氏乃以是為非，郅為疏失。」〔註50〕

　　柯昌濟曰：「閖」字從門從豖。郭注音涿，似非古讀。又凡古文從豖之字多
有豳音，《國語》「楚靈王三此汾沮以服吳越」，與此水亦合，或即此水矣〔註51〕。

　　袁珂曰：藏經本「閖水」作「閖水」，王念孫校郭注「音涿」作「音豕」，
是也。（P10）

按：宋刊本、道藏本、明刊本俱作「閖水」，注作「音涿」。王念孫訂作「閖水」，
　　注作「音豕」〔註52〕。郝本注作「涿」。汪紱本正文作「閖」，不知所據，
　　而呂調陽又從而為之辭，亦是郅書燕說耳。吳承仕說是。《集韻・覺韻》：
　　「閖，竹角切，水名。《山海經》：『成山，閖水出焉。』」〔註53〕又《屋
　　韻》：「閖，都木切，水名。」〔註54〕據其韻部及反切，則《集韻》字從豖
　　不從豕。復考《玉篇》：「閖，式旨切，閖門也。」王《韻》：「閖，門扇。」
　　「閖」不是水名。則諸家改字，皆未得也。

（5）洵山……有獸焉，其狀如羊而無口，不可殺也，其名曰𤞤。

　　郭璞注：洵，一作旬。

　　畢沅曰：《玉篇》引作「旬山」。（P174）

　　郝懿行曰：《玉篇》引作「旬山」。《御覽》卷941引作「旬山」，與郭注合。
（P15）

按：元抄本作「旬山」（無郭注），《集韻》「𤞤」字條引同。《玉篇》「𤞤」字條

〔註50〕邵瑞彭《山海經餘義》，《國學叢編》第1卷第1期，1931年版，第1頁。
〔註51〕柯昌濟《讀山海經札記》，《古學叢刊》1939年第1期，第3頁。
〔註52〕范祥雍《山海經箋疏補校》過錄王念孫說，上海古籍出版社2013年版，第20頁。
〔註53〕《集韻》據潭州宋刻本，金州軍刻宋本、曹氏棟亭本、錢恂藏揚州使院本、日
　　　　本天保九年重刊顧廣圻補刻本同，宋初明州刻本、寧波明州述古堂影宋鈔本
　　　　作「閖」。
〔註54〕《集韻・屋韻》各本都同。

引作「句山」，明顯是「旬山」之誤。下文「洵水出焉」，郭璞注：「音詢。」水以山得名，足證「句」字誤也。

（6）其中有虎蛟，其狀魚身而蛇尾，其音如鴛鴦。

袁珂曰：王念孫校「音」作「首」，引有多證，此不具。（P14）

按：畢沅本作「其首」而無說（P175），王念孫引《文選‧江賦》李善注、《御覽》卷930引作「音」，又引此經上文及《東山經》、《西山經》「其音如鴛鴦」以訂畢書之誤〔註55〕。袁珂沒看明白，竟說王校「音」作「首」，粗疏已甚。《開元占經》卷120引亦作「音」字。

（7）其中有鱄魚，其狀如鮒而彘毛，其音如豚，見則天下大旱。

畢沅曰：《說文》云：「鱄，魚名。」李善注《文選》引作「蟤」，非。（P175）

郝懿行曰：《說文》云：「鱄，魚名。」李善注《江賦》引作「蟤魚」，《廣韻》亦作「蟤魚」，非也。彘毛，《廣韻》作「豕尾」。（P20）

王念孫曰：彘毛，《御覽》卷35引作「彘尾」，《文選‧江賦》〔注〕同。《御覽‧鱗介十一》作「毛」，《初學〔記〕‧鱗介》同（引者按：即《初學記》卷30、《御覽》卷939）〔註56〕。

袁珂曰：《御覽》卷35作「彘尾」，《文選‧江賦》注同。（P16）

按：袁氏竊自王說，郭郛即為其所欺（P60）。李善注引作「蟤」者，改字以就《江賦》正文「蜦蟤」。《御覽》卷939「黑水」誤作「暴水」，「鱄」誤作「蟤」。《集韻》「鱄」字條引「鱄魚」同，亦作「彘尾」，謂「鱄」或作「蟤」。「毛」是「尾」脫誤。

（8）令丘之山，無草木，多火。

按：《御覽》卷869、《事類賦注》卷8、《集韻》「鷗」字條引「令丘」同，《玉燭寶典》卷1引誤作「今丘」。《御覽》、《事類賦注》「多火」上有「其上」二字。

（9）有木焉……其狀如穀而赤理，其汁如漆，其味如飴，食者不飢，可以釋勞，其名曰白莟。

郭璞注：或作「罷蘇」。罷蘇一名白莟，見《廣雅》。

〔註55〕范祥雍《山海經箋疏補校》過錄王念孫說，上海古籍出版社2013年版，第25頁。

〔註56〕范祥雍《山海經箋疏補校》過錄王念孫說，上海古籍出版社2013年版，第27頁。

畢沅曰：「汗」當為「汁」字之譌，《御覽》卷 50 引正作「汁」。《說文》：
「楷，木也。」疑即此。「莕」非古字。（P176）

郝懿行曰：《廣雅》云：「菒蘇，白莕也。」（P21～22）

按：道藏本作「汁」不誤，《圖讚》：「白莕羃蘇，其汁如飴。」亦作「汁」。宋
刊本、明刊本、四庫本都誤作「汗」。「莕」即「菒」音轉。《御覽》卷 50
引「白莕」誤作「白若」。畢說「莕」即「楷」非是。

《西山經》第二校補

（1）錢來之山，其上多松，其下多洗石。

郭璞注：澡洗，可以礍體去垢圿。礍，初兩反。

郝懿行曰：「礍」當為「瓵」。《說文》云：「磋垢瓦石。」（P24）

呂調陽曰：「耒」舊譌作「來」。耒，犁轅也。錢，粗金也。宏農兩源合東
流環曲而北注河，象縣犁冒金於耒，故曰「錢耒」。濯足謂之洗。洗
石今名華藥石，出華陝諸山中，屑之可治足縫出水，故名，非去垢圿之謂也。（P275）

按：呂氏妄改妄說。明刊本注「澡」誤作「藻」。「礍」同「瓵」，不煩改字。
以瓦石於水中磨洗物體，故從石從瓦無別。字亦作渼、㓾、挾〔註57〕。又
作腅，特指磨洗五臟。中村不折藏本《搜神記》：「開腸，腅洗五臟，劈腦
出蟲。」

（2）有獸焉，其狀如羊而馬尾，名曰羬羊，其脂可以已腊。

郭璞注：治體皴腊。音昔。

畢沅曰：「腊」借為「皴腊」之「腊」也。《廣雅》云：「皸、皵，皼也。」
俗字。（P177）

郝懿行曰：腊，此借為「皴腊」之字。（P25）

按：吳任臣本「脂」誤作「指」，《御覽》卷 913 引「脂」誤作「胎」。元抄本
注作「治體腊也」，《御覽》卷 913 引同。《御覽》卷 902 引「羬」誤作「鍼」。
畢、郝說是也。「腊」指皮膚粗糙開裂，與「皴」同義。王念孫指出『腊』
與『皵』通。」〔註58〕《慧琳音義》卷 33 引郭注：「皵謂皮皴也。」又卷

〔註57〕參見蕭旭〈「治魚」再考〉，收入《群書校補（續）》，花木蘭文化事業有限公司
2014 年版，第 2144 頁。

〔註58〕王念孫《廣雅疏證》，收入徐復主編《廣雅詁林》，江蘇古籍出版社 1992 年版，
第 358 頁。

69 引郭注：「皵亦謂皮皴也。」《慧琳音義》卷 41、62、69、83 並引《埤蒼》：「皴，皵也。」《爾雅》：「大而皵楸。」郭璞注：「老乃皮麤皵者為楸。皵音鳥，又音錯。」又「槐小葉曰榎；大而皵，楸；小而皵，榎。」郭璞注：「皵，老乃皮麤皵者為楸，小而皮麤皵者為榎。」木皮粗糙開裂則作「楒（櫪）」，《爾雅》：「楒，皵。」郭璞注：「謂木皮甲錯。」王《韻》：「楒，皮甲錯。或作皵、渻。」《集韻》：「櫪、楒：木皮理麈（粗）也。或省。通作皵。」「皵」的語源是「粗」。《廣雅》：「皺、皵，皾也。」王念孫曰：「皾之言麤（粗）也。皾、皵一聲之轉。」〔註59〕

（3）有鳥焉，其名曰䲰渠，其狀如山雞，黑身赤足，可以已暴。

郭璞注：䲰音彤弓之彤。謂皮皴起也。音巨駿反。

楊慎曰：䲰音同。「䲰渠」即「鸋渠」。舊注音彤，謬。（P295）

畢沅曰：《爾雅》作「鸀渠」，《漢書》司馬相如賦作「庸渠」，《說文》作「鸀渠」，皆即此鳥。「䲰」非古字，當為「鸀」。「暴」當為「暴」，依義當為「皰」。《說文》：「皰，面生气也。」《玉篇》又作「皺」、「皼」二形，皆俗字。（P177）

郝懿行曰：「鸀渠」與「䲰渠」形狀既異，名稱又殊，說者多誤引，今正之。「暴」疑當為「暴」，借為「皴剝」之字。（P25）

孫詒讓曰：暴、暴、瀑聲義並略同，皆謂皮肉墳起也。郭云「皮皴起」，當亦謂肉墳而皮皴。畢、郝並未得其義。（P91）

按：注「皴」，道藏本作「破」，明刊本、吳任臣本、四庫本作「皴」（宋刊本其字左旁破損）。《集韻》「䲰」字條引「䲰渠」誤作「䲰梁」。《玄應音義》卷 10 引郭璞注作「爆謂皮散（皵）起也」。①吳承仕曰：「『彤』以同韻借字『融』。䲰讀為彤正與『鸀渠』音近，明為同物。」黃侃指出：「『䲰』從鳥，蟲省聲。舌音之蟲可讀融，則䲰讀舌音亦何不可，不必轉讀彤日之彤而後可通也。」〔註60〕「䲰」從蟲省聲，故郭璞音彤，音轉讀「庸」聲。《說文》：「鸀，鳥也。」《漢書·司馬相如傳》《上林賦》：「煩鶩庸渠。」《文選》同，《史記》作「鵬䳩」。郭璞注：「庸渠似鳧，灰色而雞腳，一

〔註59〕王念孫《廣雅疏證》，收入徐復主編《廣雅詁林》，江蘇古籍出版社 1992 年版，第 358 頁。
〔註60〕吳承仕《經籍舊音辨證》卷 7《〈山海經〉郭璞注》，中華書局 2008 年版，第 372頁。黃侃《經籍舊音辨證箋識》，吳承仕《經籍舊音辨證》附錄一，第 414 頁。

名章渠。」顏師古注：「庸渠，即今之水雞也。」P.2018《唐韻》：「鷛，鷛鶏。鳥名，似鴨雞足。」《玉篇》：「鸙，鸙鶏鳥，似鳧，一名鶄鶄。」《廣韻》：「鶄，吳人呼水雞為鶄渠。」考《說文》：「臺，古文墉。」「庸」亦作「臺」，形誤作「章」，復增旁作「鶄」。郝懿行說《爾雅》「鸙渠」與此經「鷛渠」不是同一物，是也。沈欽韓亦指出《漢書》「庸渠」即此經「鷛渠」，而與《爾雅》「鸙渠」異物〔註61〕。②畢氏改「膔」為「皰」，非是，郭郛偏取其誤說（P76）。且《玉篇》云：「皵，布角切，皵皷，皮起也。又步角切，亦作膔，肉膪（膪）起也。」「皵」不是「皰」字。「膔」是「暴」俗字。《玉篇》：「膔，肉胅起。」謂突起。《周禮·考工記·瓬人》鄭玄注：「暴，墳起不堅致也。」《釋文》：「暴，音剝，又音雹，或蒲到反，墳起也。」字亦作爆，《玄應音義》卷2：「振爆：《聲類》：『爆，熉（墳）起也。』謂皮散（皷）起也。」〔註62〕《慧琳音義》卷49「爆火」條引《山海經》郭璞注：「爆，皮散（皷）起也。」當即出於此經。王《韻》：「皰，皮起。」《集韻》：「皵、皰、膔、暴：墳起也，或從勺、從肉，亦省。」

（4）其草有萆荔，狀如烏韭而生於石上，亦緣木而生，食之已心痛。

郭璞注：萆荔，香草也。蔽戾兩音。

楊慎曰：萆荔，即薜荔也。舊注音戾，非。（P295）

畢沅曰：「荔」當為「蘆」。《說文》曰：「萆蘆，似烏韭。」（P177）

郝懿行曰：萆荔，《說文》作「萆蘆」，《離騷》作「薜荔」，並古字通。（P27）

按：楊慎說是也，但不得說「音戾非」。袁珂說「『萆荔』《離騷》作『薜荔』」（P21），明顯是襲取郝說。《御覽》卷994、《離騷》洪興祖《補注》、《爾雅翼》卷3引作「薜荔」。大徐本《說文》作「萆蘆」者誤也，當據《繫傳》作「萆歷」。「萆荔」、「薜荔」、「萆歷」並一聲之轉。北大漢簡（四）《反淫》作「卑離」。

（5）其鳥多鴪，其狀如翠而赤喙，可以禦火。

郭璞注：鴪，音旻。

畢沅曰：《說文》有「鴟鳥」。（P178）

〔註61〕沈欽韓《漢書疏證》卷29，收入《續修四庫全書》第267冊，上海古籍出版社2002年版，第11頁。

〔註62〕蔣禮鴻曰：「熉當作墳，散當作皷。」蔣禮鴻《玄應〈一切經音義〉校錄》，收入《蔣禮鴻集》卷3，浙江教育出版社2001年版，第160頁。

郝懿行曰：「鷗」當為「䳿」，《御覽》引正作「䳿」。《說文》：「䳿，鳥也。」（P28）

按：《御覽》見卷 869。不煩改字，古音民聲、文聲、昏聲相通。《御覽》卷 928 引仍作「鷗」，《圖讚》同。《玉篇》：「鷗，音瑉，鳥名。䳿，同上。」《廣韻》：「䳿，鳥似翠而赤喙。」《集韻》：「䳿，《說文》：『鳥也。』《山海經》：『其狀如翠而赤喙，可以禦火。』或作雂、䳿、䳿。」「雂」即「鷗」。《御覽》卷 869、928 引「禦」誤作「衛」。《圖讚》：「鷗亦衛災，厥形惟麼。」「衛」亦「禦」之誤。

（6）名曰毫彘。

郭璞注：狟豬也。夾髀有麤豪，長數尺，能以脊上豪射物，亦自為牝牡。狟，或作豭。吳楚呼為鸞豬，亦此類也。

按：宋刊本、道藏本注「豭」作「豭」，明刊本形誤作「假」。注「鸞豬」是「狟豬」音轉。朱珔曰：「鸞乃狟之假借。」〔註63〕朱說是也，狟從亘得聲，心母字。元部疊韻，來母與心母相通。「狟或作豭」者，亦是音轉。見母與心母相通，魚部元部有合韻例。宋刊《初學記》卷 29 引注「狟豬」同〔註64〕，「髀」誤作「脾」，「脊」作「頸」；《御覽》卷 903 引注「狟豬」誤作「貓豬」，餘同。《爾雅翼》卷 21 亦作「頸上」。

（7）浮山多盼木，枳葉而無傷，木蟲居之。

郭璞注：枳刺針也，能傷人，故名云。

畢沅曰：《廣雅》云：「傷，箴也。」（P179）

汪紱曰：無傷，言盼木無刺也。（P17）

郝懿行曰：郭注《方言》云「《山海經》謂刺為傷也」，本此。《廣雅》云：「傷，箴也。」（P31）

按：諸家說是。《方言》卷 3：「凡草木刺人，北燕朝鮮之間謂之茦，或謂之壯……自關而西謂之刺，江湘之間謂之棘。」郭璞注：「淮南人亦呼壯。壯，傷也。《山海經》謂刺為傷也。」《易·大壯》《釋文》引郭璞注作「今淮南人呼壯為傷」。《廣雅》：「棘、傷、茦、刺，箴也。」五字可以同義互訓。《中山經》：「講山有木焉，名曰帝屋，葉狀如椒，反傷，赤實。」

〔註63〕朱珔《說文假借義證》「狟」字條，黃山書社 1997 年版，第 542 頁。
〔註64〕古香齋本《初學記》誤作「豬豬」。

郭璞注：「反傷，刺下勾也。」是傷即刺也。《中山經》：「大辜之山，有草焉，其狀葉如榆，方莖而蒼傷，其名曰牛傷。」郭璞注：「猶言牛棘。」即《爾雅》「終牛棘」，是傷即棘也。此經「無傷」，謂無刺鉤也。注「枳刺針也」當連文，以解正文「傷」字。袁珂（P24）、郭郛（P89）、欒保群（P55）點作「枳，刺針也」，非是。袁珂引《廣雅》云云，是襲取畢說。

（8）有草焉，名曰薰草，麻葉而方莖，赤華而黑實，臭如蘼蕪。

按：蘼蕪，《新修本草》卷20引作「糜蕪」，《御覽》卷983引作「蘪無」，《爾雅·釋草》疏引作「虆蕪」，《爾雅翼》卷2引作「虆蕪」。下文說杜衡「臭如蘼蕪」，《御覽》卷983引作「虆蕪」。

（9）獸多猛豹，鳥多尸鳩。

郭璞注：猛豹似熊而小，毛淺，有光澤，能食蛇，食銅鐵，出蜀中。「豹」或作「虎」。

汪紱曰：「猛豹」……又名「白豹」。又謂之「貘」。「貘」即「猛豹」二字合音。（P17）

郝懿行曰：「猛豹」即「貘豹」也。「貘」通作「獏」，又通作「狛」。貘豹、猛豹聲近而轉。（P33）

陳漢章曰：《列子·天瑞》《釋文》引「南山多貘豹」，郭注云：「貘是豹之白者。」與《爾雅》注或曰說同。今本注同《爾雅》注前一說。（P126）

按：王引之說同郝氏，並指出「虵蛣」音轉作「虵蜢」〔註65〕，是也。《列子·天瑞》《釋文》、《慧琳音義》卷16、《南華真經義海纂微》卷57引「猛豹」作「貘豹」。

（10）有鳥焉，其狀如鶉，黑文而赤翁。

郭璞注：翁，頭下毛，音汲甕之甕。

畢沅曰：《說文》云：「翁，頸毛也。」（P180）

郝懿行曰：《說文》云：「翁，頸毛也。」注「頭」字譌。（P36）

郝懿行又曰：「頭」當為「頸」。（P442）

按：袁珂襲取畢說（P26）。元抄本注「頭」作「頸」，《御覽》卷743引同，又卷928引作「領」。裴《韻》引《說文》作：「翁，鳥頭毛也。」又「頷，頭下毛。」《說文》：「領，項也。」《釋名·釋衣服》：「領，頸也。」《廣

〔註65〕王引之《經義述聞》卷28，江蘇古籍出版社1985年版，第679頁。

雅》：「領、鎖、頸、脰，項也。」《御覽》卷 928 作「領」者，易以同義詞耳。賈雯鶴說「領」當為「頜」字之訛〔註66〕，非是。「鎖」是「翁」俗字。「頭」字不誤，讀為脰，頸也，項也。《公羊傳·文公十六年》何休注：「殺人者刎頭。」《釋文》：「頭，如字，本又作脰，音豆。」《儀禮·士虞禮》：「取諸脰膉。」鄭玄注：「古文脰膉為頭嗌也。」《呂氏春秋·高義》「殺頭乎王廷」，《韓詩外傳》卷 2、《新序·節士》、《渚宮舊事》卷 2「頭」並作「頸」。《淮南子·修務篇》「決腹斷頭」，《戰國策·楚策一》「頭」作「脰」。

（11）皋塗之山……有鳥焉，其狀如鴟而人足，名曰數斯。

畢沅曰：皋塗，《史記索隱》引此作「鼻塗」。（P181）

郝懿行曰：《史記·司馬相如傳》《索隱》引此經作「鼻塗」。（P37）

呂調陽曰：「數斯」以足名也，音促數。（P279）

李炳海曰：鳥名「數斯」，「數」有頻繁、密集、急促之義。「斯」指展翅。鳥的名稱是快捷展翅之義。《北次一經》鳥名「竦斯」，「竦」指伸長脖子，踮起腳跟。「斯」謂展開翅膀〔註67〕。

按：「鼻塗」是形誤。《類聚》卷 89、《御覽》卷 957、《證類本草》卷 5、《爾雅翼》卷 12 引「皋塗」同，《御覽》卷 928 引復誤作「宰塗山」。《南山經》：「有鳥焉，其狀如鴟而人手，其音如痺，其名曰鴸。」其文相類，《西山經》、《北山經》有蛇同名「肥遺」，是其比也。「鴸」、「數」音轉，「離朱」音轉作「離婁」是其證。「斯」是語詞。李炳海就沒弄懂「竦斯」，也不看前人解釋，信口亂說。

（12）有鳥焉，其狀如鴞，青羽赤喙，人舌能言，名曰鸚䳇。

郭璞注：鸚䳇，舌似小兒舌，腳指前後各兩。

王崇慶曰：「鸚䳇」當作「鸚鵡」。（P195）

汪紱曰：䳇音武。（P18）

郝懿行曰：《說文》云：「鸚䳇，能言鳥也。」《初學記》卷 30 引《南方異物志》云：「鸚鵡有三種。」（P38～39）

〔註66〕賈雯鶴《〈山海經〉舊注商補十三例》，《神話研究集刊》第 2 集，巴蜀書社 2020 年版，第 174 頁。

〔註67〕李炳海《〈詩經〉中「斯」字的表達功能及相關物類事象的辨析》，《西北師大學報》2015 年第 3 期，第 30 頁。

按：鶍，《初學記》卷 30、《文選·鸚鵡賦》李善注、《慧琳音義》卷 4、8、11、
14、31、《埤雅》卷 9 引同，《御覽》卷 924、《翻譯名義集》卷 2、《永樂
大典》卷 12148 引作「鶍」。《初學記》卷 30 引《南方異物志》：「鸚鵡有
三種，青大如烏曰，一種白大如鴟鶍，一種五色大於青者。」則「鶍」為
「鶍」形譌。賈雯鶴據《御覽》及《永樂大典》說「鶍」似作「鶍」為是
〔註68〕，慎矣。鸚鶍，《慧琳音義》卷 4、8、11、31、《文選》李善注、
《御覽》、《名義集》、《永樂大典》引作「鸚鵡」。慧琳、李善又云：「鵡，
一作鶍。」下文「數歷之山，其鳥多鸚鶍」，《北戶錄》卷 1 注引作「鸚
鵡」。王《韻》：「鵡，鸚鵡，亦通為『鸚鵡』。」王崇慶改字，非是。

（13）翠山……其鳥多鸓，其狀如鵲，赤黑而兩首四足，可以禦火。

郭璞注：鸓，音壘。

吳任臣曰：《廣雅》云：「鶹鵯，飛鸓也。」即此。又《字彙》：「鸓鳥如鵲，
兩手四足，可禦火。音力追切。」以「鸓」為「鸓」，未識所據。（P101～102）

畢沅曰：舊本為「鸓」，音壘。據《玉篇》有「鸓」，大頰切，說與此同，
今從之。傳「音壘」當為「音壘」。（P181）

郝懿行曰：《玉篇》云：「鸓，大頰切。」所說形狀正與此同。是經「鸓」
當為「鸓」，注「壘」當為「壘」。並字形之譌也。（P39）

呂調陽曰：鸓，舊作「鸓」，今從《玉篇》。「鸓」從壘，蓋兩首相重也。
（P279）

按：郝懿行全襲自畢說。考《說文》：「鸓，鼠形，飛走且乳之鳥也。」《史記·
司馬相如傳》《集解》引《漢書音義》：「飛鸓，飛鼠也。」「鸓」即「鸓」，
指飛鼠，即《北山經》云「有獸焉，其狀如兔而鼠首，以其背飛，其名曰
飛鼠」之物，字亦作「蟠」、「鼺」，與此經狀如鵲者不同。畢說是，吳任
臣說非也。蔣《韻》：「鸓，鳥名，狀如鵲，赤色，兩手（首）四足，可以
禦火。出《山海經》。《玉篇》：「鸓，大頰切。如鵲，赤黑色，兩首四足。」
《廣韻》：「鸓，徒協切。鳥名，狀似鵲，赤黑色，兩首四足，可以禦火。
出《山海經》。」《集韻》：「鸓，達協切。鳥名。《山海經》：『鸓，禦火，
二首四足，如斑鵲。』」《御覽》卷 869、928 引正文及注已誤同今本，卷
869 引「英山」誤作「翠山」，「禦」誤作「衛」，又卷 928 引「鵲」作「鶬」。

〔註68〕賈雯鶴《〈山海經〉疑誤考正三十例》，《中華文化論壇》2019 年第 1 期，第 93
頁。

凡鳥一首二足，此鳥兩首四足，故稱作鶹鳥。呂調陽但說兩首相重，其義未該。

（14）又西二百五十里，曰䧥山，是錞于西海，無草木，多玉。

郭璞注：錞猶堤埳也。音章閏反。

楊慎曰：錞于江，形如錞也。（P298，《東山經》說）

方以智曰：錞于縣屬北海，以其形似錞于而名。樂器之圓敦者名錞釪。《山海經》「巍（䧥）山是錞于西海」，又「竹山錞于江」，注：「錞，猶堤錞（埳）也。」敦、堆聲近，蓋山川之形，有似圓堆深箌者〔註69〕。

畢沅曰：「錞」借字，「自」本字。（P181）

汪紱曰：錞，猶蹲也。（P18）

郝懿行曰：《玉篇》引作「埳于西海」，又引注作「埳，猶隉也」。今本「埳」字疑衍。「隉」蓋垺障之義。（P39）

段玉裁曰：《西山經》：「䧥山錞于西海。」《北山經》：「錞于毋逢之山。」又「敦題之山錞于北海。」《中山經》：「蒼玉錞于元（玄）石。」《東山經》：「竹山錞于江。」錞之言屬也。屬音之欲切。《山海經》凡言「錞」者，皆謂岡脈絡相聯屬。《玉篇》「埳」之允、之閏二切，引《山海經》「陒山是埳于西海」，郭璞：「埳，猶隉也。」然則今本《山海經》從金作「錞」，誤也〔註70〕。

朱駿聲曰：錞叚借為緣。（P795）

呂調陽曰：錞者，屈注之義也。（P280）

袁珂曰：汪說於義近之，「錞」蓋「蹲」字假音也。（P29）

蔣禮鴻曰：以「錞」為「蹲」字借音，非是。錞為矛戟柄植立時著地之處，經言山之臨於西海如錞之著於地耳。錞猶抵也〔註71〕。

按：郭注訓堤者，則是「壔」轉語。汪紱說「錞，猶蹲也」者，則是讀為蹲。字亦作踆，《南山經》：「箕尾之山，其尾踆於東海。」郭璞注：「踆，古『蹲』字。言臨海上。音存。」其文例正同。亦可讀為準。《賈子·孽產子》：「夫錞此而有安上者，殆未有也。」孫詒讓曰：「錞當讀為準。《說文》云：『埻，

〔註69〕方以智《通雅》卷16，收入《方以智全書》第1冊，上海古籍出版社1988年版，第587頁。

〔註70〕段玉裁《古文尚書撰異》卷26，收入《四部要籍注疏叢刊》，中華書局1998年版，第2019頁。

〔註71〕蔣禮鴻《讀〈山海經校注〉偶記》，《文獻》1990年第3期，第162頁；又收入《蔣禮鴻集》卷3，浙江教育出版社2001年版，第424頁。

讀若準。』」〔註72〕孫說是也，錞讀為準，猶言依也。「于」是介詞。《中山經》：「嬰梁之山，上多蒼玉，錞于玄石。」郭璞注：「言蒼玉依黑石而生也。」正釋為「依」。袁珂曰：「錞，汪紱釋為蹲，引申固亦有依附之義也。」（P137）王崇慶解《北山經》云「錞于北海，謂依附於海云耳」（P213），亦得之。柯昌濟曰：「『錞于』與『蒼玉』、『玄石』並稱，當是石類之物。審之經文，當即鐘乳石也。鐘乳之為物，垂懸石下，正若錞于之懸空，因而悟凡經文所云之『錞于江』、『錞于海』者，皆指山岩懸陛于水上之謂。前人未達此旨耳。」〔註73〕柯氏以為石類，非是，且據石類形態而懸測詞義，亦非正途。

（15）有鳥焉，其狀如翟而五采文，名曰鸞鳥，見則天下安寧。

郭璞注：翟，似雉而大，長尾。舊說鸞似雞，瑞鳥也。

郝懿行曰：薛綜注《東京賦》引「翟」作「鶴」。（P43）

按：《類聚》卷99、《御覽》卷916引「翟」同。《南山經》：「丹穴之山……有鳥焉，其狀如雞，五采而文，名曰鳳皇。」「鸞鳥」亦是鳳凰屬，作「如翟」與「如雞」合。「鶴」同「鵠」。

（16）東望泑澤，河水所潛也，其原渾渾泡泡。

按：泑澤，《御覽》卷72引作「坳澤」。

（17）又西北四百二十里，曰崒山。

郭璞注：崒，音密。

郝懿行曰：郭注《穆天子傳》及李善注《南都賦》、《天台山賦》引此經俱作「密山」，蓋崒、密古字通也。《初學記》卷27引仍作「崒山」。（P51）

李家浩曰：戰國文字「埶」的簡體作「垚」，「崒」就是「垚」字，跟「陸」、「睦」等字所從聲旁「坴」字無關。「垚（埶）山」之「垚（埶）」異讀為「密」〔註74〕。

按：宋刊本、道藏本、明刊本都作「崒山」，《西溪叢語》卷下引同。宋刻《初學記》卷27引作「密山」，古香齋本據今本此經改作「崒山」。《文選·思

〔註72〕孫詒讓《札迻》卷7，中華書局1989年版，第222頁。

〔註73〕柯昌濟《讀山海經札記》，《古學叢刊》1939年第4期，第20頁。

〔註74〕李家浩《說「崒」字》，《漢字研究》第1輯，學苑出版社2005年版，第488～491頁；收入《安徽大學漢語言文字研究叢書·李家浩卷》，安徽大學出版社2013年版，第395～401頁。此條材料承劉洪濤教授檢示，謹致謝忱！

玄賦》李善注、《御覽》卷 38（凡二引）、50、805、961、《事類賦注》卷9、24 引亦作「密山」，《類聚》卷 83 引作「密」。「崟」字無理據可說，疑是「坕」形誤。從「必」得聲，故郭注音密也。

（18）瑾瑜之玉為良，堅粟精密，濁澤有而光。

郭璞注：堅粟精密，說玉理也。《禮記》曰：「瑱密似粟。」粟或作栗。玉有粟文，所謂穀璧也。濁謂潤厚。

郝懿行曰：王引之說：「經文『粟』當為『栗』，注文『栗』當為『粟』。郭引《禮記》『似粟』當為『以栗』。」「有而」當為「而有」。濁澤，《類聚》引作「潤澤」。（P52）

袁珂曰：經文「澤」，邵恩多校宋本、吳慈培臨黃蕘圃校宋本、吳寬抄本均作「黑」，於義為長。（P38）

按：王引之說是也，袁珂說非是。宋刊本注作「瑱密似栗，栗或作栗（粟）。玉有粟文，所謂穀璧也」，元抄本注「濁謂潤厚」作「潤澢」。《說文繫傳》「瑾」字條引作「堅栗積（精）密，潤澤而有光」。《御覽》卷 50 引作「堅粟精密，濁澤有光」，引注作：「《禮記》：『鎮玉以粟。』或作栗。玉有栗文，所謂糳璧。濁謂潤澤也。」已誤作「粟」。《御覽》卷 805、《事類賦注》卷 9、《本草綱目》卷 8 引作「堅栗精密，澤而有光」，宋刻《初學記》卷 27 引作「〔堅〕栗精密，澤而有光」〔註75〕，「栗」字是。濁謂黑濁，「濁澤」指「黑澤」。

（19）五色發作，以和柔剛。

郭璞注：言符彩互映色。王子靈符應曰：「赤如雞冠，黃如蒸栗，白如割肪，黑如醇漆，玉之符彩也。」

郝懿行曰：王子靈符應，《類聚》卷 83 引作「王逸《正部論》」，李善注《與鍾大理書》引亦同，「割肪」並作「豬肪」。其「正部」蓋「玉部」字之譌也。郭注「色」，藏經本作「也」。（P52）

按：①郝說「正部」當作「玉部」，非是。《隋書・經籍志三》：「梁有王逸《正部論》八卷，後漢侍中王逸撰。」②互映色，明刊本同，宋刊本作「牙（牙——互）暎色」，道藏本、元抄本「色」誤作「也」。③柔剛，《御覽》卷 50、805、《事類賦注》卷 9 引同，《類聚》卷 83 引誤作「景周」。④《御

〔註75〕古香齋本作「堅栗有光」。

覽》卷50引「和」誤作「知」。⑤「王子靈符應」者,「王子」指王逸,「靈符」指玉符,「應」是應答之義。「靈符應」者,應答「靈符」是何義。欒保群以「靈符應」為書名,又說「王子《靈符應》應是王逸《玉部論》之訛」(P84),非是。《類聚》卷83引王逸《正部論》:「或問玉符。曰:『赤如雞冠,黃如蒸栗,白如豬肪,黑如純漆,玉之符也。』」《御覽》卷805、《事類賦注》卷9引王逸《正部論》「豬肪」作「脂肪」,餘同。《意林》卷4引《正部》亦作「脂肪」,「純」作「淳」,餘同《御覽》。《御覽》卷964引《正部》:「玉府(符)云:『赤如雞冠,黃如蒸栗。』」均足證「正部」不誤。《雲笈七籤》卷72玉(王)子靈符曰:「應『赤如雞冠,黃如蒸栗,白如凝脂,青如秦碧,黑如點漆』。」其「應」就是《類聚》、《御覽》的「曰」,指應答。《文選・與鍾大理書》:「竊見《玉書》稱美玉:『白如截肪,黑譬純漆,赤擬雞冠,黃侔蒸栗。』」「割肪」就是道經的「截肪」,字亦不誤。

(20)其子曰鼓,其狀如人面而龍身。

袁珂曰:經文「如」字,王念孫校衍,是也。(P38)

按:《思玄賦》李善注、《後漢書・張衡傳》李賢注、《御覽》卷38、887、《西溪叢語》卷下、引無「如」字。《西溪叢語》引「龍身」誤作「龍耳」。

(21)帝乃戮之鍾山之東曰崿崖。

畢沅曰:張衡《賦》自注作「瑤岸」,云「即赤岸」。《後漢書》注引此亦作「瑤岸」,蓋在搖水之崖。《說文》云:「崖,高邊也。」(P185)

郝懿行曰:《思玄賦》云:「瞰瑤谿之赤岸兮,弔祖江之見劉。」舊注云:「瑤溪赤岸,謂鍾山東瑤岸也。」李善注引亦作「瑤岸」,《張衡傳》注同。(P54)

王念孫曰:《張衡傳》注作「瑤岸」,《御覽・妖異三》同〔註76〕。

按:《御覽》卷887引作「崿岸」。崖,高岸也。魏阮籍《清思賦》:「鄧林殪於大澤兮,欽邳悲於瑤岍(岸)。」唐《宋相墓誌》:「流祉玉筐,疏榮瑤岸。」都用此典。

(22)鼓亦化為鵕鳥。

按:《御覽》卷887引「鵕」作「駿」。

〔註76〕范祥雍《山海經箋疏補校》過錄王念孫說,上海古籍出版社2013年版,第59頁。

（23）泰器之山，觀水出焉。

　　畢沅曰：《呂氏春秋》作「藿水」，高誘曰：「藿水在西極。」劉逵《吳都賦》注引作「濩水」。（P186）

　　郝懿行曰：李善（引者按：當作「劉逵」）注《吳都賦》引作「秦器之山，濩水出焉」，其注（引者按：此是李善注）《七啟》引仍作「泰器之山，濩水出焉」。《呂氏春秋・本味篇》作「藿水」，高誘注：「藿水在西極。」（P54～55）

按：袁珂襲取郝說，亦誤為李善注（P39～40）。「秦」是「泰」形誤，「濩」是
　　「灌」形誤。《集韻》「鱎」字條引作「泰器之山，灌水出焉」。

（24）丘時之水出焉，而北流注于渢水，其中多嬴母。

　　郭璞注：嬴母，即蝸螺也。

　　畢沅曰：蝸螺，疑亦「蒲盧」，即蜃也。（P186）

　　郝懿行曰：「蝸螺」即「僕纍」，字異音同。見《中次三經》「青要之山」。
（P56）

　　桂馥曰：《爾雅釋文》引《說文》：「魁蛤，一名復絫，老服翼所化。」案《中山經》：「青要之山，北望河曲，是多僕纍、蒲盧。」郭注：「僕纍，蝸牛也。」又《西山經》：「丘時之水，其中多嬴母。」郭注：「蝸螺也。」〔註77〕

　　邵瑞彭曰：「僕纍」、「蒲盧」一聲之轉。凡物以「僕纍」名者，皆得謂之「蒲盧」。其為物不止一類，字隨聲變，亦不止一形。（例略）……詳見程瑤田《「果臝」轉語考》、劉師培《「果臝」說》〔註78〕。

按：袁珂襲取郝說（P41）。桂說、邵說是也，但「復絫」指蜃蛤，與「僕纍」
　　指蝸牛，所指有異。郝懿行引錢侗曰：「『蒲盧』、『蒲蠃』，皆蜃蛤之屬，與
　　『僕纍』同類同聲，實非同物，故經文並著之。郭注以『蒲盧』為螟蛉固
　　誤，《箋疏》謂『蒲盧』聲轉為『僕纍』亦未安。」（P473）錢侗別為二物是
　　也，但「僕纍」、「蒲盧」音轉，語源相同。邵氏列程瑤田、劉師培文，茲補
　　其未及者如下：王念孫曰：「『薄蠃』即『附蠃』之轉聲，又轉而為『僕纍』。」
　　〔註79〕王引之曰：「僕纍、蒲盧、蒲蠃、薄蠃，皆一聲之轉。」〔註80〕馬王
　　堆帛書《五十二病方》即有「僕纍」，帛書《養生方》又音轉作「蚹蠃」、

〔註77〕桂馥《札樸》卷5，中華書局1992年版，第210頁。

〔註78〕邵瑞彭《山海經餘義（續）》，《國學叢編》第1卷第2期，1931年版，第5頁。

〔註79〕王念孫《廣雅疏證》，收入徐復主編《廣雅詁林》，江蘇古籍出版社1992年版，
　　　　第974頁。

〔註80〕王引之《經義述聞》卷21，江蘇古籍出版社1985年版，第521頁。

「勃贏」、「弟選（贏）」〔註81〕。

（25）南望昆侖，其光熊熊，其氣魂魂。

郭璞注：皆光氣炎盛相焜燿之貌。

方以智曰：魂魂猶營營〔註82〕。

惠棟曰：「魂」亦與「云」通。《中山經》（引者按：當作《西山經》）曰：「其光熊熊，其氣魂魂。」魂魂猶云云也。《呂覽・圜道篇》曰：「雲氣西行云云然。」〔註83〕

畢沅曰：熊熊，「炎炎」之假音也。（P186）

郝懿行曰：熊熊猶雄雄也。魂魂猶芸芸也。皆聲之同類。（P56）

郭郛曰：熊熊指昆侖山上的楓槭林相紅燁如火的景色。「魂魂」同「渾渾」，指山巒景象青綠紅白（雪色）渾然一體。（P158）

按：畢說、惠說是，郝說「熊熊」誤也。欒保群偏取郝氏誤說（P91），疏矣。郭郛不通訓詁，全是亂說。①《史記・天官書》「炎炎有光」，《開元占經》卷23引甘氏曰作「其狀熊熊若有光」。②「魂魂」即「云云」、「雲雲」，運動貌。《呂氏春秋・圜道》：「雲氣西行云云然。」注：「云，遊（運）也。」《夏小正・戴氏傳》：「魂魂也者，動也。」《釋名》：「雲，猶云云，又言運也，運行也。」《老子》第16章：「夫物芸芸，各歸其根。」帛書甲本作「雲雲」，帛書乙本作「祆祆（魂魂）」，北大簡本作「云云」，郭店簡作「員員」，傅奕本、范應元本作「貦貦」。又作「伝伝」，《白虎通・情性》：「魂猶伝伝也，行不休也。」《西山經》下文「泑山……是山也，西望日之所入，其氣員，神紅光之所司也」，「員」是「云」借字。郭璞注：「日形員，故其氣象亦然也。」（《書鈔》卷149引注「亦然」作「亦員」）。楊慎引《晉書・天文志》「東海氣如圓窬」（P296）。胡文輝把「員」字屬下，以「員神紅光」為神名〔註84〕。均非是。紅光所司者是日之所入的「泑

〔註81〕參見《馬王堆漢墓帛書〔肆〕》整理者說，文物出版社1985年版，第103、108頁。

〔註82〕方以智《通雅》卷10，收入《方以智全書》第1冊，上海古籍出版社1988年版，第414頁。

〔註83〕惠棟《九經古義》卷5《毛詩古義上》，收入《叢書集成初編》第254冊，中華書局1985年影印，第55頁。

〔註84〕胡文輝《〈山海經〉札記》，《學術集林》卷10，上海遠東出版社1997年版，第222頁。

山」，而不是「其氣」。《御覽》卷3引作「其氣圓」，亦是誤信郭說而改。汪紱曰：「『員』字下當重一字，謂其氣員員焉，渾圓之狀也」（P27），其說當重文可取，而所釋則誤。俞樾曰：「當作『其氣員員』。員員猶魂魂也。郭不達此旨，以日形為說，迂曲甚矣。」（P244）俞說是也。

（26）東望恒（桓）山四成，有窮鬼居之，各在一搏。

郭璞注：搏，猶脅也。言群鬼各以類聚，處山四脅。「有窮」其總號耳。搏，一作搏。

郝懿行曰：《說文》云：「膀，脅也。或作髈。」又云：「肋，脅骨也。脅，兩膀也。」「搏」依文當為「膀」。「膀」、「搏」聲近而轉，故加假借通用。（P58）

朱駿聲曰：搏，叚借為髆。（P404）

朱珔曰：搏亦脅之假借〔註85〕。

吳承志曰：「窮鬼」當作「窮奇」。搏當讀為坏。《爾雅·釋山》：「再成，英。一成坏。」「坏」即「坯」別體。（P33）

徐顯之曰：「搏」當作「搏」，意思是聚居在一起。（P10，又P130、335說同）

按：一作「搏」者乃形誤。郝說是，「搏」是「膀（髈）」音轉。又音轉作胉，《廣雅》：「膀、胉，脅也。」膀、胉一聲之轉。王念孫曰：「胉，字或作膊，通作拍，又通作迫。《士喪禮》：『特豚兩胉。』鄭注云：『胉，脅也。今文胉為迫。』《周官·醢人》：『豚拍。』鄭注云：『鄭大夫、杜子春皆以拍為膊，謂脅也。今河閒名「豚脅」聲如「鍛鑄」。』《西山經》：『有窮鬼居之，各在一搏。』郭璞注云：『搏，猶脅也。言群鬼各以類聚處山四脅。』義亦與『膊』同。膊之言輔也，兩肩謂之膊，義亦同也。」〔註86〕朱駿聲說亦備一通，章太炎曰「搏即髆字」〔註87〕，說同朱氏。髆、膀同源，而所指有異。

（27）爰有淫水，其清洛洛。

郭璞注：水留下之貌也。淫，音遙也。

郝懿行曰：陶潛《讀山海經詩》：「落落清瑤流。」是「洛洛」本作「落落」，

〔註85〕朱珔《說文假借義證》「脅」字條，黃山書社1997年版，第238頁。

〔註86〕王念孫《廣雅疏證》，收入徐復主編《廣雅詁林》，江蘇古籍出版社1992年版，第513頁。

〔註87〕章太炎《文始》卷5，收入《章太炎全集（7）》，上海人民出版社1999年版，第316頁。

「淫」本作「瑤」,皆假借聲類之字。郭注「留」當為「溜」或「流」字。(P58)

　　郝懿行引陳壽祺曰:「淫」無遙音,經「淫」字疑譌。(P444)

　　郝懿行引張澍曰:「淫」與「徭」通也。(P475)

　　呂調陽曰:洛,古「酪」字,煮豆汁也。即「淫水其清洛洛」是也。(P286)

按:宋刊本、道藏本、明刊本「淫」作「瑤」,《西溪叢語》卷下引同,是也,故郭注音遙,與「淫」的俗譌字「瑤」同形異字。「洛洛」即「落落」,流貌。呂氏妄說耳。P.2653《韓朋賦》「血流洛洛」,S.3227、S.3904作「落落」。道藏本注「留」作「流」。下文「長留之山」,《顏氏家訓·書證》引《帝王世紀》「留」作「流」。

(28) 有鳥焉,其狀如蜂,大如鴛鴦,名曰欽原,**蠚**鳥獸則死,**蠚**木則枯。

　　郭郛曰:蠚有猛衝之意;或近惹,挑逗。(P166)

按:《御覽》卷928引二「蠚」誤作「蠱」。蠚指蜂蜇。郭郛又是亂說一通。

(29) 稷澤……其中多鰼魚,其狀如蛇而四足,是食魚。

　　郭璞注:鰼,音滑。

　　畢沅曰:舊本譌作「鰼魚」,《廣韻》引此作「䲷」。(P188)

　　郝懿行曰:《廣韻》及《御覽》卷939引此經並作「䲷」。今作「鰼」,蓋譌。郭音「滑」,亦「渭」字之譌。(P62)

　　郝懿行又曰:「鰼」當為「䲷」,「滑」當為「渭」。(P444)

　　呂調陽曰:䲷者,其美在胃。(P293)

按:汪紱本逕作「䲷」,是也。《玉篇殘卷》:「䲷,禹貴反。《山海經》:『樂遊山,桃水出焉,其中多䲷魚,狀如蚰而四足,食魚。』亦正引作「䲷」。王《韻》:「䲷,云貴反。魚名,〔似〕蚰。」《玉篇》:「䲷,于貴切。魚似蛇,四足。」二書說䲷魚似蛇,正本此經。《集韻》:「鰼,古忽切,魚名。《山海經》:『稷澤多鰼,其狀如蚰,四足,食魚。』」《集韻》亦本此經,而誤作「鰼魚」。《集韻》:「䲷,于貴切。魚名,如蛇文。」字則不誤。《東山經》:「子桐之水……餘如之澤,其中多鰼魚,其狀如魚而鳥翼,出入有光,其音如鴛鴦。」有鳥翼之魚才名「鰼魚」,《文選·江賦》李善注、《集韻》「鰼」字條引同;《御覽》卷939引《漢書·地理志》「子桐之水,其中澤多䲷魚」,則誤「鰼魚」作「䲷魚」。《玉篇》:「鰼,胡八切。魚如鳥。」鰼魚有鳥翼,故云「魚如鳥」也。《北山經》:「求如之山,滑水出焉,而西流注于諸毗之水,其中多滑魚,其狀如鱓赤背,其音如梧。」此「滑魚」又別一物。

（30）至於贏母之山。

按：明刊本作「嬴」，宋刊本、汪紱本作「嬴」，道藏本字形不能辨。「嬴母」
　　即蝸牛。

（31）西王母其狀如人，豹尾虎齒而善嘯，蓬髮戴勝。

　　郝懿行曰：豹尾，《莊子‧大宗師篇》《釋文》引作「狗尾」。（P63）

按：《御覽》卷 392、《西溪叢語》卷下引「豹尾」同。《大荒西經》：「有人戴
　　勝，虎齒，有豹尾，穴處，名曰西王母。」《雲笈七籤》卷 100 引《軒轅
　　本紀》：「西王母……人身虎首，豹尾，蓬頭戴勝，顯然白首，善嘯。」亦
　　正作「豹」字。《莊子釋文》引作「狗」，是「豹」俗字「犳」形誤。宋刻
　　本《中山經》「銅山，其獸多犳」，道藏本作「豹」。

（32）有獸焉，其狀如犬而豹文，其角如牛，其名曰狡，其音如吠犬。

按：《慧琳音義》卷 96 引「吠犬」倒作「犬吠」，亦通。《南山經》有「其音如
　　狗吠」之獸。

（33）符惕之山。

　　郭璞注：惕，音陽。

　　吳任臣曰：劉子威《雜俎》作「符陽」。（P112）

　　郝懿行曰：《類聚》卷 2、《御覽》卷 9、10 並引作「符陽之山」。（P68）

　　呂調陽曰：符者，水形似剖竹也。（P294）

按：劉子威《雜俎》是明代劉鳳序著作，不足征引。《書鈔》卷 151、《御覽》
　　卷 8 引作「符陽之山」，《御覽》卷 9 引作「扶陽之山」，又卷 10 作「將陽
　　之山」。「符陽」名義不足考，呂說不足信。欒保群誤「惕」從易作「惕」
　　（P106），不思從「易」郭璞注怎麼說「音陽」，疏甚！

（34）其上有獸焉，其狀如牛，白身四角，其豪如披蓑，其名曰徼洇，是
　　　食人。

　　郭璞注：徼洇，傲噎兩音。

　　畢沅曰：獒狇，舊本譌作「徼洇」，據《玉篇》有「獒狇」，當從犬。（P190）

　　郝懿行曰：白身，《廣韻》引此經作「白首」。當從《玉篇》作「獒狇」。
　　《廣韻》「狇」字注引此經同。（P69）

　　呂調陽曰：「獒」本作「㸳」。從「丰」，毛長髻也。狇，茵也。以其豪名。
　（P295）

按：呂調陽亂改經文，絕無所據。畢校是也，道藏本、元抄本、汪紱本正作「獓
　　狠」，《圖讚》同。宋刊本亦誤作「傲佪」。蔣《韻》：「狠，烏結反。獸名，
　　似羊牛牛（引者按：衍「羊牛」二字），白首四角。出《山海經》也。」
　　《廣韻》：「狠，烏結切。獸名，似牛，白首四角。出《山海經》。」《集韻》：
　　「獓，《山海經》：『三危之山有獸焉，其狀牛身四角，豪如被蓑，名曰獓
　　狠，是食人。』」

（35）天山……英水出焉，而西南流注于湯谷。

按：英水，《御覽》卷50引誤作「茭水」，《爾雅翼》卷21引誤作「莫水」，《永
　　樂大典》卷2952引誤作「黃水」。《御覽》有注：「天山，今名折羅漫山，
　　在縣北一百里。」「折」是「祈」形誤，唐人又稱作「時羅漫山」，是「祁
　　連山」音轉。湯谷，《爾雅翼》、《永樂大典》引作「陽谷」。

（36）有神焉，其狀如黃囊，赤如丹火，六足四翼，渾敦無面目。

　　郝懿行曰：《初學記》、《文選》注引此經並作「神鳥」，今本作「焉」字，
蓋訛。《初學記》卷8引此經無「敦」字。（P70）

按：《初學記》卷8、《文選·三月三日曲水詩序》李善注、《御覽》卷50引並
　　作「神鳥」。《爾雅翼》卷21、《永樂大典》卷2952引「渾敦」同，李善
　　注、《御覽》引「渾敦」作「渾沌」，《初學記》脫「敦」字。

（37）泑山，神蓐收居之。

　　郭璞注：泑音黝黑之黝。

　　畢沅曰：李善注《文選》引作「濛山」。（P190）

　　郝懿行曰：《書鈔》卷149引「泑」作「峫」。李善注《文選·思玄賦》引
作「濛山」。（P70～71）

　　陳漢章曰：泑山，《御覽》卷3引作「嶠山」。（P127）

按：景宋本《御覽》卷3引誤作「岭山」，不知其致誤之由。陳氏失檢。

（38）有鳥焉，其狀如烏，三首六尾而善笑，名曰鵸鵌，服之使人不厭，
　　　又可以禦凶。

　　郭璞注：不厭夢也。《周書》曰：「服者不眯。」音莫禮反。或曰：眯，眯
目也。

　　郝懿行曰：高誘注《淮南子》云：「楚人謂厭為眯。」是則「厭」即「眯」
也。今《周書·王會篇》作「佩之令人不眯」。案「眯」郭音莫禮反，則其字

當作「眯」。藏經本作「厭者不眯」，而今本作「昧」，非。然「昧」、「眯」古亦通用。《春秋繁露・郊語》「鷗羽去昧」，「昧」亦作「眯」，是也。又《說文》云：「寐，寐而未（引者按：「未」字衍文）厭。」正音莫禮反，是此注「眯」與「寐」音義相近。（P72）

陳逢衡曰：《周書・王會解》：「都郭生生、欺羽，生生若黃狗，人面能言，奇榦善芳，善芳者，頭若雄雞，佩之令人不昧。」郭注《西山經》「鵁鵨」尚不誤。郝氏引或曰「《周書》『奇榦』即『鵁鵨』，『善芳』即『善笑』之譌」，見畢氏注，其說甚是，反以為非，何哉？……合兩郭注考之，則《周書・王會》之文，顯有脫誤可見。余意古本《王會》當是：「都郭生生、欺羽，生生若黃狗，人面能言，鵁鵨善笑，頭若雄雞，佩之令人不昧。」蓋一國貢二物，故連敘而及。孔晁注「奇榦，北狄；善芳，鳥名」亦誤。郭氏截去「欺羽、奇榦、善芳」等字，遂連「生生」為一條。而以「頭若雄雞」二語續之，則以為一物矣。千古未聞狌狌「頭若雄雞」者，豈非笑話？故《水經・葉榆河》注亦云：「生生甘美，可以斷穀，窮年不厭。」案：「不厭」二字與狌狌無涉，又加「窮年」二字，似解作「食不厭精」之「厭」。支離附會，甚矣！則《王會》此條脫誤已久，故引用者承襲而不知誤也。蓋《西山經》之「鵁鵨」即是《王會》之「欺羽」，鵁鵨音猗餘，與欺羽音相近。又即《春秋繁露・郊語篇》「鷗羽去昧」是也。「鷗羽」亦「欺羽」之轉，「去昧」即「不昧」也。然則，「欺羽」轉為「鵁鵨」，「鵁鵨」誤為「奇榦」，而「善笑」又誤為「善芳」，自是定論。王融《曲水詩序》「奇榦善芳之賦」，李善注引《周書》曰：「成王時貢奇榦善芳者，頭若雄雞，佩之令人不昧。」竟以奇榦善芳聯名，失之。余有說見《王會解》。（P36～37）

呂調陽曰：笑，屈尾如竹笑也。奇，獨也。余，接也。（P296）

按：呂調陽妄說不足信，他說「余，接也」，無此故訓，聞所未聞。郝說「昧、眯古通用」，非是。《御覽》卷928引此經「不厭」作「不眯」，《圖讚》：「俱禦不祥，消凶辟眯」。注引《周書》「昧」字，宋刊本、明刊本同，道藏本作「眯」，《海內南經》郭璞注引亦作「眯」。郝氏所引《董子・郊語》「鷗羽去昧」，明鈔本、彙函本「昧」作「眯」，《說郛》卷5、《永樂大典》卷4908引同。「昧」是「眯」形誤，故郭氏音莫禮反。「眯」是「寱（寐）」借字，與「厭」同義。《說文繫傳》：「寐，寐而獸也。從寢省，米聲。臣鍇曰：《莊子》曰『今夫已陳之芻狗，復取之，遊居寢臥其下，不得夢，必且寐焉』是也。又《山海經》有『食之不寐』，借『眯』字為之也。」

《廣雅》：「癘，厭也。」《集韻》：「癘、眯，《博雅》：『厭也。』或作眯。」

〔註88〕睡虎地秦簡《日書》甲種《詰咎》：「一室中臥者眯也，不可以居。」

亦作借字「眯」。《廣雅》：「癘，厭也。」「鵁鶄」又音轉作「䴈鵌」。

（39）英鞮之山……浣水出焉。

畢沅曰：英鞮，《玉篇》作「莫靴」，未詳。（P193）

郝懿行曰：《玉篇》作「莫靴山」。（P79）

呂調陽曰：英提，舊作「英鞮」，借字。《玉篇》譌作「莫靴」。蓋「鞮」又作「靼」，因譌為「靴」。像提物屈中兩指之狀，故曰「英提」，曰「浣」。英，央也。宛，曲也。（P286）

按：《御覽》卷766、939、《集韻》「浣」字條、「鮗」字條引「英鞮之山」同，《集韻》「浣」字條引作「莫鞮之山」。「莫」為「英」形誤。呂調陽說「靴」當作「靼」，是「鞮」異體，是也。至於「提物屈中兩指」云云則是臆說。

（40）有獸焉，其狀如馬而白身黑尾，一角，虎牙爪，音如鼓音，其名曰駁，是食虎豹。

郝懿行曰：《爾雅》注引「鼓」下無「音」字。（P80）

按：《文選·吳都賦》劉淵林注、《類聚》卷95、《玄應音義》卷9、《慧琳音義》卷46引「鼓」下亦無「音」字。《御覽》卷892引作「鼓音」。

（41）邽山，其上有獸焉，其狀如牛，蝟毛，名曰窮奇，音如獆狗，是食人。

郭璞注：邽，音圭。

按：《御覽》卷913引「邽」誤作「封」。

（42）其中多黃貝，蠃魚，魚身而鳥翼，音如鴛鴦。

郭璞注：蠃，音螺。

郝懿行曰：蠃，《玉篇》、《廣韻》並作「蠃」。（P81）

按：宋刊本誤作「蠃」。《御覽》卷939引「蠃」同，卷941引作「螺」。王《韻》：「蠃，落過反。鳥翼。」有脫文，但字亦作「蠃」。《東山經》「其中多茈蠃」，郝懿行指出「蠃」亦「蠃」之誤（P449）。

〔註88〕《集韻》據潭州宋刻本、金州軍刻本、明州述古堂影宋鈔本、曹氏棟亭本、揚州使院本、日本天保九年重刊顧廣圻補刻本，南宋明州刻本誤作「或作眛」，四庫本誤作「或作眛」，字頭「眯」則不誤。

《北山經》第三校補

（1）其中多水馬，其狀如馬，文臂牛尾，其音如呼。

　　郭璞注：臂，前腳也。《周禮》曰：「馬黑脊而斑臂，螻。」

　　畢沅曰：「文」當讀若「班」。（P195）

　　郝懿行曰：《內則》云：「馬黑脊而般臂，漏。」（P87）

按：道藏本注「斑」同，宋刊本、明刊本作「班」。「文」謂斑文。《周禮》鄭玄
　　注：「般臂，臂毛有文。」臂毛有文，故謂之「文臂」。《西山經》：「有獸焉，
　　其狀如禺而文臂。」《北山經》下文：「有獸焉，其狀如禺而有髯，牛尾，
　　文臂，馬蹄。」《說文》：「辬，駁文也。」般、班、斑，併「辬」俗字。

（2）彭水出焉，而西流注于芘湖之水，其中多儵魚，其狀如雞而赤毛，
　　　三尾、六足、四首，其音如鵲，食之可以已憂。

　　郭璞注：儵，音由。

　　郝懿行曰：「首」當為「目」字之譌也，今圖正作四目，《玉篇》本此經亦
作「四目」可證。（P88）

　　袁珂曰：芘，《御覽》卷937引作「茈」。（P62）

按：《御覽》卷937、《事類賦注》卷29引「芘湖」作「茈葫」。《御覽》卷468
　　引「芘」作「茈」，引注「音由」作「音稠」。作「茈湖」者，疑涉藥名「茈
　　葫」即「柴胡」而誤。《御覽》卷468、937、《事類賦注》卷29、《集韻》
　　「儵」字條並作「四首」，獨《玉篇》「儵」字條作「四目」，且圖晚出，
　　不得據改。《御覽》卷468引「三尾」誤作「白尾」，「已憂」誤作「亡憂」。

（3）其中多何羅之魚，一首而十身，其音如吠犬。

　　呂調陽曰：何羅十身，如人負網也。（P298）

按：「何羅」名義未詳，闕疑可也，呂氏以「負網」說之，可笑。何羅，《御覽》
　　卷59引作「河羅」，《御覽》卷742、《永樂大典》卷662引作「阿羅」。
　　南齊張融《海賦》：「高岸乳鳥，橫門產魚。則何儸鱅鮨，鯡魢鰊鰌。」「何
　　儸」或即此「何羅」，當是疊韻連語。《集韻》：「鱹，魚名，一身十首。」
　　「鱹」是其專名。

（4）其上多松柏，其下多棫檀，其獸多麢羊，其鳥多蕃。

　　郭璞注：蕃，未詳。或云即鵯，音煩。

　　郝懿行曰：「蕃」通作「繁」。《楚詞·天問》云「繁鳥萃棘」，王逸注引「有

鴞萃止」為釋。《廣雅》亦以鷩鳥為鴞。鷩、繁、蕃並同聲假借字。(P89)

　　朱駿聲曰：蕃，叚借為服。蕃、鵩雙聲。(P747)

　　俞樾曰：「蕃」乃「番」之叚字。《說文》：「獸足謂之番。」此山之鳥多似獸足者，故曰「其鳥多番」。(P244)

　　陳漢章曰：「鷩」、「繁」聲轉即如「服」。《史記·賈生傳》：「楚人命鴞為服。」(P128)

按：俞樾說迂曲。《廣雅》：「鷩鳥，鴞也。」王念孫亦指出：「『鷩』與『繁』通……『鷩』或作『蕃』。」〔註89〕朱駿聲、陳漢章說亦是。《史記·賈生列傳》「楚人命鴞曰服」，《文選·鵩鳥賦》「服」作「鵩」。「服（鵩）」音轉又作「鴞」，《廣韻》：「鴞，鴞也。」

（5）虢山……其鳥多寓，狀如鼠而鳥翼，其音如羊。

　　郝懿行曰：《初學記》及《御覽》引此經並作「號山」，《爾雅》疏作「虢山」，「虢」即「號」之異文也。《廣韻》云「鸆鼠，鳥名」，謂是也。《玉篇》云「鸆，似禿鶖」，非此。(P89)

　　俞樾曰：「寓」從禺聲，「禺」從由從内。《說文》：「内，獸足蹂地也。」……「其鳥多蕃」、「其鳥多寓」皆取鳥而獸足之義。(P244)

按：俞樾說迂曲。《初學記》卷29、《御覽》卷901、928引作「號山」。「虢」是「虢」形譌。《御覽》卷928引「寓」作「寓」。《集韻》：「鸆，鳥名，狀如鼠。」即此經之鳥。此「寓（鸆）鳥」又與《南山經》「有鳥焉，其狀如梟，人面四目而有耳，其名曰顒」（宋刊本、明刊本及《玉篇》《廣韻》《集韻》作「鴟」）之「鴟鳥」不是同一鳥。

（6）有獸焉，其狀如鼠，而菟首麋身，其音如獆犬，以其尾飛，名曰耳鼠，食之不睬。

　　郭璞注：睬，大腹也，見《禪（埤）倉》。音采也。

　　郝懿行曰：《初學記》卷29引「麋身」作「麋耳」。《本草經》云：「鸓鼠主墮胎，令產易。」陶注云：「鸓即鼺鼠，飛生鳥也。人取其皮毛以與產婦持之，令兒易生。」義與此近。(P90)

　　朱駿聲曰：睬，大腹也。案此「腜」之誤字，腜者奚也。(P227)

〔註89〕王念孫《廣雅疏證》，收入徐復主編《廣雅詁林》，江蘇古籍出版社1992年版，第997頁。

呂調陽曰：脉，腹圜大似獸蹯也（與膰肉義同）。（P300）

駱瑞鶴曰：郝氏非是。脉為一種肚腹腫脹之病〔註90〕。

按：《初學記》卷29凡二引都引作「麋耳」，《御覽》卷911、《爾雅翼》卷23、《本草綱目》卷48引同。《御覽》卷913引《博物志》「耳鼠」誤作「聆鼠」。《玉篇》：「脉，千代切。《山海經》云：『耳鼠，食之不脉。』脉，大腹也。」《廣韻》：「脉，倉代切，大腹。」《集韻》：「脉，大腹也。」皆本此經，而誤以為從采得聲。前此未見「脉」字。朱駿聲說「脉」是「膥」誤字，其形稍隔，余疑「脉」是「皤」形誤。《左傳‧宣公二年》「皤其腹」，杜預注：「皤，大腹。」字亦作膰，《集韻》：「膰，大腹也。」《本草綱目》卷48引「脉」又誤作「眯」。

（7）蔓聯之山……有鳥焉，群居而朋飛，其毛如雌雉，名曰鵁，其名自呼。

郭璞注：鵁，交音。或作「渴」也。

呂調陽曰：鵁，舊作「鵁」，或作「渴」，乃「涫」之譌。《玉篇》作「白鵁」，又因經文「曰鵁」相涉而誤衍也。（P301）

袁珂曰：郭注「鵁或作渴」，疑即《爾雅》所謂「鳴雉」也。（P66）

按：呂氏妄改無據。《慧琳音義》卷44引「鵁」同，又卷4、79引作「鵁鶡」，《御覽》卷928引作「鵁鳥」，《能改齋漫錄》卷7引作「交鳥」。郭注「鵁或作渴」者，「渴」即「鶡」。《說文》：「鶡，似雉。」《中山經》：「煇諸之山，其鳥多鶡。」郭璞注：「似雉而大，青色有毛。」《慧琳音義》卷4、9、44、56、79引「蔓聯」同（卷9、56未說出處，《玄應音義》卷3、19同）。《御覽》卷928引「蔓聯」作「夢聯」，「朋」作「多」，注「渴」作「獨」，皆誤。

（8）單張之山……有鳥焉，其狀如雉，而文首、白翼、黃足，名曰白鵺。

郭璞注：鵺，音夜。

汪紱曰：白鵺，白鷳之類。（P37）

呂調陽曰：鵺，舊譌作「鵺」，《二經》（引者按：指《北次二經》）又譌為「鶤」。白鵺，即鷩雉也（灮，古翰字）。（P302）

按：汪說不知所據，呂氏妄改一通。S.6176V《箋注本切韻》、蔣《韻》並云：「鵺，鳥名，似雉。」王《韻》、裴《韻》並云：「鵺，鳥名。」《御覽》

〔註90〕駱瑞鶴《〈山海經〉病名考（下）》，《長江學術》2006年第3期，第138頁。

卷 741 引「單張」同，「白鵺」音譌作「鴉」。《御覽》卷 928 引「單張」
誤作「畢張」，「白鵺」誤作「白碻」。

（9）有獸焉，其狀如牛，而四節生毛，名曰旄牛。

　　畢沅曰：「犛牛」字當為「犛」，作「旄」者假音。（P197）

按：《慧琳音義》卷 13、19、31、41、62、64、98 引作「犛牛」。

（10）大咸之山……有蛇名曰長蛇，其毛如彘豪，其音如鼓柝。

　　郭璞注：如人行夜敲木柝聲。〔柝〕音託。

　　吳任臣曰：《事類賦注》引此作「大同之山」，疑誤。（P123）

按：《類聚》卷 96、《御覽》卷 933、《事類賦注》卷 28 引作「大同之山」。《御
　　覽》引注作「如鼓人擊柝身。音吒」。《事類賦注》「柝」作異體「𣔹」。《說
　　文》作「𣔲」，云：「夜行所擊者。」鼓，擊也，敲也。

（11）其獸多兕、旄牛。

　　郭璞注：或作「樸牛」。「樸牛」見《離騷》《天問》，所未詳。

　　郝懿行曰：《天問》云：「恒秉季德，焉得夫朴牛？」王逸注云：「朴，大
也。」（P96）

　　袁珂曰：《楚辭·天問》云：「恒秉季德，焉得夫朴牛？」王逸注：「朴，
大也。」當即此「朴牛」矣。然「朴牛」又即「服牛」，有「服牛乘馬、引重
致遠」（《易·繫辭》）之義。（P68）

按：宋刊本、道藏本、明刊本注作「撲牛」，畢沅本作「犙牛」。袁珂說「朴牛」
　　即「服牛」，沒有根據。《易·繫辭下》「服牛」不是名詞，其「服」讀作
　　「犕」，指以鞍裝馬，《說文》引正作「犕」。段玉裁曰：「以車駕牛馬之字
　　當作『犕』，作『服』者假借耳。」〔註91〕

（12）其中多鮆魚，其狀如鯈而赤麟，其音如叱，食之不驕。

　　郭璞注：驕，或作「騷」。騷，臭也。

　　畢沅曰：「鰷」本字，「鯈」假音。（P199）

　　汪紱曰：「驕」一作「騷」，「臊」同，臭也。作「騷」為是。（P42）

　　郝懿行曰：鯈、鰷字通，麟、鱗聲同。騷臭蓋即蘊羝之疾，俗名狐騷也。
（P101）

〔註91〕段玉裁《說文解字注》，上海古籍出版社 1981 年版，第 52 頁。

桂馥曰：臊，字或作䑋，又通作騷。《北山經》「食之不驕」，注云：「或作騷。騷，臭也。」〔註92〕

朱駿聲曰：驕，叚借為搔。《北山經》「食之不驕」，注：「或作騷。」按：為無疥瘍也。（P326）

朱駿聲又曰：騷，叚借為臊。《北山經》「食之不騷」，注：「騷，臭也。」騷、臊雙聲。（P270）

邵瑞彭曰：「騷」當是「瘙」之借字。辭例與《西山經》「食之已疥」同。玄應《一切經音義》卷15引《蒼頡篇》：「瘙，疥也。」《管子‧地員篇》「寡有疥騷」，義同此〔註93〕。

袁珂曰：鯈，宋本作「鯈」，鯈、鯈字通。鱗，宋本、汪紱本、畢沅校本、百子全書本並作「鱗」，鱗、鱗聲同。叱，宋本、何焯校本作「吒」。（P72～73）
按：宋刊本、明刊本作「鯈」、「鱗」，《御覽》卷939、《集韻》「鮖」字條引同；道藏本作「鯈」、「鱗」。宋刊本、道藏本「叱」作「吒」，《御覽》卷939引同。《中山經》：「其音如叱呼。」《御覽》卷939引「紫」誤作「鮖」，但注「音紫」則不誤。《御覽》卷45、939引「驕」同，卷939注作「或作慅」。「驕」見母字，轉作心母則作「騷」。舊有二說，不能必之。余謂騷轉作清母，當讀為懆。《說文》：「懆，愁不安也。」字亦作懆，騷、愁一聲之轉（「愁」古音曹）。見母、心母又轉作來母之「勞」，《南山經》：「食者不饑，可以釋勞。」《西山經》：「食之不勞。」又「食之已勞。」郝懿行曰：「勞，憂也。」（P21、51）《漢書‧揚雄傳》：「畔牢愁。」「牢」即「勞」，「牢愁」複語，即「牢騷」〔註94〕。《海外東經》「勞民國在其北……或曰教民」，教、勞亦是見母、來母相轉。徐顯之說「勞苦的人，稱作勞人。教作攴，有撲打的意思」（P44～45），非是。

（13）有獸焉，其狀如羊身人面，其目在腋下，虎齒人爪，其音如嬰兒，名曰狍鴞。

汪紱曰：狍鴞猶咆烋，氣健貌。（P42）

郝懿行曰：《文選》注《為袁紹檄豫州》引此經作「其口腋下」，蓋有脫

〔註92〕桂馥《說文解字義證》，齊魯書社1987年版，第353頁。
〔註93〕邵瑞彭《山海經餘義》，《國學叢編》第1卷第1期，1931年版，第4頁。
〔註94〕王念孫讀牢為憀，亦訓作憂也。王念孫《漢書雜志》，收入《讀書雜志》卷6，中國書店1985年版，本卷第70頁。

誤。（P103）

按：汪說是也，亦作「怣怣」，音轉則作「咆哮」，取為獸名。「口」是「目」
　　形誤。《廣韻》「狍」字條、《集韻》「狍」字條、《御覽》卷50、《爾雅翼》
　　卷21引作「目」。

（14）有鳥焉，其狀如烏，人面，名曰鷾鶥，宵飛而晝伏。

　　郭璞注：鷾鶥，般冒兩音。或作「夏」也。

　　郝懿行曰：「鷾鶥」見《玉篇》。郭云「或作夏」者，「夏」形聲近「賈」，
《大荒南經》有「鷹賈」，郭注云「賈亦鷹屬」。《水經注》引《莊子》有「雅
賈」，蓋是鳥類。（P104）

　　呂調陽曰：鷹，舊作「烏」，誤倒也。烏鶥，舊作「鷾鶥」，蓋本誤作「鷹
鶥」，「雁」又誤為「般」，「賈」誤為「冒」也。或作「夏」，「夏」乃正字。《水
經・漯水注》引《莊子》有「雅賈」，即「烏鶥」，本作「烏夏」，言好啄食烏
腦如斥夏（夏，赫怒也），為烏所懼也。《大荒南經》有「鷹賈」，亦沿此經文
誤妄說，當以《莊子》為正。（P306～307）

　　按：呂調陽妄改妄說，全非校書之法。《玉篇》：「鶥，音冒。鷾鶥。」《廣韻》
　　「鷾」字條、《集韻》「鷾」、「鶥」條引「鷾鶥」同。《御覽》卷928引「鶥」
　　作「鶡」，「宵」作「夜」。蟲名「蟄蝥（蛋、蝥）」，帛書《養生方》作「蟄
　　䗉」，武威漢簡44號作「班毛（髦）」，天回醫簡《治六十病和齊湯法》簡
　　102作「蟄蝥」，《新修本草》卷14作「斑蝥」，當與鳥名「鷾鶥」係同源。
　　故知作「鶡」必是形誤。

（15）食之已腹痛，可以止衕。

　　郭璞注：治洞下也。音洞。

　　朱駿聲曰：衕，叚借為洞。（P35）

按：《御覽》卷928引注作「治衕下也」。《玉篇》：「衕，下也。」釋文脫一
　　「衕」字。

**（16）有鳥焉，其狀如烏，首白而身青，足黃，是名曰鶌鶋，其鳴自詨，
　　　食之不飢，可以已寓。**

　　郭璞注：鶌鶋，屈居二音。或作鳴。寓，不詳。或曰：寓，猶誤也。

　　畢沅曰：「鶌鶋」即「鶌鳩」也。（P201）

　　汪紱曰：「鶌鶋」即「鶌鳩」也。「寓」與「誤」通。（P44）

　　郝懿行曰：「鶌鶋」疑即「鶌鳩」也。寓、誤蓋以聲近為義，疑昏忘之病

也。王引之曰：「案『寓』當是『痏』字之假借，《玉篇》、《廣韻》並音牛具切，疣病也。」（P108）

　　朱駿聲曰：寓，叚借為愚。《北山經》注「猶誤也」，非。（P360）

　　呂調陽曰：「鸓鼠」未詳。「寓」蓋小兒離魂病也。（P213）

　　駱瑞鶴曰：疑寓當讀為喁，為虛虛氣喘之病〔註95〕。

按：駱瑞鶴臆說，古無所謂喁病。鸓鼠，元抄本作「鸓居」，《御覽》卷928引同。畢、汪說「鸓鼠」即「鸓鳩」，是也，一聲之轉。郭說「寓，猶誤也」者，則是讀為虞、誤。「寓」舊之三說均無左證。余讀寓為媀，女妒也。《廣韻》：「媀，媀妒也，女子妒男子。」本經下文「黃鳥，其鳴自詨，食之不妒」，鸓鼠鳥殆與黃鳥功能相類。「媀」是「妒」音轉，《說文》：「妒，婦妒夫也。」字亦作「妬」。

（17）有獸焉，其狀如牛而赤尾，其頸䯊，其狀如句瞿，其名曰領胡。其鳴自詨，食之已狂。

　　郭璞注：言頸上有肉䯊。句瞿，斗也。音劬。

　　汪紱曰：句音鉤，瞿音劬。言頸上有肉高起如斗瞿也。（P45）

　　郝懿行曰：以句瞿為斗，所未詳。《元和郡縣志》云：「海康縣多牛，項上有骨，大如覆斗，日行三百里，即《爾雅》所謂犦牛也。」疑此是也。（P109）

　　呂調陽曰：領胡，橐駝也，毛色黃赤。句瞿，僂而望也。（P314）

　　陳漢章曰：案「句瞿」，即柳子厚文「鈷鉧銅斗」。（P129）

按：汪氏順郭注說之。呂說、陳說無據。宋刊本、道藏本、明刊本作「勾瞿」。「句瞿」訓斗者，當是「斛」之分言，俗作「斞」。《禮記·喪大記》《釋文》：「斛，音俱，水斗也。」《御覽》卷898引張勃《吳錄·地理志》：「合浦徐聞縣多牛，其項上有持（特）骨〔註96〕，大如覆斗，日行三百里。」謂此牛頸肉堅硬而突起，其狀如斗耳。

（18）有鳥，其狀如烏而白文，名曰鴟鵂，食之不瞇。

　　郭璞注：鴟鵂，姑習二音。不瞇，不瞧目也。或作「瞯」，音醮。

　　汪紱曰：瞇，目瞤動也。（P45）

　　郝懿行曰：瞧音樵，俗以偷視為瞧，非也。瞯音醮，《玉篇》云：「目冥也。」（P113）

〔註95〕駱瑞鶴《〈山海經〉病名考（下）》，《長江學術》2006年第3期，第140頁。
〔註96〕《御覽》卷900引《異物志》「持」作「特」。

朱駿聲曰：瀙，叚借為眖。(P332)

呂調陽曰：瞷，暮不能視，俗所謂「雀目」也。(P312)

徐顯之曰：「瞷」通「瞧」，指目受勞損。嵇康《難自然好學論》：「覩文籍則目瞧。」(P340)

駱瑞鶴曰：「瞷」為正字，「瀙」為假借字。《玉篇》：「瞷，目冥也。」冥音眠去聲。《西山經》：「(上申之山)其鳥多當扈，其狀如雉，以其髯飛，食之不眴目。」眴目，其目冥眴。視物不清楚為瞷(瀙)，則指昏花近視之病〔註97〕。

欒保群曰：疑即今之所謂「雀(音瞧)蒙眼」，夜盲也。(P174)

按：汪說無據。宋刊本注「瞧目」同，明刊本誤作「瞧白」，道藏本殘。《圖讚》：「鴣鵲之鳥，食之不瞧。」〔註98〕徐顯之說是，「瞧」同「瞷」，郝氏引《玉篇》亦是也。王《韻》：「瞷，目冥。」《廣韻》：「瞷，目瞑。」謂目光昏闇。「瀙」同「潐」，是其比也。水盡曰潐，目無光曰瞷，其義一也。字亦作睄，《太玄・晦》：「睄提明，或遵之行。」〔註99〕范望注：「睄者，目不明也。」「瞧」訓偷視者，音轉亦作「瞅」，是同形異字。

(19) 神囷之山。

郭璞注：囷，音如倉囷之囷。

郝懿行曰：囷即「倉囷」之囷，郭氏復音如之，知經文必不作「囷」。《廣韻》引作「神箘」，疑是也。(P115)

徐顯之曰：《廣韻》引作「神箘」。當作「囷」，以其形如囷，疑即石鼓山。(P340)

按：《永樂大典》卷14912引亦作「神箘」，《文選・魏都賦》李善注引作「神囷」。《慧琳音義》卷92引誤作「神囩」，《御覽》卷64引誤作「神國」。

(20) 白馬之山……木馬之水出焉。

按：《永樂大典》卷5201、5202引「木馬」作「牧馬」，與「白馬」音轉，不知孰正。

(21) 又北三百里曰泰戲之山。

郝懿行曰：《廣韻》引作「秦戲山」。(P122)

〔註97〕駱瑞鶴《〈山海經〉病名考(下)》，《長江學術》2006年第3期，第140～141頁。

〔註98〕元抄本「瞧」誤作「醮」。

〔註99〕一本「睄」誤作「睟」。

按：《後漢書・郡國志》劉昭注、《古清涼傳》卷 1、《集韻》「辣」字條引「泰戲」同，《永樂大典》卷 5202 引亦誤作「秦戲」。

（22）有獸焉，其狀如牛而三足，其名曰獂。

　　郝懿行曰：「獂」當為「獂」，見《說文》。（P125）

按：《集韻》「㹇」字條引作「㹇」。《玉篇》：「㹇，獸似牛，三足。」本於此經。「㹇」、「獂」皆俗字。

（23）碣石之山，繩水出焉，而東流注於河，其中多蒲夷之魚。

　　郭璞注：蒲夷之魚，未詳。

　　畢沅曰：《說文》：「鮇鯕魚，出東萊。」疑即此。古音蒲如扶。（P206）

　　郝懿行曰：蒲夷魚疑即冉遺魚也。（P125）

　　王聟曰：蒲夷之魚疑即肥遺之魚〔註100〕。

　　呂調陽曰：蒲夷即鰤魚。（P316）

按：諸說均無佐證。「蒲夷」乃東夷魚，疑是「扶夷」音轉，形制無考。

（24）北望鷄號之山，其風如飍。

　　郭璞注：飍，急風貌也，音戾。或云飄風也。

　　吳任臣曰：飍，一本作「飅」。又《說文》引經云：「惟號之山，其風若劦。」（P135）

　　畢沅曰：舊本「劦」作「飍」，非。《說文》、《玉篇》「劦」字解引此皆只作「劦」，今從之。（P206）

　　郝懿行曰：「飍」俗字也，《說文》、《玉篇》引此並作「劦」。《說文》云「劦，同力」，《玉篇》云「急也」。《文選・江賦》注引此注，與今本同。（P126）

　　段玉裁曰：郭本與許所據不同。郭《江賦》用「飍」字，許意蓋謂其風如並力而起也。

　　桂馥曰：《玉篇》：「飍，急風。」《江賦》：「廣莫飍而氣整。」

　　朱駿聲曰：劦，段借為飍。郭注云云。按：劦、列雙聲〔註101〕。

　　俞樾曰：愚疑此句非說風也。「風」當讀為「分」。「劦」從三力訓為同力，得有合併之義……言冊逢之山與惟號之山雖分而似合也。（P245）

〔註100〕范祥雍《山海經箋疏補校》過錄王聟說，上海古籍出版社 2013 年版，第 129 頁。

〔註101〕段玉裁《說文解字注》，桂馥《說文解字義證》，朱駿聲《說文通訓定聲》，並收入丁福保《說文解字詁林》，中華書局 1988 年版，第 13448～13449 頁。

呂調陽曰：颸，疾扇也。（P316）

按：宋刊本作「颸」，當是「颸」譌變，故郭注音戾。「劦」訓同力，從三力會
意，經言風之同力，故增風旁作俗字「颸」，「颸」是借音字。《江賦》「廣
莫颸」與「氣整」連文，「颸」正取同力之誼。風之同力，謂風之和同也。
經文著一「如」字言「如颸」，則正用本義。字或作協，《國語・周語上》：
「瞽告有協風至。」韋昭注：「協，和也，風氣和，時候至也。」郭璞訓
急風貌者，確如朱駿聲說讀為颸，但不可言「如」，郭注非是。

《東山經》第四校補

（1）有鳥焉，其狀如雞而鼠毛，其名曰蚩鼠，見則其邑大旱。

畢沅曰：「鼠毛」當為「鼠尾」，「蚩」字當為「䶄」。《說文》云：「䶄鼠似
雞，鼠尾。」即此。（P208）

郝懿行曰：毛，《說文》作「尾」。蚩，《說文》作「䶄」，云：「䶄鼠似雞，
鼠尾。」《玉篇》云：「蚩，蟲也。」（P129）

桂馥曰：《玉篇》依經亦作「鼠毛」，不作「鼠尾」。然則許書作「尾」恐
係轉寫之譌〔註102〕。

按：「蚩」是「䶄」俗字。裴《韻》：「蚩，鼠鳥，狀如雞而鼠尾。又〔作〕『䶄』。
出《山海經》。」字亦作「尾」。

（2）勃壵之山，無草木，無水。

吳任臣曰：林茂槐《字考》曰：「勃壵山，『壵』與『齊』同。」《釋義》
本作「齋」。（P137）

畢沅曰：壵，此即「齊」字異文。（P208）

汪紱曰：壵，古「齊」字。（P51）

郝懿行曰：壵，篆文「齊」字，見《說文》。（P130）

柯昌濟曰：《逸周書》「桀止于不齊」，又「止于魯不齊」。「勃齊」音轉，
蓋即一地，亦地從山得名者也。與魯並言，蓋即「齊國」之齊〔註103〕。

按：宋刊本、明刊本「壵」同，道藏本作「齊」。柯氏說「勃齊」與「不齊」
音轉或是，但「齊」不是「齊國」之齊。「勃齊」又為地名，《釋名・釋州

〔註102〕桂馥《說文段注鈔》，收入《叢書集成續編》第72冊，新文豐出版公司1988
年版，第13頁。

〔註103〕柯昌濟《讀山海經札記》，《古學叢刊》1939年第4期，第16頁。

國》：「齊，齊也。地在勃海之南、勃齊之中也。」又為蟲名，《千金翼方》
卷 4：「螲蟷，一名蟔螲，一名蠾蟱，一名勃齊。」又為草名，字作「荸
臍」、「蒲薺」、「必齊」、「荸薺」。均一聲之轉，詞源義待考。徐顯之說「疑
為『勃壘』，即『勃累』或『勃利』」，以為即今黑龍江東南部的勃利縣
（P182），亂改經文以牽附之。

（3）犲山，其上無草木，其下多水，其中多堪孖之魚。有獸焉，其狀如
夸父而彘毛，其音如呼，見則天下大水。

郭璞注：堪孖，未詳。音序。

畢沅曰：「孖」字從子從予，見《玉篇》。俗本從二予字，非。又《玉篇》
有「鮮」字，云同「鱮」，疑「孖」即「鱮」異文。（P208）

郝懿行曰：《玉篇》「孖」從子從予，不從二予。（P131）

按：《玉篇》：「孖，音敘。」《集韻》：「孖，《山海經》：『犲山有堪孖之魚，狀
如夸父而彘尾。』」《集韻》亦從子從予，復誤以狀如夸父而彘尾之獸屬魚，
「彘毛」作「彘尾」則疑是也。《集韻》：「孖，時刃切，堪孖，魚名。」
則仍從二予。

（4）其中多鯈蟱，其狀如黃蛇，魚翼，出入有光。

郭璞注：鯈蟱，條容二音。

郝懿行曰：郭氏《江賦》「鯈蟱拂翼而掣耀」，李善注引此經。《玉篇》有
「鯈」字，亦引此經，並與今本同。（P131）

呂調陽曰：條蜥，舊作「鯈蟱」。條蜥，色狀似蜥而長，故名。（P320）

按：呂氏妄改無據，而又望文生義，尤陋。「鯈蟱」疊韻連語。《廣韻》「螩」
字條引作「螩」，字同。影宋本《六帖補》卷 11 引「翼」作「鬣」〔註104〕。

（5）曹夕之山，其下多穀而無水，多鳥獸。

袁珂曰：「穀」當作「穀」，諸本皆誤，唯吳任臣本作「穀」，是也。（P97）

按：袁氏妄說耳。宋刊本、道藏本、明刊本都作「穀」，安得言諸本皆誤？吳
任臣本作「穀」而不作「穀」。

（6）盧其之山……其中多鷞鶘，其狀如鴛鴦而人足，其鳴自訆。

郭璞注：鷞，音黎。今鵜胡足頗有似人腳形狀也。

〔註104〕 參見葉昌熾《影宋本〈六帖補〉跋》，收入《奇觚廎文集》卷中，《續修四庫
全書》第 1575 冊，上海古籍出版社 2002 年版，第 289 頁。

畢沅曰：鴛、鵝聲相近也。「鵝」當為「胡」。（P210）

郝懿行曰：《御覽》卷 925 引此經「盧其」作「憲期」，「鴛鵝」作「鵝鵝」。鴛、鵝聲相近也。（P136）

按：《御覽》卷 925 引「盧其」誤作「憲斯」。「其」通「期」，誤作「斯」。「盧」、「憲」形近致譌。《御覽》卷 45 引作「憲山」。「鵝鵝」又聲轉作「鵝胡」，《說文》：「鵝，鵝胡，汙澤也。鵝，鵝或從弟。」

（7）又南五百里曰硬山，南臨硬水，東望湖澤。

郭璞注：硬山，音一真反。

按：宋刊本「硬山」誤作「硬山」，「硬水」不誤。《集韻》「破」字條引亦作「硬山」。

（8）有獸焉，其狀如馬而羊目，四角，牛尾，其音如嗥狗，其名曰狻狻，見則其國多狡客。

郭璞注：狻，音攸。狡，狡猾也。

郝懿行曰：藏經本「目」作「首」。《說文》、《玉篇》無「狻」字，疑「狻」當為「莜」。（P137）

呂調陽曰：「狻」通「攸」。攸攸，繩墨轉聲。（P323）

按：道藏本作「首」是形誤。宋刊本、明刊本都作「羊目」，《集韻》「狻」字條引同。「狻狻」即「攸攸」、「篷篷」，走疾貌，獸名取此義也。

（9）孟子之山。

畢沅曰：于，俗本作「子」，今據藏經本。（P211）

吳承志曰：「孟子」當從道藏本作「孟于」。《博物志》：「孟舒國民人首鳥身，其先主為嚳氏馴百禽，夏后之世始食卵，孟舒去之。」「孟于」即「孟舒」也。（P135）

按：道藏本仍作「孟子」，宋刊本、明刊本、四庫本同，《慧琳音義》卷 37、84、《離騷草木疏》卷 1、2、《類篇》「菌」字條引亦同。郝懿行（P139）、吳承志（P135）、袁珂（P102）都從畢氏誤校，而不檢原書。《類聚》卷 82 引作「孟于之山」。不知孰是。《博物志》卷 8 馴服百禽的「孟舒」，即《史記·秦本紀》之「孟戲」，《漢書·古今人表》之「孟獻」，《御覽》卷 915 引《括地圖》之「孟虧」，並一聲之轉。此經經文於「孟子（于）」沒有描寫，沒有證據顯示即「孟舒」。

（10）**東望榑木。**

郭璞注：榑木，扶桑二音。

畢沅曰：經云「榑木」，傳云「扶桑二音」，疑「木」字誤也。（P211）

郝懿行曰：「榑木」即「扶桑」，但不當讀「木」為「桑」，注有脫誤。案「扶桑」見《海外東經》。（P141）

按：「榑木」即《大荒東經》、《淮南子・墜形篇》之「扶木」，一聲之轉。郝懿行曰：「『扶木』當為『榑木』。」（P333）實不煩改字。「扶桑」又作「枎桑」、「榑桑」、「浮桑」。

（11）**有木焉，其狀如楊而赤理，其汁如血，不實，其名曰苣，可以服馬。**

郭璞注：苣，音起。服馬，以汁塗之，則馬調良。

郝懿行曰：苣，李善注《西京賦》引作「杞」，云：「杞如楊，赤理。」是知「杞」假借作「苣」也。李善又云：「杞即楒木也。」未知其審。（P142）

按：宋刊本、道藏本、明刊本都作「苣」，字當作「苣」。《圖讚》標題誤作「苣木」，讚文「塗之苣汁」不誤。《慧琳音義》卷 93 引亦作「杞」，字當作「杞」。苣讀為杞，指杞柳。《詩・將仲子》孔疏引陸機《詩義疏》：「杞（杞），柳屬也，生水傍，樹如柳，葉麤而白色，〔木〕理微赤，故今人以為車轂。」〔註105〕服，讀為伏。

（12）**其中多薄魚，其狀如鱣魚而一目，其音如歐，見則天下大旱。**

郭璞注：如歐，如人嘔吐聲也。

郝懿行曰：《玉篇》、《廣韻》並作「鱄魚」，又云「似鯉也」。（P143）

按：《玉篇》作「鱄，魚似鯉」，《廣韻》作「鱄，魚似鯉，一目也」。《玉篇》不作「鱄」字，郝氏稍失之。《集韻》：「鱄、鱄：魚名，如鯉。一曰或省。」都是「薄」分別字。《說文》：「鱣，鯉也。」又「鯉，鱣也。」《古今註》卷中：「鯉之大者曰鱣。」故《篇》、《韻》改作「似鯉」。

（13）**剡山有獸焉……其名曰合窳。**

郝懿行曰：剡山，《類聚》卷 8 引作「剌山」，蓋誤。（P144）

按：《御覽》卷 59 引「剡山」同，《白帖》卷 2 引誤作「剌山」。

（14）**蜚，行水則竭，行草則死，見則天下大疫。**

按：《廣韻》「蜚」字條、《集韻》「蜚」字條引「死」作「枯」。

〔註105〕據《類聚》卷 89、《初學記》卷 28、《御覽》卷 956 引補「木」字。

《中山經》第五校補

（1）其下有草焉，葵本而杏葉，黃華而莢實，名曰籜，可以已瞢。

按：籜，宋刊本、明刊本作「蘀」，道藏本作「𦽇」。

（2）名曰植楮，可以已癙，食之不眯。

郭璞注：癙病也。

按：《御覽》卷742引作「植猪之草，可以已鼠」，引郭注作「鼠，瘻也」。

（3）勞水出焉，而西流注于潏水。

按：《御覽》卷44、62、《長安志》卷15引「勞水」作「澇水」。字亦作潦，《史記·司馬相如列傳》《上林賦》「酆鄗潦潏」，四水名。

（4）是多飛魚，其狀如鮒魚，食之已痔衕。

按：《御覽》卷44引作「狀似鮒，可療痔疾」，又卷939引作「其狀如鮒，食之可以已痔」。「鮒」是「鮒」形譌。

（5）有獸焉，其狀如狸而白尾有鬣，名曰朏朏，養之可以已憂。

郭璞注：謂蓄養之也。普昧反。

按：「普昧反」音同「沛」，是「朏」字注音。《御覽》卷39引「已」作「忘」，又卷468引「已」作「亡」；又913引「朏」字不重，「養」作「畜」。《御覽》卷39引注作：「音沛。謂畜之也。」「已」誤作「亡」，復誤作「忘」。邵瑞彭、劉釗說「養」應為「食」字之譌〔註106〕。

（6）又北五十二里曰合谷之山，是多薝棘。

郝懿行曰：《玉篇》作「金谷多薝棘」。（P150）

按：《集韻》「薝」字條引作「爾谷之山多薝棘」。未詳孰是。

（7）鮮山……鮮水出焉，而北流注于伊水，其中多鳴蛇，其狀如蛇而四翼，其音如磬。

按：《文選·南都賦》李善注引「鮮水」同。鮮山，《御覽》卷933、《事類賦注》卷28引誤作「鱗山」。

（8）有獸焉，其名曰馬腹，其狀如人面虎身，其音如嬰兒，是食人。

袁珂曰：人面，畢沅校本作「人而」，於義為長。或「人面」上疑衍「如」

〔註106〕邵瑞彭《山海經餘義》，《國學叢編》第1卷第1期，1931年版，第4頁。劉釗《出土文獻與〈山海經〉新證》，《中國社會科學》2021年第1期，第101頁。

字。（P115）

按：畢沅校本仍作「人面」。「面」字不誤，《大荒西經》：「有神，人面虎身，
有文有尾。」《大荒東經》：「有神人，八首，人面，虎身，十尾。」《海外
西經》「人面蛇身」，《海外北經》「人面鳥身」，《西山經》「人面而龍身」，
文例相同。「如」字衍文，《西山經》：「其神，狀虎身而九尾，人面而虎
爪。」是其例。或「如」下脫一字，名詞。「其狀如羊」、「其狀如雞」、「其
狀如狐」、「其狀如馬」等等是本書習語。

（9）青要之山……是山也，宜女子。

　　楊慎曰：《淮南子》云「青腰玉女」，降霜神也，蓋本此說而傅會之。（P299）
　　吳任臣曰：《淮南子》「青要玉女」，降霜神也，本此傅會之。（P148）
　　郝懿行曰：「宜女」之義未詳。吳氏引《淮南子》「青要玉女，降霜神也」。
今考《淮南·天文訓》雖有「青女乃出，以降霜雪」之文，而無「青要玉女」
之說，當在闕疑。（P158）
　　袁珂曰：今本《淮南子·天文篇》作「青女乃出，以降霜雪」，無「青要
玉女」語，或吳氏別有所本，當在闕疑。（P117）

按：《淮南子·天文篇》高誘注：「青女，天神青霄玉女，主霜雪也。」《御覽》
卷24引「青霄玉女」同，景宋本作「青娸玉女」，《玉燭寶典》卷7引作
「青要女」，《初學記》卷3（凡二引）引作「青要玉女」，《御覽》卷14、
19引作「青天玉女」。「天」是「夭」形譌，「夭」、「娸」皆「要（腰）」音
譌字。「腰」或體作「䚫」，因形譌為「霄」。吳氏所引，乃《淮南子》高
誘注，非其正文。「降霜神也」是楊慎、吳任臣語，非《淮南子》注文。
郝懿行失考，而袁珂竟連郝氏所不懂的按語都竊作己語，卻又懶檢《淮南
子》注文，一何可笑！

（10）有鳥焉，名曰鴢，其狀如鳧，青身而朱目赤尾。

按：《文選·江賦》李善注引「鳧」同，《御覽》卷928引誤作「鳥」。

（11）騩山……正回之水出焉，而北流注於河。

按：正回，《書鈔》卷152引誤作「正過」，《御覽》卷939引誤作「舌過」。《水
經注·河水》亦說「河水又東，正回之水入焉，水出騩山」。

（12）宜蘇之山，其上多金玉，其下多蔓居之木。

　　郭璞注：蔓居之木，未詳。

吳任臣曰：木居蔓草之中，非木名也。（P149）

郝懿行曰：《廣雅》云：「牡荊，蔓荊也。」蔓，《本草》作「蔓」。此經「蔓居」疑「蔓荊」聲之轉。「蔓荊」列《本草》木部，故此亦云「蔓居之木」也。（P160）

按：吳氏說「蔓居」非木名得之，但所解則誤。「蔓居」蓋普通動詞，非木名。居，讀為著，附著也，連屬也。蔓居猶言蔓連。

（13）扶豬之山，其上多礝石。

郭璞注：礝，音奂。今鴈門山中出礝石。白者如冰，水中有赤色者。

畢沅曰：「礝」當為「碝」。《說文》云：「碝，石次玉者。」《玉篇》引此又作「瑌」，非。傳「半有赤色」，舊本作「水中有赤色」，今據《玉篇》改正。（P217）

郝懿行曰：「礝」當為「碝」。《說文》云：「碝，石次玉者。」《玉篇》同，云「亦作瑌」，引此經作「瑌石」，或所見本異也。張揖注《上林賦》云：「碝石白者如冰，半有赤色」，《玉篇》引此郭注同，與今本異。（P162）

按：注文「白者如冰，水中有赤色者」，宋刊本作「白者如水，半中有赤色者」，道藏本作「白者如冰，半中有赤色者」，明刊本作「白者如水，水中有赤色者」。道藏本是，他本都有誤字。《慧琳音義》卷99引作「碝石」，引郭注作「白者如冰，半有赤色」。

（14）有獸焉，其狀如貉而人目，其名曰麎。

郭璞注：貉，或作「貈」，古字。麎，音銀，或作「麋」。

畢沅曰：經云「人目」，《玉篇》引作「八目」，非。（P217）

郝懿行曰：《玉篇》、《廣韻》引此經「人目」作「八目」，誤。（P162）

按：宋刊本、道藏本、明刊本都作「人目」，元抄本作「八目」。《集韻》：「麎，獸名，如貉八目。」《篆隸萬象名義》：「麎，如貉，目八。」亦都誤作「八目」。《北山經》：「有獸焉，其狀如牛而四角、人目、彘耳，其名曰諸懷。」

（15）鳌山，其陽多玉，其陰多蒐。

郭璞注：蒐，音搜。茅搜，今之蒨草也。

郝懿行曰：「茹藘，茅蒐」見《爾雅》。郭音蒐為搜，非也。《詩》鄭箋及《晉語》韋昭注並以「茅蒐」、「鞁韐」為合聲及聲轉之字，是「蒐」從鬼得聲，當讀如「鬼」，不合音「搜」。（P162）

按：郝說非是，郭音不誤。《說文》：「蒐，茅蒐，茹藘，人血所生，可以染絳。

從屮從鬼。」是「蒐」為會意字，不是從鬼得聲的形聲字，舊音「所留反」。「茅蒐」是幽部疊韻連語。

（16）又西三百五十里曰讙舉之山，雒水出焉。

畢沅曰：讙，劉昭注《郡國志》引此作「護」。（P219）

郝懿行曰：或以「獲輿」、「讙舉」字形相近疑為一山，然據《地理志》及《水經注》，蓋二山也。劉昭注《郡國志》引「讙」作「護」。（P165）

按：《水經注·洛水》引「讙舉」同，《御覽》卷62引《水經注》作「護舉」，同於劉昭。《水經注》云「洛水又東與獲水合，水南出獲輿山」，楊守敬曰：「胡渭疑『讙舉』是『獲輿』之誤，蓋字形相近，一望而知。段玉裁亦云『獲輿』即『讙舉』聲之轉。是『讙舉』、『獲輿』不可分為二，審矣。《山海經》、《水經》謂之『讙舉』，《漢志》謂之『獲輿』，又謂之冢領，所謂連麓而異名稱，皆一山也。」〔註107〕段說「讙」與「獲」聲轉，但更有可能是形誤。「護舉」、「獲輿」均疊韻連語。

（17）成侯之山，其上多櫄木，其草多芃。

吳任臣曰：「芃」疑「芁」字之譌也，未詳是非。「芁」音交。（P152）

汪紱曰：芃，蒲也。或作「芁」，音交，秦芁也。（P66）

郝懿行曰：芃，《說文》訓草盛，非草名也。疑「芃」當為「芁」字之訛。「芁」音交，即藥草秦芁也，見《本草》。（P167）

袁珂曰：郝說是也，王念孫校同郝注。（P124）

賈雯鶴曰：「芃」應該是「芫」字之誤，「芫草」已見於上文〔註108〕。

按：諸家皆以形求之。余則以音求之，讀芃為葑，指蕪菁。《方言》卷3作「䕚」，云：「䕚，蕪菁也，陳楚之郊謂之䕚。」

（18）又東十里，曰良餘之山……餘水出於其陰，而北流注於河；乳水出於其陽，而東南流注於洛。又東南十里，曰蠱尾之山……龍餘之水出焉，而東南流注於洛。

呂調陽曰：……又受左右兩水，象龍尾，故曰「龍餘」。（P346）

〔註107〕楊守敬、熊會貞《水經注疏》卷15，江蘇古籍出版社1989年版，第1291頁。所引段玉裁說出《校漢書地理志注》，收入《經韻樓集》卷5，上海古籍出版社2008年版，第97頁。

〔註108〕賈雯鶴《〈山海經〉文獻校理十八則》，《四川職業技術學院學報》2022年第6期，第120頁。

按：「餘水」出於「良餘之山」，當作「良餘之水」，或是其省稱耳。「蠱尾之山」
與「良餘之山」相隔不遠，所出「龍餘之水」疑是「良餘之水」音轉，別
其音以分別作支流水名。王國維說：「蓋其流期於有別，而其源不妨相通，
為文字變化之通例矣。」〔註109〕另參見「良龜」條校補。

（19）有神焉，其狀如人而二首，名曰驕蟲，是為螫蟲，實惟蜂蜜之廬。

郭璞注：驕蟲，為螫蟲之長。廬，言群蜂之所舍集。蜜，赤蜂名。

吳任臣曰：《聞見彙考》作「蟜蟲」。《事類賦注》引經云：「蟜蟲，是長螫
蟲。」（P153）

郝懿行曰：《御覽》卷 950 引「驕」作「蟜」。「赤」疑「亦」字之譌。
（P171）

朱駿聲曰：驕，叚借為蟜。蟜，蟜蟲也。《漢書·朱博傳》《音義》：「蟜，
毒蟲也。」按：《中山經》「有神如人而二首，名曰驕蟲」，疑蚳畫蜃蝀之屬。
《左傳》鄭子蟜名蠆。（P326、327）

呂調陽曰：馬揭尾曰驕，故螫蟲謂之驕蟲。（P341）

吳承志曰：「驕蟲」二字，必「蠆」之誤。（P7）

按：注「赤」，宋刊本、明刊本同，道藏本作「亦」。《御覽》卷 950 引正文及
郭注「螫」作「盤」，「惟」作「推」，注「赤蜂名」作「亦蜂名也」。《事
類賦注》卷 30「驕」作「蟜」，「是為螫蟲」作「是長螫蟲」，郭注作：「蟜
為螫蟲之長。廬，蜂所舍。蜜，亦蜂名。」又云：「螫音班。」「推」是「惟」
形誤，「赤」是「亦」形誤（道藏本不誤），「盤」是「螫」形誤。《事類賦》
易「螫蟲」作「螫蟲」，不知何據。

（20）橐水出焉……其中多脩辟之魚，狀如黽而白喙，其音如鷗，食之
已白癬。

按：《呂氏春秋·審時》高誘注：「辟，小也。」辟讀為卑，故訓小也。「脩辟」
狀其形又長又細。《御覽》卷 742 引誤作「脩郡」。

（21）其北有林焉，名曰桃林，是廣員三百里。

郝懿行曰：《史記·趙世家》《正義》引「廣員」作「廣闊」，蓋誤。《留侯
世家》《索隱》引無「員」字。（P177）

按：《史記·周本紀》《正義》、《事類賦注》卷 21 引「廣員」同，《水經注·河

〔註109〕王國維《〈爾雅〉草木蟲魚鳥獸名釋例下》，中華書局 1959 年版，第 222 頁。

水》、《類聚》卷 93、《御覽》卷 896、967 引作「廣圓」，《漢書‧張良傳》
顏師古注、《御覽》卷 158 引作「廣圍」。

（22）有草焉，方莖而黃華，員葉而三成，其名曰焉酸，可以為毒。

郭璞注：葉三重也。為，治。

吳任臣曰：一本作「烏酸」。《圖讚》云：「烏酸之葉，三成黃華。可以為
毒，不畏虺蛇。」（P156）

郝懿行曰：焉酸，一本作「烏酸」。（P180）

呂調陽曰：「气」舊作「焉」，形近故譌。「气酸」即「器酸」。（P338）

袁珂曰：《御覽》卷 42 引正作「烏酸」。（P132）

按：宋刊本、明刊本作「焉酸」。道藏本作「烏酸」，《永樂大典》卷 8023 引同，
《圖讚》亦同。焉、烏形聲俱近。明刊本「方莖」誤作「方董」，《永樂大
典》引誤作「方草」。光緒刻本《通州直隸州志》卷 4：「焉酸，黃花菜也。」
蓋是附會經文「方莖而黃華」而說。

（23）姑媱之山，帝女死焉，其名曰女尸，化為䔄草，其葉胥成，其華
黃，其實如菟丘，服之媚於人。

郭璞注：其葉胥成，言葉相重也。菟丘，菟絲也，見《爾（廣）雅》。媚
於人，為人所愛也。

郝懿行曰：「䔄」通作「瑤」。《文選‧別賦》雖作「瑤草」，注引此經仍作
「䔄草」。《博物志》作「䍃草，其葉鬱茂」。（P181）

按：《御覽》卷 887 引「䔄草」作「瑤草」，無「胥」字，注「愛」作「媚愛」。
胥成，《文選‧別賦》李善注、《北戶錄》卷 1 注、《離騷草木疏》卷 2、
《永樂大典》卷 913、8023 引同，《博物志》卷 3、《搜神記》卷 14 作「鬱
茂」，高麗本《法苑珠林》卷 32 引《搜神記》作「㹥成」（宋本作「蕤茂」）。
「胥成」形誤作「郁茂」，復易作「鬱茂」也。胥，讀作須，待也。「胥成」
謂其葉相須而成，故郭璞注「言葉相重也」。

（24）有獸焉，其狀如蜂，枝尾而反舌，善呼，其名曰文文。

汪紱曰：枝尾，尾兩歧也。反舌，舌善翻弄如百舌鳥也。（P69）

郝懿行曰：枝尾，岐尾也。《說文》云：「燕，枝尾。」〔註110〕反舌者，

〔註110〕樂保群點校本誤連下文作：《說文》云「燕，枝尾反舌」者。竟不查《說文》
原書，而恣意亂點。

蓋舌本在前，不向喉。《淮南子·墜形訓》有「反舌民」。（P183）

　　陳逢衡曰：高誘《呂氏春秋》注「一說舌本在前」云云，又見《淮南·地形訓》注，無「末」字，「倒」作「反」，不可據。夫舌繫於心，「舌本在前」則何所繫乎？舌尖向喉，則不能飲食矣。案：《釋名》：「物兩為歧。」所謂「歧舌」者，謂輕重緩急之間，語音無定，其辭枝離是也。蓋南蠻鴃舌，猶之百舌鳥能易其舌效百鳥之聲，故《山海經》謂之「歧舌」，《呂氏春秋》、《淮南子》謂之「反舌」。（P52）

按：汪氏、郝氏說「枝尾」是，《說文》「枝尾」，《慧琳音義》卷 53 引誤作「披尾」，《御覽》卷 922 引又誤作「拔尾」。郝說「不向喉」，當是「末向喉」誤刻。《呂氏春秋·功名》高誘注：「一說南方有反舌國，本在前，末倒向喉，故曰反舌。」此經「反舌」不是此誼，當取汪紱說。《淮南子·墜形篇》高誘注：「反舌，百舌鳥也，能辨變其舌，反易其聲，以效百鳥之鳴，故謂百舌。」《呂氏春秋·仲夏紀》高誘注：「反舌，伯舌也，能辯反其舌，變易其聲，效百鳥之鳴，故謂之百舌。」辨、辯、變一聲之轉，反、變亦一聲之轉，都與「易」同義，猶言改變。以「反舌」描寫百舌鳥善效百鳥之鳴，與此經描寫文文獸善呼，其義一也。《御覽》卷 913 引「文文」作單字「文」。

（25）大㜽之山。

　　吳任臣曰：「㜽」同「苦」。《寰宇記》云：「大苦山倚箔山、太谷山，俱在舊穎陽境。」（P157）

　　畢沅曰：「大苦」舊本譌作「大㜽」，唐宋字書無此字，據《水經注》、《爾雅》注、《初學記》、《太平寰宇記》引此皆作「大苦」，今從之。（P225）

　　郝懿行曰：「㜽」當為「苦」。《初學記》「龜」下引此經作「丈若山」，誤。（P183）

　　袁珂曰：《御覽》卷 931 引此經作「大苦」，畢沅校本亦作「大苦」，今本作「大㜽」，而郭注無音，知本為「苦」字明矣。（P134）

　　呂調陽曰：「㜽」同「非」，鳥將飛，竦其翼也。從古，有所疑也。（P338）

按：畢、郝均有誤校。《爾雅·釋魚》郭璞注、《初學記》卷 30、《事類賦注》卷 28 引作「大若」，《水經注·伊水》、《御覽》卷 931、《希麟音義》卷 4 引作「大苦」。「大若」誤作「大苦」，復誤作「大㜽」。

（26）半石之山，其上有草焉，生而秀，其高丈餘，赤葉赤華，華而不
　　　實，其名曰嘉榮，服之者不霆。

　　郭璞注：不畏雷霆霹靂也。音廷搏之廷。

　　郝懿行曰：《書鈔》卷152引此經「霆」上有「畏」字，注無「雷霆」二
字，今本脫衍也。（P184）

　　郝懿行又曰：注當為「脡脯之脡」。（P452）

　　朱駿聲曰：霆，叚借為醒。注「不畏雷霆霹靂也」，恐非。（P872）

　　俞樾曰：「霆」疑「姃」之叚字。《說文》：「姃，女出病也。」（P246）

按：《御覽》卷13、《事類賦注》卷3引亦有「畏」字。郭、郝說是。《中山經》
　　上文「飛魚……服之不畏雷」，《西山經》「橐𩇯……服之不畏雷」，即是其
　　誼也，「服」謂服食。《御覽》卷42引此經作「服者不遷喜怒」，蓋是臆改。
　　《書鈔》卷152引「赤葉」作「大葉」。道藏本注「霹靂」同，宋刊本作
　　「辟歷」，明刊本作「辟礰」。

（27）合水……多䱤魚，狀如鱖，居逵，蒼文赤尾。

　　郭璞注：逵，水中之穴道交通者。

　　王念孫曰：「居逵」疑當作「居陵」。《南山經》云：「䃌山有魚焉，其狀如
牛，陵居。」《海外西經》云：「龍魚陵居。」〔註111〕

　　呂調陽曰：居逵，好躍岸上也。（P339）

按：《文選·江賦》李善注引「逵」同，但「逵」下誤衍「切」字。《御覽》卷
　　939引「逵」誤作「達」。此經「逵」非訓九達道之「逵」，疑是「陸」形
　　譌字。陵亦陸也。

（28）少室之山，百草木成囷。其上有木焉，其名曰帝休，葉狀如楊，其
　　　枝五衢，黃華黑實，服者不怒。

　　郭璞注：成囷，未詳。

　　吳任臣曰：囷如倉囷之囷，言草木屯聚也。（P158）

　　汪紱曰：百草木成囷，言草木眾積如囷倉然也。（P70）

　　郝懿行曰：言草木屯聚如倉囷之形也。（P186）

　　呂調陽曰：成囷，謂枝格交錯。（P339）

〔註111〕范祥雍《山海經箋疏補校》過錄王念孫說，上海古籍出版社2013年版，第
　　　　192頁。

袁珂曰：《類聚》卷 88 引此經「黑實」作「黑葉」。（P135）

按：郝說即自吳說化出，疑非也。囷，讀為群，言草木成群也。怒，《文選·頭陀寺碑文》李善注、《類聚》卷 88、《御覽》卷 39、952、《事類賦注》卷 24 引同，《御覽》卷 961 引誤作「恐」，《證類本草》卷 12 引作「愁」。各書引「黑實」同，獨《類聚》引誤作「黑葉」。

（29）休水……其中多鯑魚，狀如鰲蜼而長距，足白而對，食者無蠱疾。

郭璞注：足白而對，未詳。

王崇慶曰：言其足色，向且相向也〔註112〕。（P235）

郝懿行曰：對，蓋謂足趾相向也。《北次三經》云：「人魚如鯑魚，四足，食之無癡疾。」蠱，疑惑也。癡，不慧也。其義同。（P186）

按：《御覽》卷 39 引此經「蠱」脫誤作「蟲」。①《北山經》說鯑魚四足，《西山經》郭璞注：「人魚，如鯑魚，四腳。」此經「白」疑是「四」形誤，「足四而對」者，謂有四足而二二相對。②《北山經》「無癡疾」，《御覽》卷 938 引「癡」同，《本草綱目》卷 44 引作「瘕」，《證類本草》卷 20、《圖經衍義本草》卷 31 並引陶隱居說「人魚，食之療瘕疾」。王引之據《證類本草》改「癡」作「瘕」〔註113〕，是也，但王氏未說「癡」是誤字的理由。此經作「無蠱疾」者，《說文》：「蠱，腹中蟲也。」瘕疾、蠱疾都指腹中蟲病。《南山經》：「麗麂之水……其中多育沛，佩之無瘕疾。」郭璞注：「育沛，未詳。瘕，蟲病也。」〔註114〕休水的鯑魚治蠱疾，決決之水中狀如鯑魚的人魚治瘕病〔註115〕，其理相同。足證「癡」是「瘕」誤字〔註116〕。駱瑞鶴曰：「瘕、格音近，取來止之義，為腹內有物留止不去之通名，不獨為蟲瘕。」〔註117〕經文「瘕」特指腹中有蟲積聚之病。

〔註112〕 樂保群《山海經詳注》第 286 頁引其說上「向」字誤作「白」字。
〔註113〕 王引之《經義述聞》卷 28，江蘇古籍出版社 1985 年版，第 674 頁。
〔註114〕 《慧琳音義》卷 47 引同，卷 33 引郭注誤作「瘕，肺病也」。
〔註115〕 北大秦簡《禹九策》：「決決流水。」又「水之決決。」整理者李零讀「決決」為「活活」或「澮澮」。李說是也，指水流聲，因以名焉。《北京大學藏秦簡牘》，上海古籍出版社 2023 年版，第 897、901 頁。
〔註116〕 此上參見蕭旭《〈山海經〉「佩」字解詁》，《上古漢語研究》第 5 輯，商務印書館 2023 年版，第 139～143 頁；又收入《群書校補（三編）》，花木蘭文化事業有限公司 2023 年版，第 2053～2054 頁。
〔註117〕 駱瑞鶴《〈山海經〉病名考（上）》，《長江學術》第 3 輯，2002 年出版，第 157 頁。

（30）泰室之山，其上有木焉，葉狀如梨而赤理，其名曰栯木，服者不妒。

　　郭璞注：栯，音郁。

　　郝懿行曰：《類聚》卷7及卷35引此經「栯」並作「栺」，疑誤。（P187）

　　呂調陽曰：「栯」疑當為「栺」，杜也。（P339）

按：汪紱本「栯木」作「栯李」。郝說是也。蔣《韻》、王《韻》、裴《韻》並云：「栯，於六反。栯李。」《廣韻》：「栯，於六切。栯李。又音有，俗作梄。」《集韻》：「梄，乙六切。木名，梄李也。」《本草綱目》卷36「郁李」條云：「郁，《山海經》作『栯』，馥郁也。花實俱香，故以名之。」「栯」從郁省聲，故郭注音郁。《廣韻》又音有，俗音也。「梄」字雖後出，卻是正字。《類聚》卷7引「妒」誤作「垢」，又卷35引「泰室」誤作「秦室」。宋刊本、道藏本、明刊本「妒」作「妬」，《廣韻》、《集韻》「栯」字條引同，「垢」是「妬」形誤。

（31）有草焉，其狀如荒，白華黑實，澤如蘡薁，其名曰薔草。

　　郭璞注：澤如蘡薁，言子滑澤。

　　郝懿行曰：《說文》云：「薁，蘡薁也。」《廣雅》云：「燕薁，蘡舌也。」《齊民要術》引陸機《詩義疏》云：「櫻薁，實大如龍眼，黑色，今車鞅藤實是。」又引疏云：「藁似燕薁，連蔓生。」（P187）

按：郝說是也。蘡（嬰、櫻）、燕一聲之轉。《詩·燕燕》「燕燕于飛」，帛書《五行》引「燕燕」作「嬰嬰」。是其音轉之證。蘡（嬰、櫻）、鞅亦一聲之轉。《釋名·釋車》：「鞅，嬰也。喉下稱嬰，言纓絡之也。」此是音訓。「纓」轉語作「紻」，「罌」轉語作「盎」，「蠳龜」轉語作「黿龜」，是其比也。

（32）敏山，上有木焉，其狀如荊，白華而赤實，名曰薊柏，服者不寒。

　　郭璞注：薊，音計。

　　郝懿行曰：《玉篇》云：「薊，俗薊字。」《初學記》卷28引《廣志》云：「柏有計柏。」計、薊聲同，疑是也。（P190）

按：郝說是也。《後漢書·方術列傳》「計子勳者」，《御覽》卷691引仲長統《昌言》「計」作「薊」。是其證。《類聚》卷88引《廣雅》：「〔栢〕，一名汁栢。」「汁」是「計」形誤，出處又誤作《廣雅》。

（33）其鳥多白鷼，多翟，多鴆。

　　郭璞注：鴆大如鵰，紫綠色，長頸，赤喙，食蝮蛇頭，雄名運日，雌名陰

諧也。

按：鴆，宋刊本、道藏本、明刊本、四庫本誤從冗作「鵂」。《御覽》卷 927
引此經及《廣雅》「鴆」亦誤從冗作「鵂」，是其比。《玄應音義》卷 13、
18、20、《慧琳音義》卷 16、73、75、94、96 引此經作「鴆」不誤（《慧
琳音義》卷 16 字頭「鴆毒」誤從冗作「鵂」）。蔣《韻》：「鵂，鳥名。
《廣疋》云：『其鳥如口，紫綠色，有毒，頸長七尺八，食虵蝮，雄名
運日，雌名陰諧。』《篆隸萬象名義》：「鵂，除禁反。如鵰，食虵。」
亦都誤從冗。本經下文「琴鼓之山……其鳥多鴆」，又「玉山……其鳥
多鴆」，宋刊本、道藏本、明刊本「鴆」字不誤，《御覽》卷 927 引誤作
「鵂」。明刊本注「長頸」誤作「長頭」，「蝮蛇」誤作「蝠蛇」，「運日」
誤作「運目」。

（34）其獸多閭、麞、麢、臭。

郭璞注：臭似菟而鹿腳，青色。音綽。

按：郭注「音綽」，宋刊本、道藏本、明刊本作「音勒略反」。直音綽蓋後人所
易之。

（35）若山，其上多瓂琈之玉，多赭，多邽石。

郭璞注：邽石，未詳。

畢沅曰：疑即「封石」也。正字當為「珡」，《說文》云：「珡，石之次玉
者，以為系璧。」經亦多為「封」。「珡」、「封」形相近。（P229）

郝懿行曰：「邽」疑「封」字之譌也。「封石」見《中次十經》「虎尾之山」。
（P198）

王念孫曰：下文「虎尾之山多封石」，「邽」、「封」二字必有一誤。篇內作
「邽石」者二，作「封石」者六〔註118〕。

按：「封」音誤作「邦」，復作俗字「邽」。本經下文「虎尾之山多封石」，吳
任臣（P166）、郝懿行（P208）皆以「封石」為草藥名之「封石」，其說
本於《本草綱目》卷 11「虎尾之山、遊戲之山、嬰侯之山、豐山、服山
多封石，即此。」吳承仕曰：「『封石』及『邽石』皆應讀為砭。《東山經》：
『高氏之山，其下多箴石。』郭注云：『可以為砭針治癰腫者。』『封石』、

〔註118〕范祥雍《山海經箋疏補校》過錄王念孫說，上海古籍出版社 2013 年版，第
205 頁。

『箴石』同物而異名。郭注不為『封石』作音，蓋讀如字，失之。」黃侃復指出《中次五經》「蔥聾之山多庲石」之「庲石」亦是砭石〔註119〕。邵瑞彭從吳承仕說〔註120〕，而引文稍異。錢坫則疑「庲石」即「玤石」〔註121〕。上二說不知孰是。帛書《脈法》：「用砭啟眽（脈）者必如式。」又《五十二病方》：「以砭穿其〔隋（膭）〕旁。」「砭」、「砭」即「砭」。《漢語大字典》字形誤作「碧」〔註122〕，則未得其聲符。《東山經》鳧麗之山亦有「箴石」。

（補記：2024 年 4 月 7 日看校樣時，友人檢示《出土文獻》2024 年第 1 期第 158～168 頁劉思亮《〈山海經〉中的「庲石」「邞石」「封石」及早期螺鈿》一文。補記劉君說要點如下：「邞」乃「邦」之訛俗字。「邦」、「封」乃一字分化。「庲」、「邦」、「封」可通用無別。《中山經》「邦石」、「邞石」、「封石」實為一物，即畢沅所謂的「玤石」，信陽楚墓漆器上所鑲嵌的「碎石」，是一種形似蚌泡的白色石英石，其功用為器物螺鈿時候的裝飾物。）

（36）崌山，江水出焉，東流注于大江，其中多怪蛇，多鰲魚。

郭璞注：鰲，音贅，未聞。

郝懿行曰：「鰲」見《玉篇》，云「魚名」。（P203）

按：裴《韻》：「鰲，魚名，居也山水流出焉。」「居也山」當是「崌」之誤分。

（37）賈超之山……其中多龍脩。

郭璞注：龍須也。似莞而細，生山石穴中，莖倒垂，可以為席。

畢沅曰：「脩」、「須」音相近。（P232）

郝懿行曰：「龍脩」、「龍須」聲轉耳。《廣雅》云：「龍木，龍須也。」（P207）

按：王念孫曰：「『龍脩』、『龍須』聲之轉也。」〔註123〕朱駿聲曰：「須、脩雙聲。」（P233）《御覽》卷 994 引作「賈超之山，草多龍鬚」。

〔註119〕 吳承仕《經籍舊音辨證》卷 7《〈山海經〉郭璞注》，中華書局 2008 年版，第 374 頁。黃侃《經籍舊音辨證箋識》，吳承仕《經籍舊音辨證》附錄一，第 414 頁。

〔註120〕 邵瑞彭《山海經餘義（續）》，《國學叢編》第 1 卷第 2 期，1931 年版，第 6 頁。

〔註121〕 錢坫《說文解字斠詮》卷 1「玤」字條，收入《續修四庫全書》第 211 冊，上海古籍出版社 2002 年版，第 451 頁。

〔註122〕 《漢語大字典》（第二版），崇文書局、四川辭書出版社 2010 年版，第 2601 頁。

〔註123〕 王念孫《廣雅疏證》，收入徐復主編《廣雅詁林》，江蘇古籍出版社 1992 年版，第 841 頁。

（38）有九鐘焉，是知霜鳴。

郭璞注：霜降則鐘鳴，故言知也。物有自然感應而不可為也。

郝懿行曰：《書鈔》卷108引此經及郭注「知」並作「和」，疑今本字形之譌。（P214）

俞樾曰：霜降則鐘鳴，不得但言「是知霜鳴」，文不成義，郭說非也。「鳴」乃「鴅」字之誤，「鴅」者「唯」之或體。此「鴅」字當讀為降。（P247）

按：《書鈔》卷152引正文「知」作「和」，引郭注「知」作「如此」。《後漢書‧郡國志》劉昭注、《初學記》卷2引正文及注並作「知」。經文言氣之自然感應，當作「知」字，言九鐘知霜而鳴也。俞說非是。袁珂偏取郝氏誤說（P154）。

（39）有鳥焉，其名曰嬰勺，其狀如鵲，赤目、赤喙、白身，其尾若勺，其鳴自呼。

郭璞注：若勺，似酒勺形。

按：宋刊本注「形」誤作「酌」。《御覽》卷928引正文無「赤目」，引注無「酒」字。「其名嬰勺，其鳴自呼」者，蓋謂其鳴聲嬰嬰勺勺然。「嬰嬰」即「嚶嚶」、「譻譻」，鳥鳴聲也。《說文》：「嚶，鳥鳴也。」又「譻，聲也。」《詩‧伐木》「鳥鳴嚶嚶」，鄭玄箋：「嚶嚶，兩鳥聲也。」「勺勺」是「唶唶」音轉，「唶唶」又與「嘖嘖」、「咋咋」音轉。《廣雅》：「譻譻、唶唶、嘖嘖，鳴也。」《楚辭‧九思‧悼亂》：「山鵲兮嚶嚶。」《淮南子‧原道篇》：「烏之啞啞，鵲之唶唶。」「嚶嚶」、「唶唶」正是鵲鳴之聲，故經文以命名如鵲的鳥為「嬰勺」。

（40）秩簡之山。

郭璞注：簡，音彫。

吳任臣曰：《五音集韻》作「袾簡」。（P169）

畢沅曰：「族」舊本作「秩」，非。案《廣韻》引此作「族藟之山」，是。「簡」有郭音，不易其字。（P234）

郝懿行曰：《廣韻》引此經作「族藟之山」。（P215）

呂調陽曰：袾衡，舊作「秩簡」。「袾」譌為「秩」，「衡」譌為「簡」。《廣韻》引此又譌作「族藟」。（P350）

按：南宋明州刻本《集韻‧蕭韻》「簡」字條引作「袾簡山」，宋金州軍刻本、宋潭州刻本、錢恂藏揚州使院本、曹氏棟亭本同，述古堂影宋鈔本「袾」

作「扶」。「祑」誤作「袟」，復誤作「扶」，《五音集韻》作「袜」尤誤。
姚刊三韻本《類篇》「筬」字條引「祑」不誤，汲古閣《類篇》亦誤作「袟」。
郭既「音彫」，則其字必從周得聲。《廣韻》、《附釋文互註禮部韻略》之
「杌」字條引作「族蔄之山」，必是「祑蔄」形誤。

（41）高前之山，其上有水焉，甚寒而清，帝臺之漿也，飲之者不心痛。

郭璞注：清，或作「潛」。今河東解縣南檀首（道）山上有水潛出，停〔而〕
不流，俗名為盎漿，即此類也。

郝懿行曰：《書鈔》卷 144 引此經亦作「清」。《水經・涑水》注引「盎漿」
作「鴦漿」也。（P217）

袁珂曰：《類聚》卷 8 引「漿」下有「水」字，《御覽》卷 59 同。（P157）

按：《書鈔》卷 144 凡二引都作「清」，《類聚》卷 8、《御覽》卷 59、861、《事
類賦注》卷 7 引同。《書鈔》卷 144（凡二引）、《御覽》卷 861 引「漿」
下無「水」字，《事類賦注》卷 7 引有「水」字。《御覽》卷 59 引「高前」
誤作「高箭」。楊守敬曰：「此『鴦』字無意義。郭注『停而不流』，則『盎』
字是。今訂。郝懿行反據此文，欲改《山海經》注『盎』為『鴦』，大非。」
〔註124〕郝懿行但出異文，未改「盎」為「鴦」，楊說不當。盎之言滃滃，
濃盛渾濁貌。故「盎」用為名詞，即指濁酒，專字作「醠」，字亦省作「酜」
〔註125〕。《御覽》卷 64 引亦作「鴦漿」，借字耳。「停而不流」指水濁，
義正合也。

（42）風伯之山，其上多金玉。

郝懿行曰：《初學記》「柳」下引此經作「鳳伯之山」。（P226）

按：《御覽》卷 957、《事類賦注》卷 25 引亦作「鳳伯」。

《海外南經》第六校補

（1）畢方鳥在其東，青水西，其為鳥人面、一腳。

郝懿行曰：《西次三經》說畢方鳥不言「人面」。（P237）

吳承志曰：「人面」二字涉下「讙頭國其為人人面有翼鳥喙」而衍。（P149）

按：吳說非是。《抱朴子內篇・釋滯》：「石脩九首，畢方人面。」「畢方」又作

〔註124〕楊守敬、熊會貞《水經注疏》卷 6，江蘇古籍出版社 1989 年版，第 592 頁。
〔註125〕參見蕭旭《吳越春秋校補》，收入《群書校補（續）》，花木蘭文化事業有限公
　　　　司 2014 年版，第 1183 頁。

「必方」，《類聚》卷88引《尸子》：「木之精氣為必方。」〔註126〕《御覽》卷952引作「畢方」。《法苑珠林》卷58引《白澤圖》：「火之精名曰必方，狀如鳥，一足，以其名呼之則去。」

（2）長臂國在其東，捕魚水中，兩手各操一魚。

郭璞注：舊說云：「其人手下垂至地。」

按：《御覽》卷790引「捕魚水中」前有「人長一尺五」五字，又引注「下垂」脫誤作「乘」。

《海外西經》第七校補

（1）大樂之野，夏后啟於此儛九代，乘兩龍……一曰大遺之野。

郭璞注：九代，馬名。儛謂盤作之令儛也。大遺之野，《大荒經》云「大穆之野」。

楊慎曰：「盤作之」謂舉盤起之，令馬儛其上。（P299）

郝懿行曰：李善注《三月三日曲水詩序》引此經云「舞九代馬」，疑「馬」字衍。而《類聚》卷93及《御覽》卷82引亦有「馬」字，或並引郭注之文也。（P246～247）

陳逢衡曰：《大荒經》云「大穆之野」。郝氏曰：「案：『九代』疑樂名也。《竹書》云：『夏帝啟十年，帝巡狩，舞《九韶》于大穆之野。』《大荒西經》亦云：『天穆之野，啟始歌《九招》。』『招』即『韶』也。疑『九代』即『九招』矣。又《淮南·齊俗訓》云：『夏后氏，其樂《夏籥》、《九成》。』疑『九代』本作『九成』，今本傳寫形近而譌也。李善注王融《三月三日曲水詩序》引此經云『舞九代馬』，『馬』字疑衍。而《類聚》卷93及《太平御覽》卷82引此經亦有『馬』字，或并引郭注之文也。舞馬之戲，恐非上世（原書作『古』）所有。」衡案：郝氏謂「九代」是樂名，疑即「九成」，關郭氏「舞馬」之說，極為有識。或曰：古字「九」與「六」多混，此云「舞九代」，疑是「六代」，謂合黃帝、高陽、高辛、堯、舜、禹六代之樂而並作也。樂必兼舞，故曰「舞六代」。而即以名其地曰「大樂之野」，「大樂」猶之「鈞天廣樂」云爾。郭謂「大遺」即「大穆」，亦非。案：「舞《九代》於大樂之野」是一事，「歌《九招》於天穆之野」是一事，兩事不同，在一時。且郭既合而為一，則不得云是「舞馬」。若《類聚》、《御覽》之引《山海經》，往往混合郭注，李善注《文選》

亦然，不得引以為證。（P32～33）

俞樾曰：「代」字疑「戈」字之誤。「戈」、「歌」音同。「九戈」即「九歌」也。（P248）

按：《類聚》卷 6、《御覽》卷 896、《廣川畫跋》卷 4 引「九代」下亦衍「馬」字，《御覽》卷 937 引復誤作「焉」。《御覽》卷 82 引「大遺」誤作「大道」。郭注「盤作之」，謂盤旋而起之，楊氏解作「舉盤起之」，恐非。

（2）女祭、女戚在其北，居兩水間，戚操魚䱇，祭操俎。

郭璞注：䱇，鱓魚屬。俎，肉几。

吳任臣曰：《王會篇》「甌人鱓蛇」，即䱇也。《物性志》云：「䱇似蛇，亦善緣樹。」（P183）

郝懿行曰：女戚，一曰「女蔑」，見《大荒西經》。「䱇」即「鱓」字之異文，此注「鱓魚屬」以為二物，蓋失檢也。（P249）

王念孫曰：《大荒西經》：「有寒荒之國，有二人女祭、女蔑。」注云：「或持觶，或持俎。」案此「女戚」亦當作「女蔑」，因上文「干戚」文而誤為「戚」也。「魚䱇」當為「角䱇」，注內「鱓，魚屬」當為「角䱇，鱓屬」。《說文》：「䱇，小鱓也。」〔註 127〕

王寧曰：「女戚」當作「女威」，字形之誤。《大荒西經》作「女蔑」。威、蔑古音同〔註 128〕。

按：䱇，宋刊本、道藏本、明刊本、四庫本、王崇慶本作「䱇」。《御覽》卷 937 二「戚」字作「滅」〔註 129〕，「兩水」作「雨水」，「䱇」作「䱇」，注作「䱇，魚屬也。俎，肉祀也」。《御覽》屬於「鱓魚」條，「䱇」是「䱇」形譌。《御覽》下文引《韓子》「䱇似蛇」，《事類賦注》卷 29 引作「䱇」，今本《韓子·說林下》作「鱓」。王念孫說至確。《御覽》引作「女滅」，亦「女蔑」音轉，王寧說亦是。《圖讚》亦誤作「女戚」。《海外西經》「滅蒙鳥」，元抄本經文不誤，《圖讚》誤作「戚蒙」。《廣雅》：「䱇，虺也。」王念孫曰：「《說文》：『䱇，小鱓也。』《海外西經》：『女蔑操角䱇，女祭操俎。』郭璞注云：『角䱇，鱓屬。』《急就篇》云：『蠡斗參升半卮䱇。』《賈子·諭誠篇》：『酒二

〔註 127〕范祥雍《山海經箋疏補校》過錄王念孫說，上海古籍出版社 2013 年版，第 258 頁。

〔註 128〕王寧《〈海經〉新箋（上）》，《古籍整理研究學刊》1998 年第 2 期，第 16 頁。

〔註 129〕王寧《〈海經〉新箋（下）》亦及之，《古籍整理研究學刊》2001 年第 2 期，第 19 頁。

俎。』『俎』與『爼』同。」〔註130〕王氏亦訂作「女蔑操角爼」並改注文，朱駿聲說同王氏（P737）。《圖讚》「操魚持俎」，「魚」亦誤。

（3）**鴢鳥、鵁鳥，其色青黃，所經國亡。**

　　郭璞注：此應禍之鳥，即今梟、鵂鶹之類。

按：注「鵂鶹」，明刊本同，宋刊本、道藏本誤作「鵋鶹」。《玉篇》：「鴢，鳥青黃色，即鵂鶹也。」《篆隸萬象名義》：「鴢，鵂鶹屬。」皆作「鵂」字。《廣韻》：「鵁，應福鳥名。」「福」是「禍」之譌。

（4）**肅慎之國在白民北。**

　　畢沅曰：《淮南子‧墜形訓》有肅慎民。《周書‧王會篇》云：「正北方稷慎大塵。」即此肅慎國。（P246～247）

　　郝懿行曰：《周書‧王會篇》云：「稷慎大塵。」孔晁注云：「稷慎，肅慎也。」又《大荒北經》：「有肅慎氏之國。」（P254）

　　袁珂曰：《大荒北經》云：「大荒之中，有山名曰不咸，有肅慎氏之國。」《淮南子‧墜形篇》有肅慎民。《周書‧王會篇》云：「稷慎大塵。」孔晁注云：「稷慎，肅慎也。」又（P205）

按：袁氏明顯襲取自畢說、郝說。孔晁注「稷慎，肅慎也」者，稷、肅一聲之轉，畢氏、郝氏既未說其音轉，則袁氏亦不能言之。《世說新語‧賞譽》：「謖謖如勁松下風。」又《容止篇》：「肅肅如松下風。」《御覽》卷495引袁山松《後漢書》：「肅肅如松柏下風。」「謖謖」即「肅肅」，是其比也。又音轉作「息慎」，《周書‧周官》序：「武王既伐東夷，肅慎來賀。」《釋文》：「肅慎，馬本作『息慎』。」段玉裁曰：「《周本紀》、《五帝本紀》作『息慎』，《春秋左氏傳》、《外傳》皆作『肅慎』。王氏鳳喈曰：『《王會篇》「稷慎」即「息慎」。肅、息為雙聲，息、稷為疊韻也。」〔註131〕

《海外北經》第八校補

（1）**無啟之國在長股東，為人無啟。**

　　郭璞注：啟，音啟，或作「綮」。啟，肥腸也。其人穴居食土，無男女，

〔註130〕王念孫《廣雅疏證》，收入徐復主編《廣雅詁林》，江蘇古籍出版社1992年版，第557頁。

〔註131〕段玉裁《古文尚書撰異》卷32，收入《四部要籍注疏叢刊》，中華書局1998年版，第2068頁。

死即埋之，其心不朽，死百廿歲乃復更生。

  畢沅曰：《廣雅》作「無啟」，《淮南子》作「無繼民」，高誘注云：「其人蓋無嗣也，北方之國也。」與郭義異。（P248）

  郝懿行曰：《淮南·墜形訓》作「無繼」，高誘注云：「其人蓋無嗣也，北方之國也。」與郭義異。《大荒北經》作「無繼」，郭云「當作脊」。（P256）

按：《御覽》卷790上「無脊」作「無啟」，下「無脊」作「無启」，又卷372引都作「無脋」。「启」是「脊」形誤。《大荒北經》：「又有無腸之國，是任姓，無繼子，食魚。」是「無繼」國人有子，高誘注「無嗣」乃望文生義也。《博物志》卷2：「無啟民，居穴食土，無男女，死埋之，其心不朽，百年還化為人。」《御覽》卷888引作「無脊」。《書鈔》卷158引《外國圖》：「納（細）民、無繼民，並穴居食土，無夫婦。」「無男女」即「無夫婦」，而不是指無子嗣。

（2）相柳之所抵，厥為澤溪。

  郭璞注：抵，觸。厥，掘也。音撅。

  郝懿行曰：此「厥」義亦同「撅」。（P257）

  王念孫曰：厥亦觸也〔註132〕。

按：《御覽》卷647引「厥」同，《玉篇殘卷》「欨」字條引作「欨」。王氏以「抵厥」同義複詞，九字作一句。當「厥為澤谿」句。《大荒北經》：「共工臣名曰相繇……其所歍所尼，即為源澤。」郭璞注：「歍，嘔，猶噴吒。尼，止也。」陳逢衡曰：「『歍尼』二字，即作『抵觸』解。」（P41）抵，讀為底。《爾雅》：「底，止也。」與「尼」同為居止義。厥，猶乃也，與「即」同義。

（3）禹殺相柳，其血腥，不可以樹五穀種。禹厥之，三仞三沮，乃以為眾帝之臺。

  郭璞注：掘塞之而土三沮滔（陷），言其血膏浸潤壞也。

按：此「厥」讀為撅、掘，字亦作欨、蹶、闕。《淮南子·墜形篇》：「（禹）掘崑崙虛以下地（池）〔註133〕，中有增城九重。」《廣雅》：「欨、掘，穿也。」

〔註132〕范祥雍《山海經箋疏補校》過錄王念孫說，上海古籍出版社2013年版，第268頁。

〔註133〕高誘注：「地，或作池。」《大荒北經》：「禹湮洪水，殺相繇。其血腥臭，不可生穀，其地多水，不可居也。禹湮之，三仞三沮。乃以為池，群帝因是以為臺。在昆侖之北。」

定縣漢簡《儒家者言》：「厥之得甘泉焉。」《韓詩外傳》卷 7、《說苑·臣術》「厥」作「掘」。《大荒北經》：「禹湮洪水，殺相繇，其血腥臭，不可生穀，其地多水，不可居也。禹湮之，三仞三沮，乃以為池，群帝因是以為臺。」王念孫曰：「仞讀為牣。牣，滿也。《史記·司馬相如傳》云：『充牣其中。』仞、牣古通用。」〔註 134〕王說是。牣猶言充滿、塞滿。《說文》：「牣，牣滿也。」《小爾雅》：「牣，塞也。」

（4）平丘在三桑東，爰有遺玉、青鳥、視肉、楊柳、甘柤、甘華，百果所生。

畢沅曰：青鳥，《淮南子·墜形訓》云「青馬」。（P249）

郝懿行曰：青鳥，《淮南子·墜形訓》作「青馬」。《海外東經》同。（P263）

袁珂曰：青鳥，藏經本作「青馬」；《海外東經》、《淮南子·墜形篇》亦俱作「青馬」，則作「青馬」是也。（P220）

按：宋刊本、明刊本作「青鳥」，《書鈔》卷 157 引同。《海外東經》：「嗟丘，爰有遺玉、青馬、視肉、楊柳、甘柤、甘華，百果所生。」《大荒南經》：「有蓋猶之山者……有青馬，有赤馬，名曰三騅；有視肉，有小人，名曰菌人。有南類之山，爰有遺玉、青馬三騅、視肉、甘華，百穀所在。」皆作「青馬」。但考《大荒東經》：「東北海外，又有三青馬三騅、甘華。爰有遺玉、三青鳥、三騅、視肉、甘華、甘柤，百穀所在。」既有「三青馬」，復有「三青鳥」。《大荒西經》：「有三青鳥，赤首黑目，一名曰大鵹，一名少鵹，一名曰青鳥。」是「三青鳥」又名「青鳥」也。則此經當據早期的唐、宋本作「青鳥」不改。

《海外東經》第九校補

（1）大人國在其北，為人大，坐而削船。

郝懿行曰：削當讀若稍。削船謂操舟也。（P266）

俞樾曰：削讀為操。猶言操舟也。削、操聲近。（P248）

袁珂曰：削，刻治也。用曹必文君說。（P225）

按：俞說是。削亦可能讀為捎。「捎」字心母宵部，音轉作以母宵部則讀「搖」。此經猶言搖船也，指搖動船槳。《廣雅》：「掉捎，動也。」又「揣抌，搖

〔註 134〕范祥雍《山海經箋疏補校》過錄王念孫說，上海古籍出版社 2013 年版，第 380 頁。

捎也。」《廣韻》:「捎,搖捎,動也。」字亦作稍、箾,《文選・長笛賦》
李善注:「《方言》曰:『稍,動也。』『箾』與『稍』同。」字亦作消,葛
洪《神仙傳》卷 10:「以三丸藥內死人口中,令人舉死人頭搖而消之。」
《三國志・士燮傳》裴松之注引作「搖稍」(紹興本「稍」作「捎」)。

（2）奢比之尸在其北,獸身、人面、大耳,珥兩青蛇。一曰肝榆之尸在
大人北。

吳任臣曰:奢比,《三才圖會》作「奢北」。(P191)

按:奢比,《永樂大典》卷 910、3007 引作「奢北」。肝榆,《永樂大典》卷 910
引作「肝俞」,又卷 2952 引作「肝腧」。

（3）豎亥右手把算,左手指青丘北。

畢沅曰:「算」當為「筭」。(P251)

郝懿行曰:「算」當為「筭」。(P268)

袁珂曰:宋本、藏經本「算」正作「筭」。(P230)

按:明刊本、王崇慶本亦作「筭」,《御覽》卷 750 引同。

《海內南經》第十校補

（1）有木,其狀如牛。引之有皮,若纓、黃蛇。其葉如羅,其實如欒,
其木若蓲,其名曰建木。

郭璞注:言牽之皮剝,如人冠纓及黃蛇狀也。

按:《淮南子・墜形篇》「建木在都廣」,高誘注:「建木,其狀如牛〔註135〕,
引之有皮,若瓔、黃蛇,葉若羅。都廣,南方山名也。」高誘所見本「纓」
作「瓔」。《御覽》卷 961 引「纓」同,「蓲」作省文「區」。《呂氏春秋・
有始》高誘注用此經文,「引」誤作「豕」。

《海內西經》第十一校補

（1）鴈門山,鴈出其間。

畢沅曰:間,《水經注》引此作「門」。(P255)

郝懿行曰:《水經注》及《初學記》卷 30 引此經並作「鴈出其門」。(P285)

袁珂曰:蘊石齋叢書本《初學記》仍作「鴈出其間」。(P255)

〔註135〕道藏本「牛」誤作「生」。

按：《初學記》卷 30 凡二引，宋刻本及古香齋刻本都作「其間」，《文選·別賦》李善注、《類聚》卷 91、《御覽》卷 917、《事類賦注》卷 19 引同。明萬曆 43 年刊本朱謀瑋《水經注箋》卷 13 亦作「其間」，《永樂大典》卷 11132 引同。郝氏所據皆是俗譌本，欒保群不核對原書，徑鈔郝說（P455）。《後漢書·郡國志》劉昭注引作「鴈門山者，鴈飛出於其間」，亦是「間」字。

（2）鳳皇、鸞鳥皆戴瞂。

　　郭璞注：瞂，音伐，盾也。

　　郝懿行曰：《御覽》卷 357 引此經「瞂」作「盾」。（P292）

　　袁珂曰：王念孫、畢沅校並同郝注。珂案：今影宋本《御覽》作「瞂（引者按：當作『瞂』）」，則是「瞂」之訛也，郝氏等三家所見本均同誤。（P262）

　　王寧曰：鳥類不當有戴盾之理。「瞂」實「瞂」字之誤，即「髮」字。《大荒西經》云：「有五色之鳥，人面有髮。」即此類也〔註 136〕。

按：畢沅無校語，袁珂誤記。宋刊本、道藏本、明刊本「戴瞂」作「載瞂」，注作「盾也，音戈」。《御覽》卷 357 引作「開明北有鳳鳥、鸞鳥，背戴瞂」，注作「瞂，音伐，盾也」。「瞂」是「瞂」形誤，注「音戈」當作「音伐」，《御覽》「背」是「皆」形誤。《書鈔》卷 121 引李尤《盾銘》：「吳旗魯瞂，戎兵特須。犀豎木鵠，扞難衛軀。」「瞂」亦是「瞂」形誤，《御覽》卷 357 引又誤作「瞂」〔註 137〕。「瞂」從伐省聲，是「瞂」改易聲符的俗字。《詩·小戎》「蒙伐有苑」，《釋文》：「伐，本或作瞂，音同。」《廣韻》：「瞂，盾也。或作瞂。」《集韻》：「瞂、瞂、瞂：《說文》：『盾也。』或從戈，亦作瞂，通作伐。」

（3）開明東有巫彭、巫抵、巫陽、巫履、巫凡、巫相。

按：巫凡，《楚辭·離騷》洪氏《補注》、《永樂大典》卷 910 引誤作「巫几」。

《海內北經》第十二校補

（1）蛇巫之山上，有人操杯而東向立。一曰龜山。

　　郭璞注：「杯」或作「棓」，字同。

　　吳任臣曰：楊氏《古韻》曰：「杯、棓古字通，大杖也，音棒打之棒。作杯音者非。」（P204）

〔註 136〕王寧《〈海經〉新箋（上）》，《古籍整理研究學刊》1998 年第 2 期，第 19 頁。
〔註 137〕《御覽》卷 356 引《說文》、《方言》亦誤「瞂」作「瞂」，但注「音伐」不誤。

畢沅曰：柸，此「棓」字省文。（P258）

郝懿行曰：「柸」即「棓」字之異文。《說文》云：「棓，梲也。」《玉篇》云：「棓與棒同，步項切。」《御覽》卷357引服虔《風俗通》文曰：「大杖曰棓。」（P294）

袁珂曰：柸，宋本、毛扆本、藏經本、項絪本均作「杯」，字之訛也。（P266）

按：明刊本、吳任臣本、四庫本亦作「杯」。「杯」、「柸」都是「柸」俗字，此借作「棓」，都從「不」得聲（「音」從丶從否，否亦聲）。不是誤字，袁氏不通小學。音轉作桮，《說文》：「桮，棓也。」此是聲訓。《集韻‧薛韻》：「桮，棓也。」宋金州軍刻宋本、宋明州刻本、宋潭州刻本、述古堂影宋鈔本都作「棓」，而重刊顧廣圻補刻本、錢恂藏揚州使院本、曹氏棟亭本誤作「梧」，《漢語大字典》偏取誤本作「梧也」而列義項［註138］，無視《說文》及宋本《集韻》，疏矣。又音轉作桲，《廣雅》：「桲，杖也。」諸字語源是「拂」，又轉作「掊」，擊打也，轉作名詞義，指擊打的大棒。

（2）西王母梯几而戴勝杖，其南有三青鳥，為西王母取食。

郭璞注：梯謂馮也。

徐鍇曰：注「梯，凭也」，凭則若梯之斜倚著也［註139］。

方以智曰：梯言斜倚也。古從梯（弟）從夷相通，如「稊」一作「秭」，是也。古謂階如梯，階梯亦斜倚之意［註140］。

郝懿行曰：如淳注《漢書》司馬相如《大人賦》引此經無「杖」字。（P294）

朱駿聲曰：梯，叚借為體。（P579）

袁珂曰：無「杖」字是也，《御覽》卷710引此經亦無「杖」字，《西次三經》與《大荒西經》亦俱止作「戴勝」，「杖」字實衍。（P267）

按：《書鈔》卷142、《事類賦注》卷14、《爾雅翼》卷16、《說文繫傳》「梯」字條引亦無「杖」字。注「馮」，《書鈔》卷142、《御覽》卷710引同；宋刊本、道藏本、明刊本、四庫本作「憑」，《事類賦注》、《爾雅翼》引同。諸家皆據郭注「梯謂馮（憑）也」而說，余謂「梯几」讀作「綈几」。《西京雜記》卷1：「漢制：天子玉几，冬則加綈錦其上，謂之綈几……公侯

〔註138〕《漢語大字典》（第二版），崇文書局、四川辭書出版社2010年版，第1264頁。

〔註139〕徐鍇《說文解字繫傳》卷11，中華書局1987年版，第116頁。

〔註140〕方以智《通雅》卷4，收入《方以智全書》第1冊，上海古籍出版社1988年版，第207～208頁。

皆以竹木為几，冬則以細罽為囊以憑之，不得加絺錦〔之飾於几案〕。」
〔註141〕漢制天子絺几，公侯不得為之。西王母亦絺几而戴勝，句中用作
動詞，其事仿佛似之。

（3）**蟜，其為人虎文，脛有𦜌。**

郭璞注：有𦜌，言腳有膊腸也。音橋。

郝懿行曰：《說文》云：「蟜，蟲也。」非此。《廣韻》「蟜」字注引此經云：
「野人，身有獸文。」與今本小異。「膊」當為「腨」。《說文》云：「腨，
腓腸也。腓，脛腨也。」（P297）

按：「膊」是「腨」改易聲符的異體字，古音專、耑同〔註142〕，不煩改字。帛
書《足臂十一脈灸經》「膊」亦是「腨」。郝懿行於《大荒北經》注「『膊
腸』即『腨腸』，其聲同也」（P370），則得之。腨之言端，指脛端。《玄應
音義》卷10：「兩踹：又作腨，同。《說文》：『腨，腓腸也。』腓音肥。
江南言腓腸，中國言腨腸，或言腳腨。」腳腨即脛端。《海外北經》「無𦜌
之國」，郭注：「𦜌，肥腸也。」「腓腸」即「肥腸」，俗稱作腿肚子。《慧
琳音義》卷78：「膊腸：《考聲》云：『腓腸也。』或作腨、踹。下音長。
《考聲》云：『暢也，通暢氣。』」慧琳說得名于通暢，非是。腸之言脹，
鼓脹也。《御覽》卷372引《說文》：「腨，腓脹也。」又引《東觀漢記》：
「馬援為隴西太守，擊羌，中矢，貫腓脹。」〔註143〕《兩漢刊誤補遺》
卷9：「《山海經》『無𦜌之國』，『𦜌』或作『綮』。郭注曰：『綮，腓脹也。』」
腿肚子稱肥腸，即肥脹，以其形得名。袁珂其字誤作「膊」（P272、361）。
《集韻》：「蟜，野人，身虎文，亦國名。」即本於此經。蟜之言趫，亦作
蹻，走疾也。其人脛有腿肉，健行，因名曰「趫」，作名詞則易其偏旁作
「蟜」。

（4）**據比之尸，其為人折頸被髮，無一手。**

郭璞注：據比，一云「掾比」。

郝懿行曰：掾比，一本作「掾北」。（P298）

袁珂曰：《淮南子·墜形篇》云：「諸比，涼風之所生也。」高誘注：「諸

〔註141〕末5字據《御覽》卷710引補，又卷816引有「之飾」2字。
〔註142〕參見張儒、劉毓慶《漢字通用聲素研究》，山西古籍出版社2002年版，第678
～679頁。
〔註143〕《後漢書·馬援傳》「貫腓脹」作「貫脛」。

比，天神也。」疑即「據比」、「掾比（北）」。諸、據、掾一聲之轉。（P273）

按：袁珂說「諸、據、掾一聲之轉」，亂說無據。欒保群偏取其誤說（P476），
可謂無識。「據」、「掾」形近致譌。《永樂大典》卷 910 引作「據北」。注
「掾比」，宋刊本、道藏本、明刊本作「椽比」，汪紱本作「掾北」。此等
處群書無考，闕疑可也，不得亂說音轉。

（5）環狗，其為人獸首人身。一曰蝟狀如狗，黃色。

按：宋刊本、道藏本、明刊本作「環拘」。

（6）袜，其為物人身黑首從目。

　　郭璞注：袜即魅也。

按：袜，《慧琳音義》卷 2、12、39、41 引作「魅」，又卷 24、87 引作「勉」，
字併同。

（7）林氏國有珍獸，大若虎，五采畢具，尾長於身，名曰騶吾，乘之日
　　行千里。

　　郭璞注：《六韜》云：「紂囚文王，閎夭之徒詣林氏國求得此獸獻之，紂大
說，乃釋之。」《周書》曰：「夾林酋耳，酋耳若虎，尾參於身，食虎豹。」〔註
144〕《大傳》謂之「侄獸」。「吾」宜作「虞」也。

　　畢沅曰：舊本「史林尊耳」作「夾林酋耳」，非。（P259）

　　郝懿行曰：「騶虞」亦即「騶吾」也，虞、吾之聲又相近。《周禮》賈疏引
經作「騶吾」，古字假借也。《周書·王會篇》云「央林酋耳」，「央」一作「英」，
郭引作「夾」，字形之譌也。郭又引《大傳》謂之「侄獸」，侄音質。今《大傳》
作「怪獸」也。（P299）

按：①郝說「虞、吾聲近」是也，郭氏改「吾」作「虞」非是。《廣雅·釋獸》
亦作「騶吾」。《史記·滑稽列傳》有「騶牙」，亦「騶吾」音轉，古音牙、
吾同也，「鉏鋙」音轉作「鉏牙」，是其比也。②元至正刻本《周書·王會》
作「史林以尊耳」，漢魏叢書本、明嘉靖本同，此畢沅改字之據，汪紱本
從畢說而徑改。王應麟《容齋續筆》卷 13 引《周書》作「央林以酋耳」，
抱經堂叢書本、知服齋叢書本同。王應麟本「央林」是，「酋耳」當作「酋

〔註144〕「酋耳若虎，尾參於身，食虎豹」亦《周書》語，欒保群點校本誤置於引號
　　　　外（P299），竟不查《周書》原書，而恣意亂點。欒保群自編《山海經詳注》
　　　　第 479 頁誤同。

牙」，即「騶吾」音轉〔註145〕，亦即「騶牙」。《御覽》卷913引《博物志》：「茲白若白鳥，踞牙，食虎豹，其狀如昔耳，身若虎豹，尾長參其身，食虎豹。」「昔耳」亦是「酋牙」形誤。③「侄」當是「怪」之俗字「恠」形譌，《御覽》卷890引《大傳》正作「恠」。《說文》：「怪，異也。」《大傳》「怪獸」即此經「珍獸」，指珍異之獸。《淮南子·道應篇》：「屈商乃拘文王於羑里，於是散宜生乃以千金求天下之珍怪，得騶虞、雞斯之乘……以獻於紂，因費仲而通，紂見而說之。」「珍怪」是其誼也。

（8）從極之淵深三百仞，維冰夷恒都焉。冰夷人面，乘兩龍。

郭璞注：冰夷，馮夷也。《淮南》云：「馮夷得道，以潛大川。」即河伯也。《穆天子傳》所謂『河伯無夷』者，《竹書》作「馮夷」，字或作「氷」也〔註146〕。畫四面，各乘靈車，駕二龍。

郝懿行曰：李善注《江賦》引此經「淵」作「川」。《水經注》引此經作「馮夷」。《穆天子傳》云「河伯無夷之所都居」，郭注云：「無夷，馮夷也。」引此經云「冰夷」。冰、馮聲相近也。《史記索隱》又引《太公金匱》云「馮修也」，修、夷亦相近也。郭注「靈」蓋「雲」字之訛也。《水經注》引《括地圖》云：「馮夷恒乘雲車，駕二龍。」是「靈」當為「雲」，《御覽》卷61引此注正作「雲」，可證。（P299～300）

袁珂曰：恒都，藏經本作「潛都」。（P275）

按：《史記·封禪書》《正義》引《太公金匱》作「馮修」，郝氏誤作《索隱》。道藏本仍作「恒都」，不作「潛都」，袁氏誤校。《水經注·河水》引仍作「淵」字，「川」是「淵」形誤。《御覽》卷61引上「冰夷」同，下「冰夷」作「馮夷」。《淮南子·原道篇》：「昔者馮夷大丙之御也，乘雲車，入雲蜺，游微霧，騖怳忽。」高誘注：「『夷』或作『遲』也。『丙』或作『白』。」《文選·七發》李善注引作「馮遲太白」，又引許慎曰：「馮遲太白，河伯也。」是許慎本作「馮遲」也。《文選·廣絕交論》李善注引《淮南子》：「馮遲大丙之御也，過歸鴈於碣石也。」〔註147〕《酉陽雜俎》卷14：「河

〔註145〕參見莊葆琛、何秋濤說，轉引自黃懷信等《逸周書彙校集注（修訂本）》，上海古籍出版社2007年版，第847頁。孫詒讓亦說：「『酋耳』當作『酋牙』。《山海經·海內北經》又作『騶吾』。騶、酋、虞、牙、吾，並一聲之轉。」孫詒讓《周禮正義》卷46，中華書局2015年版，第2279頁。

〔註146〕樂保群點校本竟誤「氷」作「水」（P299），至陋！

〔註147〕今《淮南子·覽冥篇》「馮遲」作「鉗且」，是高誘本。

伯人面，乘兩龍，一曰冰夷，一曰馮夷。《金匱》言「名馮循（一曰修）」，《河圖》言『姓呂名夷』，《穆天子傳》言『無夷』，《淮南子》言『馮遲』。」「馮遲」是「馮夷」音轉，「陵夷」音轉作「陵遲」，「倭夷」、「威夷」音轉作「倭遲」，皆其比也。《水經注‧河水》：「河水又出于陽紆陵門之山，而注于馮逸之山。」「馮逸」亦「馮夷」音轉。以母、心母相通，脂部、幽部相轉，故「馮夷」音轉作「馮修」，「修」又作「脩」，復形誤作「馮循」。《初學記》卷 2 引《太公伏符陰謀》「河伯名馮修」，亦作「馮修」。郝氏說郭注「靈」蓋「雲」，是也。《淮南子‧原道篇》「乘雲車」云云，尤其確證。徐顯之曰：「冰夷就是持弓帶箭，從事狩獵，活動在冰天雪地之中的人。夷從弓從人，不是很形象嗎？」（P127）徐氏亂說一通，且「夷」從弓從大，不是從弓從人。

（9）舜妻登比氏生宵明、燭光……一曰登北氏。

按：《御覽》卷 81 引《帝王世紀》作「登北」，《禮記‧檀弓》孔疏、《能改齋漫錄》卷 5、《緯略》卷 1、《資治通鑑外紀》卷 1 引《帝王世紀》作「癸比」，《路史》卷 21 作「癸比氏」，又卷 29、36 作「登北」（卷 29 云「登北，帝舜之三妃，傳多作『癸北』」，注：「《姓纂》又作『癸比』。」），又卷 46 作「癸北氏」，《類聚》卷 15 引《禮記》注作「益比」，不知孰正。

（10）明組邑居海中。

按：各本「邑」同，宋刻本脫誤作「巴」。

（11）蓬萊山在海中。

按：各本「萊」同，宋刻本誤作「莢」。

《海內東經》第十三校補

（1）國在流沙外者，大夏、豎沙、居繇、月支之國。

郭璞注：大夏國城方二三百里，分為數十國，地和溫，宜五穀。

畢沅曰：豎沙，裴松之注《三國志》注引《魏略》作「堅沙」。（P261）

郝懿行曰：《說文》云：「古者宿沙初作煮海鹽。」宿沙蓋國名，宿、豎聲相近，疑即豎沙也。《三國志》注引《魏略》作「堅沙國」。（P306）

袁珂曰：注「和溫」，黃丕烈、周叔弢校「溫和」，邵恩多校同。宿沙，炎帝臣，其煮海鹽當在古齊地，與豎沙東西地望絕不相侔，郝說非也。（P283）

按：「和溫」亦二漢魏晉成語，不必乙轉。宋刊本、道藏本、明刊本、四庫本
「豎」作「豎」，《永樂大典》卷 5770 引同。

《大荒東經》第十四校補

（1）東海之外大壑。

郝懿行曰：《列子・湯問》云云。「大壑」上當脫「有」字，《類聚》卷 9 引
有「有」字可證。（P324）

按：袁珂全盤竊用郝說（P290），而郝氏未及者則不能補之。《列子・湯問》《釋
文》、《慧琳音義》卷 49、84 引亦有「有」字。《御覽》卷 577、《事類賦
注》卷 11 引已脫「有」字。

（2）東海之外，大荒之中，有山名曰大言，日月所出。

郝懿行：大言，《初學記》卷 5 引此經作「大谷」。（P326）

按：《文選・七命》李善注引「大言」作「大荒之山」，「出」作「入」。「言」
是「谷」形譌。

（3）有一大人踆其上，張其兩耳。

郭璞注：「踆」或作「俊」，皆古「蹲」字。《莊子》曰：「踆於會稽也。」
畢沅曰：「臂」舊作「耳」，今據《御覽》改正，似強也。（P269）
郝懿行曰：《御覽》卷 377 及卷 394 並引此經，「耳」作「臂」。（P327）
袁珂曰：《御覽》卷 377 及卷 394 並引作「兩臂」，作「兩臂」是也。（P293）

按：郝氏不改「耳」字，是也。「張其兩耳」謂其耳大而張開。《說文》：「聸，
張耳有所聞也。」此「張耳」之說。《御覽》卷 377 引「踆」作「蹲」。

（4）有柔僕民，是維嬴土之國。

郭璞曰：嬴，猶沃衍也。音盈。
朱駿聲曰：嬴，叚借為贏。（P859）

按：嬴土，《路史》卷 19、26 誤作「贏土」。嬴之言盈，豐滿也，豐美也。土
地肥沃曰嬴，女子肥美豐滿亦曰嬴。女子肥美之字又作嬿，《方言》卷 1：
「嬿，好也，宋魏之閒謂之嬿。」裴《韻》：「嬿，好女。」贏指利潤充盈，
瀛指海水充盈，其義亦一也。

（5）東方曰折，來風曰俊。

郭璞注：未詳來風所在也。

郝懿行引臧庸曰：「折」疑「吁」字，涉上文「折丹」而誤。（P463）

按：臧說非是。《甲骨文合集》14294.1「東方曰析，鳳（風）曰⿱𠂇⿱口⿱口口」（14295.9「⿱𠂇⿱口⿱口口」作「劦」）。楊樹達曰：「當以『析』字為正，作『折』者，乃緣『析』、『折』形近，傳寫致誤。東方曰析者，此殆謂草木甲坼之事也……故殷人名其神曰析也。」〔註148〕「俊」疑「協」形誤，即「⿱𠂇⿱口⿱口口」字。王寧則曰：「『俊』當作『倢』。倢、協音近而假。」〔註149〕

（6）王亥託于有易、河伯僕牛。

郭璞注：河伯、僕牛皆人姓名。託，寄也。見《汲郡竹書》。

汪紱曰：僕牛，人名……即王亥所淫者也。（P110）

俞樾曰：「僕牛」疑是河伯之名。（P249）

袁珂曰：郭云「河伯、僕牛皆人姓名」，又云「見《汲郡竹書》」，但下文郭注引《竹書》卻無「僕牛」字樣，知「僕牛人姓名」蓋郭臆說也。僕牛，《天問》作「朴牛」，王逸注：「朴，大也。」《世本》作「服牛」，服牛，馴牛也。均無「人姓名」之意。則僕牛者，亦非「人姓名」可知已。此句當言王亥託寄其所馴養之牛羊於有易與河伯。（P301）

按：俞說非是。袁說「僕牛」非人姓名，是也，但所釋則誤。王國維早指出「僕牛」、「服牛」、「朴牛」聲轉〔註150〕。典籍多作「服牛」，猶言駕牛。僕、服、朴，並讀為犕。《說文》：「犕，《易》曰：『犕牛乘馬。』」今《易・繫辭下》作「服」，帛書本作「備」。經文言王亥寄託於有易、河伯，為之駕牛也。《楚辭・天問》：「該秉季德，厥父是臧，胡終弊于有扈，牧夫牛羊？」「該」即王亥，為有扈牧養牛羊。蓋駕牛與牧牛事得相因，而致其說有異。欒保群取袁氏誤說而不知辨正，亦不知引王國維說（P523）。

（7）一日方至，一日方出，皆載于烏。

畢沅曰：舊本「戴」作「載」。（P271）

郝懿行曰：《初學記》卷1引此經云「皆戴烏」。「戴」、「載」古字通也。（P333）

〔註148〕楊樹達《甲骨文中之四方風名與神名》，收入《積微居甲文說》卷下，上海古籍出版社2007年版，第79～80頁。

〔註149〕王寧《〈海經〉新箋（中）》，《古籍整理研究學刊》2000年第2期，第2頁。

〔註150〕王國維《殷卜辭中所見先公先王考》，收入《王國維手定〈觀堂集林〉》卷9，浙江教育出版社2014年版，第221頁。

按：宋刊本、明刊本作「載」，《書鈔》卷 149、《類聚》卷 1、《事類賦注》卷
　　1 引同；《御覽》卷 3 引作「戴」。

（8）有五采之鳥，相鄉棄沙。

　　郭璞注：未聞「沙」義。

　　吳任臣曰：「沙」、「莎」通，鳥羽婆莎也。相鄉棄沙，言五彩之鳥相對歛
羽，猶云仰伏而秣羽也。（P217）

　　郝懿行曰：「沙」疑與「娑」同，鳥羽娑娑然也。（P333）

　　王謇曰：「棄」字疑為「糞」字。《說文》：「糞，棄除也。從廾推華。棄，
采也。」華，音般，與番古音近。番古音近婆，「番沙」即「婆娑」。後人不知
「糞」從「華」音，不能思及「婆娑」，遂強改為「棄」而成「棄沙」，遂不成
韻〔註 151〕。

　　袁珂案：郝說近之矣，而於「棄」字無釋。「棄」疑是「嫛」字之訛。嫛
娑，婆娑，盤旋而舞之貌也。五采之鳥，蓋鸞鳳之屬也。山海經屢有「鸞鳥
自歌、鳳鳥自儛」之記載，此經五采之鳥，相鄉嫛娑，蓋亦自歌自舞之意也。
（P303）

　　孫作雲曰：「相向棄沙」即相向生卵。「沙」字或為「卵」字之誤〔註 152〕。

　　王寧曰：「棄」是「弁」字之誤。弁、嫛，沙、娑並音近而假。「弁沙（嫛
娑）」當讀為「毿㲚」，鳳舞貌〔註 153〕。

　　賈雯鶴曰：《淵鑑類函》卷 437 引《魏文帝雜占》：「黃帝錄圖，五龍舞沙。」
疑「棄」為「舞」字之誤〔註 154〕。

按：袁說即自吳氏化出，而不引其說，固其慣例。「棄」與「嫛」、「婆」形聲
　　俱遠，不得相譌。「糞」是會意字，不是從華得聲，王謇說亦迂曲難信。
　　《開元占經》卷 120、《玉海》卷 198 引魏文帝《雜占》並作「黃帝錄圖，
　　五龍舞河」，《淵鑑類函》是誤引，不得牽附以說此經。王寧說「棄（棄）」
　　是「弁」形誤是也，但讀為「毿㲚」則誤。「弁沙」即「嫛娑」，又音轉作

〔註 151〕范祥雍《山海經箋疏補校》過錄王謇說，上海古籍出版社 2013 年版，第 342
　　　　頁。
〔註 152〕孫作雲《楚辭研究》，收入《孫作雲文集》，河南大學出版社 2003 年版，第
　　　　432 頁。
〔註 153〕王寧《〈海經〉新箋（中）》，《古籍整理研究學刊》2000 年第 2 期，第 3 頁。
〔註 154〕賈雯鶴《〈山海經〉文獻校理十三則》，《神話研究集刊》第 6 集，巴蜀書社
　　　　2022 年版，第 15～16 頁。

「摩沙」、「摩挱」、「摩莎」、「摩娑」、「攡抄」，音轉又作「挼挱」、「挼莎」、「挼抄」、「抹挼」、「抹殺」、「末殺」〔註155〕，猶言撫摩。徐顯之說「雞類以沙洗澡，狀如棄沙」（P66），望文生義。

（9）有獸……其名曰夔。黃帝得之，以其皮為鼓，橛以雷獸之骨，聲聞五百里，以威天下。

郭璞注：橛，猶擊也。

郝懿行曰：《莊子・秋水篇》《釋文》引李云：「……名曰夔。黃帝殺之，取皮以冒鼓，聲聞五百里。」蓋本此經為說也。劉逵注《吳都賦》引此經亦作「冒」字，是也。（P336）

朱駿聲曰：橛，叚借為撅。（P686）

袁珂曰：《御覽》卷50引此經「以其皮為鼓」作「以其皮作鼓」。（P308）

按：《書鈔》卷108引作「以其皮作鼓」，《爾雅翼》卷18作「以其皮冒鼓」，《雲笈七籤》卷100引《軒轅本紀》作「以其皮冒之，以為鼓」。《御覽》卷50引經文「橛」同，注作「撅，挽繫也」。《爾雅翼》卷18「橛」作「撅」。「繫」當作「擊」。

《大荒南經》第十五校補

（1）有榮山，榮水出焉。

袁珂曰：經文「榮山、榮水」，吳任臣《廣注》本、畢沅校本、百子全書本並作「榮山、榮水」。（P311）

按：宋刊本、明刊本、王崇慶本、四庫本亦作「榮」字。獨汪紱本、郝懿行本誤作「榮」耳。

（2）有雲雨之山，有木名曰欒，禹攻雲雨。

郭璞注：攻謂槎伐其林木。

按：攻，讀為栞，亦作刊，邪斫樹木也。《說文》：「栞，槎識也。《夏書》曰：『隨山栞木。』讀若刊。」《書・禹貢》、《皋陶謨》並作「隨山刊木」。「刊」從干得聲，「栞」從幵得聲，均見母元部字。攻、刊見母雙聲，東、元通轉。

〔註155〕參見蕭旭《「抹殺」考》，收入《群書校補（續）》，花木蘭文化事業有限公司2014年版，第2459～2470頁。

—71—

（3）驩頭人面鳥喙，有翼，食海中魚，杖翼而行。

　　郭璞注：翅不可以飛，倚杖之用行而已

按：杖翼，《御覽》卷790引《神異經》同，《史記·五帝本紀》《正義》引《神異經》作「扶翼」。

（4）大荒之中，有山名曰天台高山，海水入焉。

　　王念孫曰：《御覽》卷50、60、《類聚》卷8引無「高山」二字〔註156〕。

按：《白帖》卷2引亦無「高山」二字。

（5）有小人名曰菌人。

　　畢沅曰：此即《大荒東經》「靖人」也。（P275）

　　汪紱曰：菌，蕈也。言其小如地蕈也。（P114）

　　郝懿行曰：此即朝菌之菌，又音如之，疑有譌文。或經當為「囷狗」之「囷」。「菌人」蓋「靖人」類也，已見《大荒東經》。（P346）

　　陳逢衡曰：郝氏謂「菌當如囷狗之囷」，是也。「囷狗」見《海內經》，郭注：「音如朝菌之菌。」知此字當作當作「囷」也。郝氏又謂「蓋靖人類也」，此類甚合。據《大荒東經》「有小人，名曰靖人」，則是一國之人皆如是。蓋「菌」、「靖」一聲之轉。《說文》云：「靖，細貌。」則菌人可以類推。（P158）

按：據《爾雅·釋草》，中馗之小者曰「菌」。則人之小者亦曰「菌」也。《淮南子·墜形篇》：「海人生若菌，若菌生聖人。」「菌」之訓小，蓋是「靖」音轉。「菌」群母諄部，「靖」從母耕部。群母、從母相通〔註157〕，諄部、耕部通轉〔註158〕。

〔註156〕范祥雍《山海經箋疏補校》過錄王念孫說，上海古籍出版社2013年版，第355頁。王氏原文引《御覽》、《類聚》作分部卷號，茲逕改換作全書卷號。

〔註157〕參見黃焯《古今聲類通轉表》，上海古籍出版社1983年版，第131、141頁。另舉一證如下：《水經注·沘水》：「楚人謂冢為琴矣。」《史記·楚世家》《集解》引《皇覽》：「楚武王冢……民謂之楚王岑。」俞樾曰：「琴者乃岑之叚字。」（《俞樓雜纂》卷34《著書餘料》）俞說是也。「琴」是群母侵部。「岑」崇母侵部，上古音讀如從母。

〔註158〕錢大昕曰：「古今言音韻者，皆以真、諄為一類，耕、清為一類，而孔子贊《易》語此兩類，往往互用。」《詩·烈文》諄部的「訓」與耕部的「刑」合韻，又《碩人》諄部的「盼」與耕部的「倩」合韻。錢大昕《潛研堂文集》卷15《答問十二》，收入《嘉定錢大昕全集》第9冊，江蘇古籍出版社1997年版，第228頁。

《大荒西經》第十六校補

（1）有五采之鳥，有冠，名曰狂鳥。

郭璞注：《爾雅》云「狂夢鳥」，即此也。

郝懿行曰：狂，《玉篇》作「鵟」。（P348）

按：道藏本、王崇慶本亦作「狂鳥」，《御覽》卷928引同。宋刊本、明刊本、吳任臣本、畢沅本、四庫本誤作「狂鳥」。裴《韻》：「鵟，一曰佐（恇）鳥，五色，有冠。」

（2）顓頊生老童，老童生重及黎，帝令重獻上天，令黎邛下地。

郭璞注：古者人神雜擾無別，顓頊乃命南正重司天以屬神，命火（北）正黎司地以屬民。重實上天，黎實下地。「獻」、「邛」義未詳也

畢沅曰：「獻」讀與「憲」同。（P278）

陳逢衡曰：經曰「令重獻上天，令黎卬下地」。上天之運行不可玩，有憲章之義，故曰「獻」。下地之民事不可緩，有勞瘁之義，故曰「卬」。《路史》改「卬」為「抑」，不知何據，疑是誤字。（P127）

俞樾曰：獻讀為儀，蓋古音同也。「卬」當作「归」，俗又加手作「抑」。《廣雅》：「抑，治也。」令重獻上天者，令重儀上天也。儀之言儀法也。令黎卬下地者，令黎抑下地也。抑之言抑治也。（P250）

呂思勉曰：《國語·楚語》「重寔上天、黎寔下地」，即《山海經》所謂「帝令重獻上天，令黎邛下地」也。韋注云：「言重能舉上天，黎能抑下地。令相遠，故不復通。」郭注云：「獻、邛義未詳」，疑亦舉抑之意〔註159〕。

袁珂曰：韋昭注《國語》「重寔上天、黎寔下地」二語云：「言重能舉上天，黎能抑下地。」似即本此經「獻、邛」義為說。則「獻、邛」之義殆即「舉、抑」乎？「獻」有「舉」義，固易曉也。疑「邛」初本作「印」，義即訓抑訓按，此「印」之本義也。後假借為「印信」之印，漸成專用詞……其實「抑」、「印」古本一字，「印」即「抑」也。殆後「印」字一訛而為「卬」，再訛而為「卭」、「邛」，則晦昧難曉矣。今《山海經》各本有作「卬」、有作「邛」、亦有作「卭」者，書各不一。余所據郝懿行《箋疏》本作「邛」，未知郭璞當時所見何如？云「義未詳」。則字已有訛誤，又可知也（P340～341）

〔註159〕呂思勉《讀山海經偶記》，《光華大學半月刊》第5卷第9期，1937年版，第18頁。

王寧曰：獻讀為掀，舉出也。「邙」當作「卬」，乃「抑」字之殘誤。抑，
按也〔註160〕。

按：呂思勉說是也。袁氏說「抑、印本一字」襲自羅振玉〔註161〕，不當隱沒
其名。宋刊本、明刊本、王崇慶本、汪紱本、四庫本作「卬」，道藏本、
吳任臣本作「邙」。「卬」是「抑」脫誤，「邙」是「卬」形誤。《路史》卷
17 作「祝融重獻上天以屬神，犁抑下地以屬民」。「獻」無「舉」義，不得
說易曉也。王寧讀獻為掀是也。字亦作軒，猶言高舉。惠棟曰：「《板詩》
云：『天之方難，無然憲憲。』《傳》云：『憲憲，猶欣欣也。』棟案：欣
讀為軒，古憲、獻二字皆有軒音。《樂記》曰『武坐致右憲左』，鄭注云：
『憲讀為軒。』劉熙《孟子》注（《文選》注引）曰：『獻猶軒軒，在物上
之稱也。』《左傳》『掀公出於淖』，徐邈云：『掀，許言反。』是古音『欣』
與『軒』同。鄭注《內則》云：『軒讀為憲。』二字又反復相訓。（吳時姚
信有《昕天論》云：『昕讀為軒。』見《月令》《正義》。《說文》『昕讀若
希』，與此異。）」〔註162〕《禮記·月令》孔疏引姚信《昕天論》：「四曰
昕天。昕讀為軒，言天北高南下，若車之軒。」《爾雅·釋天》孔疏引同。

（3）有女子方浴月。帝俊妻常羲，生月十有二，此始浴之。

郝懿行曰：《書鈔》卷 150 引「浴」上有「澄」字。（P355）

方以智曰：「生」蓋「主」字之訛。《呂覽》作「占日占月」〔註163〕。

陳逢衡曰：《大荒南經》：「有女子名曰羲和，方浴日于甘淵。羲和者，帝
俊之妻，生十日。」「生十日」、「生月十有二」，兩「生」字俱「主」字之譌。
郭注：「主日月者也。」又引《啟筮》「乃有夫羲和，是主日月」，是此處切據。
主，謂專司其事。《山海經》多言「是生」，因此而誤。（P98～99）

孫詒讓曰：疑「生」當作「主」。（P96）

按：《書鈔》卷 150 引無「澄」字，郝氏誤校。袁珂照抄（P342），而不知檢正。

〔註160〕王寧《〈海經〉新箋（中）》，《古籍整理研究學刊》2000 年第 2 期，第 5 頁。

〔註161〕羅振玉《增訂殷虛書契考釋》卷中，中華書局 2006 年影印東方學會 1927 年
印本，第 492 頁。

〔註162〕惠棟《九經古義》卷 6《毛詩古義》卷下，收入《叢書集成初編》第 254 冊，
中華書局 1985 年影印，第 72 頁。《文選》注見《文選·景福殿賦》李善注。
《左傳》見《成公十六年》。

〔註163〕方以智《通雅》卷 11，收入《方以智全書》第 1 冊，上海古籍出版社 1988 年
版，第 434 頁。

道藏本、明刊本、四庫本亦作「常羲」，宋刊本作「常義」，即「常儀」、「常娥」、「嫦娥」。方以智、孫詒讓說非是。《大荒南經》郭璞注引《啟筮》：「瞻彼上天，一明一晦。有夫羲和之子，出于湯谷。」《初學記》卷1、《御覽》卷3又引郭注佚文：「羲和能生日也，故曰為羲和之子。」帝俊之妻羲和生十日，與此經帝俊之妻常羲生十二月正相配，足證「生」字不誤。羲和生日月，因而亦能主管日月。

（4）蛇乃化為魚，是為魚婦。顓頊死即復蘇。

郭璞注：《淮南子》曰：「后稷龍在建木西，其人死復蘇，其中為魚。」蓋謂此也。

郝懿行曰：郭注「龍」當為「隴」，「中」當為「半」，並字形之譌。（P362，P465「隴」作「壠」。）

陳逢衡曰：「中」字當是「身」字之誤。（P43）

袁珂曰：郭注引《淮南子‧墜形篇》文，今本云：「后稷壠在建木西，其人死復蘇，其半魚在其間。」故郭注「龍」當為「壠」，「中」當為「半」，並字形之訛也。宋本、明藏本「中」正作「半」。（P351）

按：欒保群竊用郝說（P582）。「龍」是「壠（壟）」省文，不煩改字。高誘注：「壠，家也。」「家」是「冢」形譌。《方言》卷13：「冢，秦晉之閒……或謂之壠。」《廣雅》：「壟，冢也。」壠（壟）之言隆，高丘也，特指墳冢。

（5）有青鳥，身黃，赤足，六首，名曰𩿧鳥。

郭璞注：𩿧，音觸。

郝懿行曰：《海內西經》云：「開明南有樹鳥，六首。」疑即此。《爾雅》云：「鸀，山烏。」非此。（P362）

按：𩿧鳥，道藏本作「鸀鳥」，《慧琳音義》卷4引作「鸀鳿」，《集韻》「鸀」字條引作「鸀」。「鸀鳿」即「鸀鳿」，亦作「屬玉」，乃「鸑鷟」聲轉，非經文此鳥，《慧琳》誤也。

（6）有偏句、常羊之山。

按：道藏本亦作「偏句」，吳任臣本作「偏勾」，宋刊本、明刊本、四庫本作「偏勾」，汪紱本作「偏句」。當以「偏句」為正。偏者，不正也。句者，曲也，不直也。「常羊」疊韻連語，字亦作「尚羊」、「徜徉」、「倘佯」、「相羊」、「相徉」、「彷徉」、「仿佯」、「方佯」、「方羊」、「方洋」、「仿洋」等形。

《大荒北經》第十七校補

（1）有胡不與之國，烈姓，黍食。

按：宋刊本、明刊本、王崇慶本、吳任臣本、四庫本「烈」同，道藏本、畢沅
本作「列」。

（2）有大青蛇，黃頭，食麈。

郭璞注：今南方蚦蛇食鹿，鹿亦麈屬也。

郝懿行曰：黃頭，《類聚》引作「頭方」。榮山亦有玄蛇食麈，已見《大荒
南經》。又案此經及榮山之「麈」，《類聚》並引作「塵」字，在《地部》六卷，
誤。（P365）

袁珂曰：食麈，藏經本作「食鹿」。注文「鹿亦麈屬」，藏經本作「鹿亦麈
類」。（P356）

按：黃頭，《白帖》卷1、《御覽》卷37引亦作「頭方」。此經及《大荒南經》
之「麈」，《白帖》、《御覽》引亦作「塵」字。郭注說「食鹿」，則所見字
自當從主作「麈」。唐宋類書俱歸於「塵」條，則所據本已誤從土作「塵」，
故歸部亦誤。《水經注·葉榆河》引楊氏《南裔異物志》：「髯惟大蛇，既
洪且長。采色駮犖，其文錦章。食豕吞鹿，腴成養創（瘡）」。《御覽》卷
933引「食豕」誤作「食灰」。《玄應音義》卷16引《異物志》：「蚦虵食
灰吞鹿，出鹿與巴虵同也。」《慧琳音義》卷65轉錄同，「食灰」亦是「食
豕」之誤〔註164〕。不可據誤文「食灰」以證「食麈」。

（3）有人衣青衣，名曰黃帝女魃。

郭璞注：音如旱妭之妭。

畢沅曰：章懷太子注《後漢書》引此作「妭」，云：「妭亦魃也。」《玉篇》
云：「女妭，禿無髮。同『魃』。」（P281）

郝懿行曰：《玉篇》引《文字指歸》曰：「女妭，禿無髮，所居之處，天不
雨也。」同「魃」〔註165〕。李賢注《後漢書》引此經作「妭」，云：『妭亦魃
也。』據此則經文當為「妭」，注文當為「魃」，今本誤也。《御覽》卷79引此

〔註164〕徐時儀、黃仁瑄並失校。《一切經音義三種校本合刊》（徐時儀校注），上海古
籍出版社2010年版，第341、1662頁。黃仁瑄《大唐眾經音義校注》，中華
書局2018年版，第633頁。

〔註165〕「同魃」是郝氏語，欒保群整理《山海經箋疏》第371頁誤置於引號內，則
誤以為《文字指歸》說。

經作「妭」，可證。（P371）

按：《御覽》卷 35、79 引作「女妖」，卷 35 注作「音魅」，卷 79 注作「青魅旱魃也」。「妖」是「妭」形誤，「音」是「青」形誤，「魃」是「魃」形誤。《文選・東京賦》李善注引此經仍作「女魃」。下文「黃帝乃下天女曰魃」，道藏本作「妭」，《類聚》卷 79 引作「魃（魃）」〔註 166〕，《御覽》卷 35 引作「妖（妭）」，又卷 882 引作「魃」，《雲笈七籤》卷 100 引《軒轅本紀》作「祅」。「妭」是「魃」借字，「祅」是「妖」異文。

（4）蚩尤請風伯雨師，縱大風雨。

郝懿行曰：「縱」當為「從」。《史記正義》引此經云：「以從大風雨。」《類聚》卷 79 及《御覽》卷 79 引亦作「從」。（P372）

袁珂曰：藏經本正作「從」。「從」通「縱」。（P363）

按：《後漢書・張衡傳》李賢注、《御覽》卷 882 引亦作「從」。《類聚》卷 79 引「請」誤作「謂」。

（5）融吾生弄明，弄明生白犬。

郭璞注：弄，一作「卞」。

畢沅曰：《史記索隱》引此作「并明」，藏經直作「卞」。（P282）

郝懿行曰：《漢書・匈奴傳》注引作「弄明」，《史記・周本紀》《正義》引作「并明」。「并」與「卞」疑形聲之譌轉。《匈奴傳》《索隱》引亦作「并明」。（P373）

按：《路史》卷 33 引作「卞明」，又引《伯益經》同。《海內北經》郭璞注亦作「卞明」，《御覽》卷 904 引郭注作「弄明」。《史記・匈奴傳》單本《索隱》作「弄明」，黃善夫本、乾道本、淳熙本、元刻本、慶長本、殿本都作「并明」。「并」是「弁（卞）」音誤。「弄」俗字作「卡」，因而「卞」形誤作「卡（弄）」。

（6）白犬有牝牡。

郭璞注：言自相配合也。

郝懿行曰：《史記・周本紀》《正義》、《漢書・匈奴傳》注引此經並作「白犬有二牝牡」，蓋謂所生二人相為牝牡也。藏經本作「白犬二犬有牝牡」，下「犬」字疑衍。（P373）

〔註 166〕《類聚》據宋刻本作「魃」，四庫本作「魃」。

按：元抄本作「弄明生白犬二，有牝牡」，《史記·周本紀》《正義》引作「白
犬有二」，《史記·匈奴傳》《索隱》引作「白犬有二牡」，《御覽》卷904
引作「弄明生白犬，二頭自為牝牡」，《路史》卷33引作「白犬有二，自
相牝牡」。當據《御覽》於「有」下補「二頭自為」四字，道藏本「二」
字尚存。《海內北經》「犬封國曰犬戎國」，郭璞注：「黃帝之後卞明生白犬，
二頭自相牝牡，遂為此國。」郭注顯然本於此經。

（7）西北海外，黑水之北，有人有翼，名曰苗民。

按：各本「之北」同，《史記·五帝本紀》《集解》引同，獨宋刊本誤作「之汜」。

（8）有神，人面蛇身而赤，〔身長千里〕，直目正乘，其瞑乃晦，其視乃明。

郭璞注：直目，目從也。正乘，未聞。

吳任臣曰：正乘，言其睫不邪也。（P235）

畢沅曰：「乘」恐「朕」之假音，俗作「睒」也。（P282）

郝懿行曰：畢氏云云。瞑，李善注《思玄賦》引此經作「眠」，俗字也。
（P376）

陳逢衡曰：直目，郭注「從目也」，從讀如縱。正乘，「乘」蓋「東」字之
誤，如所謂「孟鳥東鄉」、「開明獸東嚮」之類。彼蓋居西極而面東，故曰「直
目正東」。（P111）

聞一多曰：「乘」疑當作「東」〔註167〕。

袁珂曰：畢沅云云。珂案：「朕」義本訓舟縫，引申之，他物交縫處，皆
得曰朕。此言燭龍之目合縫處直也。瞑，《文選·思玄賦》李善注、《類聚》卷
79引此經並作「眠」，俗字也。（P369）

賈雯鶴曰：「從」即「縱」。然「直」古無縱義，郭說非也。「直」、「植」古
字通，立也。出目即突目，亦即立目。「正乘」即「正朕」，言眼眶平也〔註168〕。

欒保群曰：朕，即眼珠。畢說與吳說合。（P605）

按：瞑，《文選·雪賦》、《贈山濤》李善注引同，《御覽》卷882引作「眼」。
《後漢書·張衡傳》李賢注引作「其眼及晦，視乃明」。「眼」是「眠」形
譌，「及」是「乃」形譌。直目，郭注「目從」是也，猶言豎目。「直」或
「從（縱）」是與「橫」相對的概念。人類都是橫目，豎目則是神妖的異

〔註167〕聞一多《天問疏證》，上海古籍出版社1985年版，第36頁。
〔註168〕賈雯鶴《〈山海經〉疑難文獻考校十二則》，《四川民族學院學報》2021年第
4期，第83頁。

相。瞑，閉目也。畢說「眹」指眼珠，則「正」是形容詞。「正」亦可以是副詞。乘者，雙也。言直目恰成對成雙也。《方言》卷 2：「睰，雙也，南楚江淮之間或曰睰。」《廣雅》：「雙、耦、匹、貳、乘、艕、兩，二也。」「艕」亦作「膀」、「睰」，與「乘」一聲之轉。

《海內經》第十八校補

（1）昌意降處若水，生韓流。

郭璞注：《竹書》云：「昌意降居若水，產帝乾荒。」乾荒即韓流也。生帝顓頊。

吳任臣曰：《氏族源流》云：「昌意姬姓，生子三人，長曰乾荒，次曰安，季曰悃。」（P237）

畢沅曰：「韓」、「乾」聲相近。「流」即「巟」字〔註169〕，字之誤也。（P284）

汪紱曰：「乾荒」即「韓流」也，字近而互訛耳。（P126）

郝懿行曰：《竹書》「帝乾荒」蓋即「帝顓頊」也。此經又有「韓流生顓頊」，與《竹書》及《大戴禮》、《史記》皆不合，當在闕疑。郭氏欲以此經附合《竹書》，恐非也。詳見《大荒東經》。（P378～379）

按：畢說是也。《路史》卷 17 羅苹注：「韓流，蓋『乾荒』之誤為『乾流』。」
《大荒西經》：「有寒荒之國，有二人女祭、女薎。」畢沅曰：「『寒荒』疑即謂『韓荒』，在蜀也。」（P278）畢說亦是也。《御覽》卷 79 引此經作「幹流」，亦誤。

（2）韓流擢首、謹耳……取淖子曰阿女，生帝顓頊。

郭璞注：擢首，長咽。謹耳，未聞。《世本》云：「顓頊母，濁山氏之子，名昌僕。」

吳任臣曰：《路史》：「顓頊亦擢首而謹耳。」注：「謹耳，小耳也。」（P237）

畢沅曰：《說文》云：「顓，頭專專謹也。」此文云云，疑顓頊所以名，以似其父與（歟）？「淖」即「濁」字，古用「淖」也。（P284）

汪紱曰：「淖」字當與「濁」同。（P126）

郝懿行曰：《說文》云：「顓，頭顓顓謹貌。頊，頭頊頊謹貌。」即謹耳之義。然則顓頊命名，豈以頭似其父故與？《說文》又云：「擢，引也。」《方言》云：「擢，拔也。」拔引之則長，故郭訓擢為長矣。《大戴禮·帝繫篇》云：「昌

〔註169〕袁珂（P373）、欒保群（P610）引畢說，「巟」均誤作「巟」，荒疏已甚！

意娶於蜀山氏之子，謂之昌僕氏，產顓頊。」「濁」、「蜀」古字通。「濁」又通作「淖」。是淖子即蜀山子也。（P379）

按：《路史》卷 17 羅苹注：「擢首，長咽。謹耳，小耳。或作『擢耳謹首』，非。謹，小也。相書：『耳門不容麥，壽過百。』」「擢首謹耳」狀謹慎之貌，猶言伸長其頭、附近其耳。謹讀作近。羅苹說「謹，小也」，引相書非是。《御覽》卷 79 引「淖」作「倬」，「阿」作「河」。顧頡剛說「『淖』即『蜀』，同音通假」〔註170〕，是襲用的郝懿行說而未作說明。

（3）人面、豕喙、**麟身**、渠股、豚止。

　　郭璞注：渠，車輞，言骿腳也。《大傳》曰：「大如車渠。」止，足。

　　汪紱曰：渠肱，大臂也。（P126，汪本「股」作「肱」）

　　郝懿行曰：《尚書大傳》云：「取大貝，大如大車之渠。」鄭康成注：「渠，車罔也。」是郭注所本。「止」即「趾」也。（P379）

按：「渠」訓車輞，則讀為轃。《路史》卷 17 羅苹注：「郭云『渠，車輞。傳言若大車之渠』，非也。渠，鉅也。」依文例，「人、豕、麟、豚」皆動物名，則「渠」亦當如此。郭注固誤，羅說、汪說亦未得。渠，讀為㺜。「㺜」有二說，《說文》「㺜」字條引司馬相如說：「㺜，封豕之屬。」《集韻》：「㺜、貜：獸名。《爾雅》：『㺜，迅頭。』大如狗，似獼猴，黃黑色，多髯鬣，好奮迅其頭。郭璞說。或從犬。」《中山經》：「有獸焉，其狀如貉而人目，其名曰𪊨。」郭璞注：「貉，或作貜，古字。」「貜」即「貜」。又或讀為狟、駏，亦獸名。不能必是何獸。

（4）冬夏播琴。

　　郭璞注：播琴，猶播殖。方俗言耳。

　　吳任臣曰：「琴」疑「枔」字之譌。言樹寂而薙草也。（P238）

　　畢沅曰：播琴，播種也。《水經注》云：「楚人謂冢為琴。」冢、種聲相近也。（P285）

　　汪紱曰：播琴，猶播種，此方言也。（P126）

　　郝懿行曰：畢說是也。劉昭注《郡國志》引《皇覽》曰：「楚武王冢，民謂之楚武王岑。」然則楚人蓋謂冢為岑，岑、琴聲近，疑初本謂之「岑」，形

〔註170〕顧頡剛《〈山海經〉中的昆侖區》，《中國社會科學》1982 年第 1 期，第 20頁；收入《顧頡剛全集·顧頡剛古史論文集》卷 6，中華書局 2010 年版，第 315 頁。

聲訛轉為「琴」耳。（P381）

　　黃生曰：《水經注》：「楚人謂冢為琴。六安縣都坡中有大冢，民曰公琴，此皋陶冢也。」又《山海經》又以「琴」為「種」。冢、種一聲也〔註171〕。

　　朱駿聲曰：琴，叚借為種。此豐、臨二部音相通轉，方俗言耳。（P95）

　　朱珔曰：「琴」為「殖」之假借〔註172〕。

　　王寧曰：「琴」實「瑟」字之形誤，讀為穡，收穫之義〔註173〕。

按：黃生、畢沅說「冢、種聲近」是也。《水經注·渭水》引《春秋說題辭》：「冢者，種也。」《釋名·釋喪制》、《釋山》並云：「冢，腫也。」王寧改字無據。《御覽》卷837引注「播殖」同，《齊民要術》卷10引作「播種」。

（5）有九丘以水絡之。

　　郭璞注：絡猶繞也。

按：道藏本「絡」作「繞」，無注。

（6）建木，百仞無枝，有九欘，下有九枸。

　　郭璞注：欘，枝回曲也。音如斤斸之斸。枸，根盤錯也。《淮南子》曰：「木大則根欘。」音劬。

　　郝懿行曰：《玉篇》云：「欘，枝上曲。」本此。藏本經文「枝」下有「上」字，今本脫也。見《淮南·說林篇》，「欘」、「枸」音同。（P383）

　　朱駿聲曰：枸，叚借為句。（P350）

　　袁珂曰：郝說是也。《御覽》卷961引此經正作「上有九欘」，應據補。（P378）

按：道藏本「枸」作「拘」，注「回」誤作「㞐」，「斤斸」誤作「斤屬」（又脫「之斸」二字），「欘」誤作「拳」。《事類賦注》卷24、《記纂淵海》卷1引亦有「上」字。又《御覽》、《事類賦注》、《淵海》引「枸」作「衢」。景宋本《淮南子·說林篇》「欘」，道藏本作「攫」，《文子·上德》作「瞿」。諸字並通假，樹根盤曲也。

（7）西南有巴國。大皥生咸鳥，咸鳥生乘釐。

按：《御覽》卷168、《路史》卷10引「咸鳥」同，道藏本誤作「咸焉」。

〔註171〕黃生《義府》卷下，黃生、黃承吉《字詁義府合按》，中華書局1954年版，第206頁。原整理者標點有誤，逕正。
〔註172〕朱珔《說文假借義證》卷24，光緒刻本，本卷第34頁。
〔註173〕王寧《〈海經〉新箋（下）》，《古籍整理研究學刊》2001年第2期，第16頁。

（8）有國名曰流黃辛氏，其域中方三百里，其出是塵土。

郭璞注：出是塵土，言殷盛也。

楊慎曰：出是塵土，言其地清曠無囂埃也。（P304）

郝懿行曰：言塵坌出是國中，謂人物喧闐也。藏經本「域」字作「城」，「出」字上下無「其」、「是」二字。（P384）

陳逢衡曰：郭氏於《海內西經》「方三百里」下注云：「言國城內。」非是。城安得如是之大？《海內經》明云「其域中方三百里」，藏經作「城」字，誤矣。「其出是塵土」，郭於〈與〉郝氏解俱就本文附會，殊欠通會。夫塵土焉能云出？案：本文當作「是出塵」三字，「其」字衍，「是」字誤倒，「土」則「塵〈麐〉」字下截之誤衍耳。蓋是國域中有山，山上所出也。（P84）

袁珂曰：諸說意或正或反，然皆以出產塵土或超出塵土之「塵土」為言，俱非上古種落所有景象也。獨清蔣知讓於孫星衍校本眉批云：「『塵土』當是『麐』、『麀』等字之訛。」為巨眼卓識，一語中的。今按此經「塵土」確係「麐」字誤析為二也。「其出是塵」者，言此國之出產唯塵也。藏經本「出塵」義更曉明。（P381）

按：陳說《海內西經》「城」當作「域」是也。《海內西經》：「流黃酆氏之國中方三百里。」郭璞注：「言國城內。」郭注「城」亦誤，「國中」即「域中」。賈雯鶴說「域」當作「城」〔註174〕，俱矣。此文道藏本「城」亦是「域」形誤。《海內經》：「有都廣之野，后稷葬焉」，郭璞注：「其城方三百里，蓋天下之中。」郭注「城」亦誤，《御覽》卷837引已誤。余謂「塵土」係「麐」字誤析為二。《說文》：「麐，鹿屬。從鹿，圭聲。」

（9）玄狐蓬尾。

郭璞注：蓬，叢也。阻留反。《說苑》曰：「蓬狐、文豹之皮。」

汪紱曰：蓬尾，尾大蓬蓬然也。（P127）

郝懿行曰：《小雅·何草不黃篇》云：「有芃者狐。」言狐尾蓬蓬然大，依字當為「蓬」，《詩》假借作「芃」耳。郭云「阻留反」，於文上無所承，疑有闕脫。《御覽》卷909引注作「蓬蓬其尾也」，無「阻留反」三字，非。牟廷相曰：「叢字可讀如菆，則『阻留』當是『叢』字之音也。」（P389）

〔註174〕賈雯鶴《〈山海經·海內經〉校議》，《史志學刊》2021年第1期，第73頁。
賈雯鶴《〈山海經〉文獻校理十三則》，《神話研究集刊》第6集，巴蜀書社2022年版，第18頁。

朱駿聲曰：蓬，叚借為茷。（P54）

按：①元抄本注「叢」作「茸」，道藏本注無「阻留反」三字。《類聚》卷99引此經注作「蓬，大」。②汪、郝說「蓬蓬然大」是也。《吳越春秋·越王無餘外傳》：「綏綏白狐，九尾疙疙。」《初學記》卷29、《御覽》卷909引作「龐龐」，《開元占經》卷116、《書鈔》卷106、《類聚》卷99、《御覽》卷571引《呂氏春秋》作「龐龐」，併同「蓬蓬」。③郭注所引《說苑》「蓬狐」，今《說苑·政理》作「封狐」，謂大狐。亦作「豐狐」，《莊子·山木》：「夫豐狐文豹，棲於山林，伏於巖穴，靜也。」《釋文》引司馬彪曰：「豐，大也。」④牟說近是。「叢」從「取」得聲，故轉讀阻留反。《玉篇》：「菆，阻留切。草也（此『也』字衍文）叢生也。」

（10）北海之內……有釘靈之國，其民從膝已下有毛，馬蹄善走。

吳任臣曰：釘靈，今丁靈國，又名「丁令」，亦作「丁零」，在康居北。（P241）

畢沅曰：裴松之注《三國志》云：「《魏略》曰：『烏孫長老言北丁令有馬脛國，其人聲音似雁鶩，從膝以上身頭，人也；膝以下生毛，馬脛馬蹄，不騎馬而走疾馬也。』」（P286）

郝懿行曰：釘靈，《說文》作「丁零」，一作「丁令」。（P389）

陳逢衡曰：案經言「釘靈國」，《魏略》作「馬脛國」，《博物志》又作「蹄羌國」。蓋「釘靈」是正名，「馬脛」、「蹄羌」則因其善走而為名也。（P83）

按：《魏略》「丁令」，《御覽》卷372引作「丁零」。《御覽》卷796有注：「丁令：丁音顛，令音連。」釘靈國蓋即令支。《淮南子·時則篇》：「北至令正（止）之谷。」《御覽》卷37引作「令止之俗（谷）」，有注：「令止，丁令，北海胡地。」「令止」即「令支」。《呂氏春秋·簡選》「北至令支」，高誘注：「令支，在遼西。」《漢書·地理志》「遼西郡」有「令支」。又音轉作「離支」、「離枝」。

（11）術器首方顛，是復土穰，以處江水。

郭璞注：頭頂平也。是復土穰，復祝融之所也。

郝懿行曰：「顛」字衍，藏經本無之。「穰」當為「壤」，或古字通用。藏經本正作「壤」。（P392）

袁珂曰：《路史·後紀四》云：「術嚚（器）兒首方顛。」「顛」字似不衍。《路史》亦作「壤」。（P395）

王寧曰：「復」當作「覆」，地室也〔註175〕。

按：「顛」字不衍，顛者，頭頂也。《路史》卷 13 作「是襲土壤」。復、襲都是
積疊義。

（12）洪水滔天。鯀竊帝之息壤以堙洪水，不待帝命。

郭璞注：息壤者，言土自長息無限，故可以塞洪水也。

按：《御覽》卷 37 引郭注作：「息壤，謂土自長，故可以堰水也。」

（13）帝令祝融殺鯀于羽郊，鯀復生禹。

郭璞注：《開筮》曰：「鯀死三歲不腐，剖之以吳刀，化為黃龍也。」

郝懿行曰：《初學記》卷 22 引《歸藏》云：「大副之吳刀，是用出禹。」
《呂氏春秋・行論篇》亦云「副之以吳刀」。《天問》云「化而為黃熊」，郭引
《開筮》作「黃龍」，蓋別有據也。（P394）

袁珂曰：經文「鯀復生禹」即《楚辭・天問》所謂「伯鯀腹禹」（原作「伯
禹腹鯀」，從聞一多《楚辭校補》改）也。「復」即「腹」之借字。郭注「黃龍」，
藏經本作「黃能」。（P396）

按：宋刊本、明刊本注「黃龍」同，道藏本作「黃能」。賈雯鶴指出「龍」是
「能」形譌〔註176〕，是也，非別有所據也。道藏本《海外南經圖讚》：「矯
翼而翔，龍飛不遠。」元抄本「龍」作「能」，亦其例。《左傳・昭公七年》：
「昔堯殛鯀於羽山，其神化為黃熊，以入於羽淵。」明道本《國語・晉語
八》「黃熊」同，公序本作「黃能」。「黃能」即《天問》「黃熊」。副、剖
一聲之轉，《說文》作「𠛩」，今言劈也。《史記・楚世家》：「陸終生子六
人，坼剖而產焉。」「坼剖」出《詩・生民》「不坼不副」。「吳刀」指昆吾
刀，非吳地所產也。袁珂說「復即腹借字」，亦是竊用的聞一多說〔註177〕。

〔註175〕王寧《〈海經〉新箋（下）》，《古籍整理研究學刊》2001 年第 2 期，第 18 頁。
〔註176〕賈雯鶴《〈山海經〉文獻校理十三則》，《神話研究集刊》第 6 集，巴蜀書社
　　　　2022 年版，第 19 頁。
〔註177〕聞一多《楚辭校補》，收入《聞一多全集》卷 2，三聯書店 1982 年版，第 392
　　　　頁。

《山海經》佚文校補

郝懿行輯錄《山海經》佚文，附於《山海經訂譌》後〔註1〕。

（1）《玉篇》「鱟」字注引此經云：「形如車文，青黑色，十二足，長五六尺，似蟹。雌常負雄，漁者取之，必得其雙。子如麻子，南人為醬。」

郝懿行曰：「車」當為「惠」，劉逵注《吳都賦》正作「惠文冠」，「尺」作「寸」，「似蟹」句下有「足悉在腹下」五字，而無「子如麻子」二句。其餘則同，而不云出《山海經》。唯《廣韻》引作「郭璞注《山海經》」云云，其文同《玉篇》，證知二書所引乃郭注逸文也。（P468）

按：郝說是，《廣韻》、《龍龕手鏡》「鱟」字條亦誤作「車」。蔣《韻》「鱟」字條引郭璞《山海經》：「形如惠文冠，青黑色，十二足，長五尺，似蟹。雌常負雄，漁者取之，必得其雙。子如麻子，南人以為醬。」「郭璞」後脫「注」字。《北戶錄》卷1注引郭璞云：「如惠文冠，青黑，十三（二）足。雌常負雄，取之必得其雙。子如麻子，堪為醬，即鱟子醬也。」《御覽》卷943引張勃《吳錄·地理志》：「交阯龍編縣有鱟，形如惠文冠，青黑色，十二足，似蟹，長五寸。腹中有子如麻子，取以作醬尤美。」《書鈔》卷146引劉忻期《交州記》：「鱟如惠文冠玉，其形如龜，子如麻子，可為醬，色黑，十二足，似蟹，在腹下。雌負雄而行，南方用以作醬，可炙噉之。」諸家皆晉人，所記述差近。

〔註1〕郝懿行《山海經訂譌》，附於郝懿行《山海經箋疏》（欒保群整理），中華書局2019年版，第467～471頁。

（2）《廣韻》：「玃鉛，南極之夷，尾長數寸，巢居山林。出《山海經》。」

按：蔣《韻》：「玃，玃鉛，南極之夷，尾長數寸，巢居山林。出《山海經》。」此《廣韻》所本。《爾雅・釋地》：「東至於泰遠，西至於邠國，南至於濮鉛，北至於祝栗，謂之四極。」「濮鉛」即「玃鉛」，作地名。又作南夷族名，單稱曰「濮」。《逸周書・王會解》伊尹四方令曰：「正南百濮。」字亦作「卜」，《逸周書・王會解》「卜人以丹沙」，孔晁註：「卜人，西南之蠻，丹沙所出。」

（3）《書鈔》卷152引此經云：「東南荒山有銅頭鐵額兵，日飲天酒三斗。酒，甘露也。」

按：《書鈔》卷152引作「天酒，甘露也」，郝氏脫「天」字。《書鈔》卷148引《神異經》：「西北海外，有人長二千里，但月（日）飲天酒五斗，不食五穀。」今本東方朔《神異經》：「西北海外有人焉，長二千里，兩腳中間相去千里，腹圍一千六百里，但日飲天酒五斗。」張華注：「天酒，甘露也。」《類聚》卷72、98、《初學記》卷2、19、《御覽》卷12、377、845、《事類賦注》卷3引《神異經》略同。《初學記》卷19引《河圖龍文》：「天之東南西北極各有銅頭鐵額兵，長三千萬丈。」《御覽》卷364、377引《河圖》同。《書鈔》卷152所引，當是雜揉《河圖》與《神異經》二文，誤記出處作《山海經》耳。

（4）《歲華紀麗》引此經云：「狼山多毒草，盛夏，鳥過之不能去。」

按：《後漢書・郡國志》「朱提」劉昭注引《南中志》：「縣西南二里有堂狼山，多毒草，盛夏之月，飛鳥過之，不能得去。」《御覽》卷22、791引《永昌郡傳》同。《歲華紀麗》卷2誤記出處，又「堂狼山」脫作「狼山」。「堂狼」是「郎當」、「俍傷」倒文，山長貌，因作山名。《廣韻》：「俍，俍傷，長兒。」又作「峴嵣」，《古文苑》卷4楊雄《蜀都賦》：「絕限峴嵣，堪巖亶翔。」

（5）《御覽》卷9引此經云：「大極山東有溫水湯不可過也。」

按：宋刊《御覽》「湯」下有「風」字，郝氏誤脫。當讀作「大極山東有溫水湯風，不可過也」。欒保群不作校訂，讀「湯不可過也」句（P470），大誤。湯風，熱風也。馬王堆帛書《去穀食氣》：「夏食一，去湯風……〔湯風者〕，口（溫）風也，熱而中人者也。」又《十問》：「夏避湯風。」張家山漢簡

《徹穀食氣》:「夏食一,去湯風……湯風者,在夏晝〈晝〉,風而溫如湯。」

《古文苑》卷 3 賈誼《旱雲賦》:「隆盛暑而無聊兮,煎砂石而爛渭。湯風至而含熱兮,群生悶滿而愁憒。」章樵註:「湯風,溫風也。《月令》:『六月節,溫風至。』」

（6）《御覽》卷 35 引此經云:「離魚見,天下大穰。」

郝懿行曰:《西次二經》泰器山「鰩魚」與此同。（P470）

按:宋刊《御覽》引作「鰩魚」,郝氏所據乃誤本作「離魚」。

《山海經》名物解詁

　　王先謙說：「文字之興，聲先而義後。動植之物，字多純聲，此名無可釋者也。」〔註1〕王氏認為動植物的名義無法解釋，這不符合語言事實。章太炎說：「諸言語皆有根。（例略）……故物名必有由起。」〔註2〕黃侃說：「名物須求訓詁，訓詁須求其根。字之本義既明，又探其聲義之由來，於是求語根之事尚焉……蓋萬物得名，各有其故。」〔註3〕章、黃二氏說的「語根」，亦稱作「名義」、「得名之由」。章太炎說：「《爾雅·釋草》以下六篇，名義不能備說。都邑山水，復難理其本原。故孳乳之文，數者多闕。」〔註4〕黃侃說：「名物諸文，如《說文》玉部、艸部中字，《爾雅·釋草》以下諸篇，不明其得名之由，則從何孳乳不可說。後世字書，俗別字多，苟其關於訓詁，大概可以從省併。惟名詞之字，不易推得本原，亦由名物之孳乳，自來解者甚少耳。」〔註5〕明其得名之由無他法，惟有訓詁一途，因聲求義，鑿破形體，考其同源，探其語源，庶可不眩於俗別字而推得孳乳之跡，但艱險而不易為耳！劉師培說：「夫近儒之論物名也，謂一物數名，或由言語遞轉，或由方土稱謂各異，此固不易之說矣。顧一物必有一物之名，而名各有義。試即《爾雅·釋蟲》一篇言之，其命名之義約有十二例……是以上諸例，豈惟蟲類惟然哉？凡萬物名字歧異，皆可以諸類

〔註1〕王先謙《釋名疏證補序》，《釋名疏證補》，中華書局2008年版，第2頁。
〔註2〕章太炎《國故論衡（校定本）》卷上《語言緣起說》，收入《章太炎全集（五）》，上海人民出版社2018年版，第200～201頁。
〔註3〕黃侃《訓詁筆記》卷上《求訓詁之次序》，收入《文字聲韻訓詁筆記》，上海古籍出版社1983年版，第197頁。
〔註4〕章太炎《文始·敘例》，收入《章太炎全集（四）》，上海人民出版社2018年版，第178頁。
〔註5〕黃侃《說文略說》，收入《黃侃論學雜著》，中華書局1964年版，第9～10頁。

求之。」〔註6〕王國維說:「凡雅俗、古今之名,同類之異名與夫異類之同名,其音與義恒相關。」〔註7〕二氏指出了名物必有意義,並指明了正確的研究方向。

《山海經》郭璞注於名物詞有一部分已經正確解釋了他的得名之由。如《西山經》郭璞解釋「不周之山」說:「此山形有缺不周匝處,因名云。」《大荒西經》「有山而不合,名曰不周負子」,郭璞說:「《淮南子》曰:『昔者共工與顓頊爭帝,怒而觸不周之山,天維絕,地柱折。』故今此山缺壞不周匝也。」郭氏指出此山被共工衝撞而有了壞缺,有不能周合處,因此得名「不周山」。《西山經》郭璞解釋「玉山」說:「此山多玉石,因以名云。《穆天子傳》謂之『群玉之山』。」《西山經》郭璞解釋「稷澤」說:「后稷神所馮,因名云。」《大荒西經》郭璞解釋「桂山、榣山」說:「此山多桂及榣木,因名云耳。」這些名物詞都平易不難,至於《山海經》中語音變轉的名物詞,則雖宿耆大儒,亦不易推尋其源矣,上引章太炎、黃侃說已指出其難,信不虛耳。王國維說:「其餘如《草》有『莪,蘿』,《蟲》有『蛾,蠪(羅)』⋯⋯《木(蟲)》有『密肌,繼英』,《鳥》有『密肌,繫英』。今雖不能言其同名之故,要其相關,必自有說。」〔註8〕王氏舉例說明了《爾雅》中有不易推尋語源的情況,同樣適用於《山海經》中名物詞的研究。

郭璞以後,也有一些論著關注過《山海經》的名物詞,於其名義有所考證。專文如:蕭鳴籟《山海經〉廣雅──人種釋名》〔註9〕,駱瑞鶴《山海經〉病名考(上、下)》〔註10〕,賈雯鶴《山海經〉專名研究》〔註11〕。《山海經》有一些名物詞,經文但出其名,而未描寫其形態,他書也無考,其名義

〔註6〕劉師培《爾雅〉蟲名今釋》,收入《劉申叔遺書》,江蘇古籍出版社 1997 年版,第 446~447 頁。

〔註7〕王國維《爾雅〉草木蟲魚鳥獸名釋例下》,收入《觀堂集林》卷 5,中華書局 1959 年版,第 221 頁。

〔註8〕王國維《爾雅〉草木蟲魚鳥獸名釋例下》,收入《觀堂集林》卷 5,中華書局 1959 年版,第 226 頁。據《爾雅》原書,「蠪」當作「羅」,「木」當作「蟲」。

〔註9〕蕭鳴籟《山海經〉廣雅──人種釋名》,《地學雜志》1923 年第 14 卷第 3、4 期,1923 年版。

〔註10〕駱瑞鶴《山海經〉病名考(上)》,《長江學術》第 3 輯,2002 年出版,第 156 ~162 頁。駱瑞鶴《山海經〉病名考(下)》,《長江學術》2006 年第 3 期,第 137~144 頁。

〔註11〕賈雯鶴《山海經〉專名研究》,四川大學 2004 博士學位論文。作者修訂後的同名專著由中國社會科學出版社於 2020 年出版。本文引用其說皆依據後者修訂本。

則無從考釋矣。

賈雯鶴統計了《山海經》中的名物詞共有 2138 個，仿照《爾雅》、《釋名》的分類，把《山海經》中的名物分為十八類：神人名，郡國名，山名，水名，谷野名，草名，木名，鳥名，獸名，蟲名，魚名，礦物名，樂舞名，食物名，器物名，疾病名，祭祀名，風名〔註12〕。

我為了行文方便，於《山海經》中的名物不作細分，把國名、山名、水名、邑名、臺名、山谷名、平原大野之名統稱作「地名」，把神名、鬼名、人名統稱作「人名」，把蟲名、魚名、鳥名、獸名統稱作「動物名」，把草名、木名統稱作「植物名」，其餘的名目統歸於「其他類名物」。如果一條經文中有二類或以上的名目，則合在一起考察而不拆分。

明清以還，研究《山海經》的著作主要有如下各種：王崇慶《山海經釋義》〔註13〕，楊慎《山海經補注》〔註14〕，吳任臣《山海經廣注》〔註15〕，黃丕烈《山海經校勘記》〔註16〕，畢沅《山海經新校正》〔註17〕，汪紱《山海經存》〔註18〕，郝懿行《山海經箋疏》、《山海經訂譌》〔註19〕，吳承志《山海經地理今釋》〔註20〕，俞樾《讀山海經》〔註21〕，呂調陽《五藏山經傳》〔註22〕，

〔註12〕賈雯鶴《〈山海經〉專名研究》，中國社會科學出版社於 2020 年出版，第 57 頁。
〔註13〕王崇慶《山海經釋義》，收入《山海經穆天子傳集成》第 1 冊，上海交通大學出版社 2009 年影明萬曆刻本，第 145～290 頁。
〔註14〕楊慎《山海經補注》，收入《山海經穆天子傳集成》第 1 冊，影光緒刻本，第 291～305 頁。
〔註15〕吳任臣《山海經廣注》，收入景印文淵閣《四庫全書》第 1042 冊，臺灣商務印書館 1986 年初版，第 85～243 頁。吳氏《廣注》另有康熙 6 年（1667）刻本、康熙丙子本（1696）、乾隆 51 年（1786）刻本，余皆未見。
〔註16〕黃丕烈《山海經校勘記》（底本是明成化本），收入《山海經穆天子傳集成》第 1 冊，第 142～143 頁。
〔註17〕畢沅《山海經新校正》，收入《山海經穆天子傳集成》第 2 冊，影光緒刻本，第 159～287 頁。
〔註18〕汪紱《山海經存》，收入《山海經穆天子傳集成》第 2 冊，影光緒刻本，第 1～131 頁。
〔註19〕郝懿行《山海經箋疏》（欒保群整理），中華書局 2019 年版。郝懿行《山海經訂譌》，附於郝懿行《山海經箋疏》。
〔註20〕吳承志《山海經地理今釋》，收入《山海經穆天子傳集成》第 3 冊，影民國刻本，第 1～189 頁。
〔註21〕俞樾《讀山海經》，收入《山海經穆天子傳集成》第 3 冊，影春在堂全書本，第 241～250 頁。
〔註22〕呂調陽《五藏山經傳》，收入《山海經穆天子傳集成》第 3 冊，影光緒刻本，第 264～366 頁。

孫詒讓《山海經郭璞注札迻》、《山海經圖讚札迻》〔註23〕，陳漢章《郝疏山海經識語》〔註24〕，袁珂《山海經校注》〔註25〕，徐顯之《山海經探原》〔註26〕。本文引用上列各書，隨文標示頁碼，以便覆按。

本文據郝懿行《箋疏》光緒十二年刻本為底本，校以《古逸叢書三編》影北京圖書館藏南宋淳熙七年刻本（簡稱宋刊本）、元代曹善抄本（簡稱元抄本）、明道藏本（缺卷14、15）、四部叢刊影明成化刊本（簡稱明刊本）、四庫全書本。

本文引用朱駿聲說皆據《說文通訓定聲》〔註27〕。引用三部唐代韻書 P.2011 王仁昫《刊謬補缺切韻》、蔣斧印本《唐韻殘卷》、裴務齊《正字本刊謬補缺切韻》，分別省稱作王《韻》、蔣《韻》、裴《韻》。

一、《山海經》地名解詁

（1）松果之山，濩水出焉，北流注於渭。（《西山經》）

畢沅曰：《初學記》及《文選》注引作「松梁山」。《水經注》有「灌水出松果之上」。《太平寰宇記》云「華陰縣松果山在縣東南二十七里」。舊本「灌」作「濩」，非。《水經注》云：「灌水北流逕通谷，世亦謂之通谷水。《述征記》所為（謂）『潼谷水』。」……灌、潼聲之轉也。（P177）

郝懿行曰：李善注《長楊賦》引作「松梁之山西六十里曰太華山」。濩水，《水經注》作「灌水」。（P25）

按：①「松梁」是「松果」形誤。《水經注·河水》引作「松果之山」，《御覽》卷928、《集韻》「鴟」字條引作「松果山」。②畢說「濩水」當作「灌水」是也，但畢氏說「灌、潼聲轉」則誤。《水經·河水》：「河水又南至華陰潼關，渭水從西來注之。」《水經注》云：「河在關內南流，潼激關山，因謂之潼關。灌水注之，水出松果之山，北流逕通谷，世亦謂之通谷水，東北注于河。《述征記》所謂『潼谷水』者也。」《通典》卷173：「潼關，本名衝關，河自龍門南流，衝激華山東，故以為名。」潼之言衝也，又言通也。此水灌注於渭，亦取通義，故稱作「灌水」，元抄本正作「灌水」，

〔註23〕孫詒讓《山海經郭璞注札迻》、《山海經圖讚札迻》，收入孫詒讓《札迻》卷3，中華書局1989年版，第90～98頁。

〔註24〕陳漢章《郝疏山海經識語》，收入《陳漢章全集》第15冊，浙江古籍出版社2014年版，第125～146頁。

〔註25〕袁珂《山海經校注》（最終修訂本），北京聯合出版公司2014年版。

〔註26〕徐顯之《山海經探原》，武漢出版社1991年版。

〔註27〕朱駿聲《說文通訓定聲》，武漢市古籍書店1983年版。

《水經注》亦不誤。

（2）石脆之山。(《西山經》)

畢沅曰：舊本「胞」作「脆」，非。《水經注》有「石胞之山」。(P178)

郝懿行曰：「脆」當為「胞」。《水經注》有「石胞之山」。《類聚》卷 89 兩引此經並作「脆山」，無「石」字。(P28)

按：宋刻《類聚》卷 89 二引，一作「脆之山」，一作「脃山」。《御覽》卷 988 引作「胞山」，《圖經衍義本草》卷 5、《證類本草》卷 5 引作「石郈」(《證類本草》有注：「音跪」)。《中山經》：「章山……皋水出焉，東流注于澧水，其中多胞石。」郭璞注：「章山，或作『童山』。胞石，未聞，魚胞反。」明刊本、四庫本作「脆石」，注作「魚脆反」；宋刊本、道藏本作「硊石」，注作「魚跪反」；《玉篇殘卷》「硊」字條引亦作「硊石」(音牛委反)。郝懿行曰：「《說文》云：『胞，小耎易斷也。』此石耎薄易碎，故以名焉。」(P222) 吳承仕曰：「各家說並非也。此注應云『音魚胞』，各本誤奪『音』字，衍『反』字。疑『魚胞』為當時𩼣膾之名，『魚胞』猶云『芥胞』。段玉裁以『芥胞』為鬆胞可口，近之。郭讀如『魚胞』之胞。」黃侃駁吳說，云：「魚胞者，魚骨之胞者也。」〔註 28〕邵瑞彭從吳說，而引文稍異〔註 29〕。郝懿行、吳承仕、黃侃皆據誤本立說，非是，賈雯鶴取郝說 (P315)。宋刊本及《玉篇殘卷》作「硊」是也，宋刊本注音「魚跪反」與《廣韻》「魚毀反」相合，《玉篇殘卷》「牛委反」是「魚毀反」音變。本經字亦當作「硊」，同「峗」，猶言危也，加石旁而孳乳為俗字，指高石。《莊子・田子方》：「與汝登高山，履危石。」《列子・黃帝》同。「硊石」即「危石」。《書・舜典》有「三危」山，指三座有高石的山，故他書亦作「三峗」。本經此山多硊石，故名「石硊之山」。俗本「硊」形誤作「脆」，復易作正字「胞」，《御覽》復形誤作「胞」。《圖經》作「郈」，亦即「硊」。

（3）**英山，其上多杻橿……禺水出焉，北流注于招水，其中多鮮魚，其狀如鼈，其音如羊。(《西山經》)**

郭璞注：鮮音同蚌蛤之蚌。

〔註 28〕吳承仕《經籍舊音辨證》卷 7《〈山海經〉郭璞注》，中華書局 2008 年版，第 374 頁。黃侃《經籍舊音辨證箋識》，吳承仕《經籍舊音辨證》附錄一，第 414 頁。

〔註 29〕邵瑞彭《山海經餘義(續)》，《國學叢編》第 1 卷第 2 期，1931 年版，第 6 頁。

畢沅曰:「鮮」當為「蚌」。(P178)

吳承志曰:「英山」當作「黃山」,即《水經注・渭水》「磈山」。(P6)

按:《御覽》卷 939 引「禹」作「愚」,「鮮」作「鮮」。「鮮」是「鮮」形譌。

「鮮」是「蚌」俗字。吳承志妄改耳,《水經注・渭水》分明云「(渭水)
東北流與愚水、谷水出英山,北流與招水相得」,分明作「英山」,與「磈
山」無涉,不得妄改經文。《慧琳音義》卷 39 引此經作「英山多紫櫝」,
又「紫櫝木,木名也,出英山」,足資佐證。《爾雅・釋山》:「山三襲,陟。
再成,英。一成,坯。」郭璞注:「襲,亦重。英,兩山相重。」「英山」
得名於此,謂二層重疊之山。《南山經》、《大荒南經》各有「成山」,郭璞
注:「成亦重耳。」其得名之由相同。欒保群不能辨,偏取吳氏誤說(P52),
疏矣。

(4)西二百里,曰泰冒之山,其陽多金,其陰多鐵。浴水出焉,東流注
　　於河。(《西山經》)

郭璞注:泰,或作「秦」。

畢沅曰:晉灼引《水經》:「上郡雕陰有泰冒山。」《太平寰宇記》:「洛水
原出自白於山,經上郡雕陰縣秦望山。」泰、秦字相近,望、冒聲相近。浴水,
《初學記》引作「洛水」,是。(P182)

郝懿行曰:《初學記》卷 6 引正作「秦」。「浴」當為「洛」字之譌。《初學
記》卷 6 及《御覽》卷 62 俱引作「洛水」。(P41)

袁珂曰:《初學記》卷 6 及《御覽》卷 62 引此經正作「秦」。浴水,《初學
記》及《御覽》並引作「洛水」,是也。(P30)

按:宋刊本注「秦」誤作「泰」。袁氏全竊自郝說。郝氏未及者,袁氏不能舉。
《初學記》卷 27 引同今本作「泰冒」,《初學記》卷 6、《御覽》卷 62 引
作「秦冒」、「洛水」,《御覽》卷 805、《事類賦注》卷 9 引作「泰冒」。賈
雯鶴指出元抄本「浴水」作「洛水」,《初學記》卷 6、《御覽》卷 62、805、
《事類賦注》卷 9 引同〔註30〕。畢氏校作「洛水」是也,但《寰宇記》「洛
水經雕陰縣秦望山」是另一條洛水,《史記・封禪書》《正義》已辨之。《史
記・匈奴列傳》《索隱》引《水經》:「(洛水)出上郡雕陰泰昌山,過華陰
入渭,即漆沮水也。」《漢書》顏師古注「泰昌」作「泰冒」。元抄本作「大

〔註30〕賈雯鶴《〈山海經〉文獻疏誤舉隅》,《神話研究集刊》第 1 集,巴蜀書社 2020
　　　　年版,第 78 頁。

冒」，即「太冒」。王謇說：「『泰冒』疑即『頓牟』之轉音，即『瑇瑁』也。」
〔註31〕其說有理，蓋此山多產瑇瑁，因取名焉。「瑇瑁」又作「玳瑁」，馬
王堆漢簡 M3 作「毒冒」。「頓牟」又音轉作「突牟」，《慧琳音義》卷 31
引《異物志》：「瑇瑁，一名突牟。」

（5）又北二百里曰謁戾之山，其上多松栢，有金玉，沁水出焉。（《北
山經》）

郭璞注：謁戾之山，今在上黨郡涅縣。

畢沅曰：「謁」字亦作「楬」，《淮南子·地形訓》：「清漳出楬戾。」高誘
曰：「楬戾山在上黨。」（P203）

郝懿行曰：「謁」、「楬」聲相近也。（P114）

呂調陽曰：大（引者按：當作「山」）形象謁者跪，戾其足。（P310）

按：呂氏望文生義。《水經注·清漳水》引《淮南》作「清漳出揭戾山」。《史
記·趙世家》：「昔者魏伐趙，斷羊腸，拔閼與。」《集解》引徐廣曰：「閼
與，在上黨。」「謁（楬、揭）戾」即是「閼與」。「謁」音遏，與「閼」
同，謂壅斷、阻遏也。《呂氏春秋·古樂》：「民氣鬱閼而滯著。」高誘注：
「閼讀曰遏止之遏。」戾，止也，定也。「閼與」即「閼于」，是「閼夭」
音轉，夭亦壅塞之誼。《水經注》說「俗謂之漳山」，漳之言障也。

（6）東三百里，曰沮洳之山……瀙水出焉，南流注於河。（《北山經》）

汪紱曰：「瀙水」即「淇水」也。（P46）

郝懿行曰：《水經注》引此經云「淇水出沮如山」，是「洳」當為「如」，
或古字通。「瀙」即「淇」字。（P115）

吳承志曰：山多泉源，下流土溼，故曰沮如也。（P103）

按：吳說是也。洳之言濡，溼潤也。字亦作濡，《說文》：「濡，漸溼也。」「如」
則是省文。

（7）西望幽都之山，浴水出焉。（《北山經》）

郭璞注：浴，即黑水也。

郝懿行曰：郭知浴水即黑水者，據《海內經》「幽都之山，黑水出焉」而
為說也。《夏小正》云「黑鳥浴」，疑「浴」當訓黑，正與此義合，說者失之耳。
（P126～127）

〔註31〕范祥雍《山海經箋疏補校》過錄王謇說，上海古籍出版社 2013 年版，第 47 頁。

按：郝氏引《夏小正》，非是。浴，讀為纈，汙黑也。《說文》：「纈，握持垢也。」
《玄應音義》卷21引《聲類》：「纈，黑也。」或借瀆為之，《釋名疏·釋
言語》：「濁，瀆也，汁滓演瀆也。」《白虎通義·巡狩》：「瀆者，濁也，
中國垢濁發源東注海，其功著大，故稱瀆也。」是「瀆」為垢濁之義也。
字亦借辱為之，俗字作㲷。《老子》第41章：「大白若辱。」郭店簡乙本、
帛書乙本、北大漢簡本「辱」同，傅奕本、范應元本作「㲷」。范應元曰：
「㲷音辱，黑垢也。古本如此，河上公作『辱』。」《淮南子·說山篇》：
「以潔白為污辱。」以「污辱」與「潔白」對舉，是「辱」為汙黑之義也。
《論衡·語增》：「夫肉當內於口，口之所食，宜潔不辱。」《廣雅》：「辱，
汙也。」王《韻》：「㲷，黑〔也〕。」《玉篇》：「㲷，垢黑也。」俗字亦作
黕，《集韻》：「黕，黑貌。」此經指水之垢黑，故從水旁作「浴」，與「洗
浴」之「浴」同形異字。

（8）楸蠹之山。（《東山經》）

郭璞注：楸蠹，速株二音。

郝懿行曰：《廣韻》云：「楸株，山名。」疑即「楸蠹」之異文。（P128）

呂調陽曰：株，舊譌「蠹」。楸，譌「楸」。烏蘇西源曰西野河，北流合諸
小水如楸（「梀」通）枝……有小水長十數里東注，象木中株，故名楸株。（P318）

徐顯之曰：楸蠹之山疑即肅慎之山，肅慎族因此得名。（P182，又P264
說同）

按：《廣韻》：「楸，楸株，山名。」《集韻》同，《鉅宋廣韻》「楸」作「橸」。
「橸株」即《莊子·達生》「橜株」，《釋文》：「橜，本或作橛，同。」S.615
作「撅株」，《列子·黃帝》作「㮨株」，指大木根，《廣韻》取其義為山名。
此經山名與《廣韻》「楸株」取義當不同。《集韻》「獤」字條引此經作「獤
蠹」，《御覽》卷939引作「楸𧑙」。「楸蠹」、「獤蠹」疊韻連語，疑「侏儒」、
「蠾蝓」倒文，短醜貌。《方言》卷11：「蠾蝓者，侏儒，語之轉也。」倒
文又音轉作「儒侏」，王《韻》：「儒，儒侏，短皃。」又「侏，儒侏。」
《廣韻》：「儒，儒侏，短醜皃。」古音朱、蜀相通，《釋名》：「钃，誅也，
主以誅鉏根株也。」《齊民要術》卷1引「钃」作「斸」。「侏」異體作「㑑」
亦是其比。故「楸蠹」倒文作「儒侏」也。古音束、俞相通，《公羊傳·
文公四年》「甯俞」，徐彥疏：「正本作『速』字，故賈氏云《公羊》曰『甯
速』。」故「楸蠹」倒文作「蠾蝓」也。呂調陽望文生義，呂氏說名物義

皆此類，無有一當。《大荒北經》即有「肅慎氏之國」，徐顯之以此經牽附之，亦不當。

（9）枸狀之山……沢水出焉，而北流注于湖水。（《東山經》）

郭璞注：沢，音枳。

畢沅曰：《廣韻》云「沢水出拘扶山」，疑此當為「拘扶」。（P208）

郝懿行曰：《廣韻》云：「沢水出拘扶山。」此作「枸狀」，字形相似，未審誰是。（P129）

吳承志曰：「枸」當從《廣韻》「沢」字注作「拘」。拘即胊也。「狀」為「洋」借字。「沢」當作「浿」。《漢志》齊郡臨胊：「石膏山，洋水所出，東北至廣饒入鉅定。」注引應《音義》云：「臨胊山。」「胊山」即「拘狀之山」。（P122）

按：吳氏取畢氏說謂「枸」當作「拘」，是也，餘說皆無據。《集韻》、《類篇》「沢」字條引此經作「拘扶」。S.2071《切韻箋注》卷3：「沢，水名，出拘扶山。拘字舉隅反。」故宮博物院舊藏王仁昫《刊謬補缺切韻》卷3「沢」字條有殘損，存「出拘扶山」四字。正本於此經，據其注音舉隅反，是「拘」字無疑。裴《韻》「沢」字條字形雖有殘損，但可辨是「扚扶」，《鉅宋廣韻》同，「扚」是「拘」形譌。《御覽》卷939引此經作「狗狀」，「狗」是「拘」形譌。疑山名當作「拘狀」，此山得名于曲貌，言山多分支而曲折。樹木多枝而曲曰「枳枸」、「枳句」、「稽秒」、「樛橚」、「枳椇」。此山有多條支流，其形似木枝而曲，故山名拘狀之山，所出之水則名沢水。沢之言稽，拘之言句，皆曲屈也。

（10）又東三十五里曰蔥聾之山，其中多大谷。（《中山經》）

呂調陽曰：「蔥」、「聰」通借字。（P329）

按：蔥，宋刊本、道藏本、明刊本作「葱」。《御覽》卷767引作「慈聾之山，其中有大谷」，又卷988引作「慈聾之山，其中有太谷」。「慈」是「葱」形誤，「太」是「大」形誤。《圖經衍義本草》卷5引作「葱襲之山，其中有大谷」，「襲」是「聾」形誤。《西山經》：「符禺之山，其獸多葱聾，其狀如羊而赤鬣。」此經山名「葱聾之山」，下文也有同名之山，蓋以其山多葱聾之獸而得名也。蔥，呂氏讀為聰，是也。「聰」與「聾」對舉成文，「聰聾」偏義複詞。劉釗說「蔥聾」讀為「葱蘢」〔註32〕，蓋謂「葱蘢」

〔註32〕劉釗《出土文獻與〈山海經〉新證》，《中國社會科學》2021年第1期，第102頁。

之色。《南山經》郭璞注：「砆，武夫……色蘢葱不分明。」《慧琳音義》卷99引作「葱蘢」。《西山經》郭璞注：「砆武……赤地白文，色蘢葱不分明。」則山以顏色得名，亦備一說。

（11）**其西有林焉，名曰墦冢。（《中山經》）**

郭璞注：墦，音番。

按：《廣雅》：「墦，冢也。」「墦冢」複語，《御覽》卷62引作「嶓冢」，《西山經》有「嶓冢之山」。墦之言墳也，高起之義，山形似之，故山名曰「嶓冢」。山林因山名而得名。

（12）**勾檷之山。（《中山經》）**

郭璞注：檷，音絡椐之椐。

郝懿行曰：「絡椐之椐」不成語。疑「椐」當為「柅」，字之譌也。《說文》云：「檷，絡絲檷。讀若柅。」……故郭注「音絡柅」。又《玉篇》云「㨉拘，山名」，疑「㨉拘」即「句檷」，誤倒其文爾。（P205）

呂調陽曰：「檷」同「臬」，牙豕之杙（「臬」通作「柅」），句曲也。（P362）

吳承志曰：檷當讀為幏。「勾幏之山」即《禹貢》「蒙山」。「勾」發聲，非有義。「幏」闕壞為「檷」。郭據本誤。勾幏之山，今峨眉山。（P145）

按：郝說是也，段玉裁徑正郭注作「檷音絡柅之柅」〔註33〕。吳氏妄改不可信。《篆隸萬象名義》：「㨉，拘㨉，山名。」「拘㨉」即「勾檷」。S.2071《切韻箋注》、故宮本王仁呴《刊謬補缺切韻》、裴《韻》並云：「檷，檷拘，山名。」《玉篇》、《廣韻》並云：「㨉，㨉拘，山名。」《集韻》：「檷，檷枸，山名。」《龍龕手鏡》：「㨉，音彌。㨉猗（拘），山名也。」並倒其文。當作「拘尼（抳）」為正，《爾雅》：「尼，止也。」又「尼，定也。」《廣雅》：「抳，止也。」《大荒北經》「其所歍所尼，即為源澤」，郭璞注：「尼，止也。」《易·姤》「繫于金柅」，《說文》「檷」字條引「柅」作「檷」。《釋文》：「柅，《廣雅》云：『止也。』《說文》作『檷』，云：『絡絲趺（跗）也，讀若昵。』王肅作『抳』，從手。子夏作『鑈』。蜀才作『尼』，止也。」〔註34〕《篆隸萬象名義》：「檷，柎，絡絲趺（跗），鋸字。」「鋸」是「鈮」形誤，「鈮」

〔註33〕段玉裁《說文解字注》「杘」字條，上海古籍出版社1981年版，第264頁。

〔註34〕明鈔本《說苑·復恩》：「吾在拘尼之中，不失臣主之禮。」此例「拘尼」，當據宋咸淳本、元大德本、漢魏叢書本、龍谿精舍叢書本作「拘厄」。

與「柅」、「檷」、「鑈」同。俗作「拘泥」，猶言拘止、拘留、限制。山名取義於拘尼，限制行人，極言其高也。

（13）厭火國在其國南，獸身黑色，生火出其口中。（《海外南經》）

吳任臣曰：《博物志》曰：「厭光國民，光出口中。」（P243）

郝懿行曰：厭火國，《博物志》作「厭光國」。（P237）

郝懿行又曰：《類聚》引此經無「生」字，疑是。（P456）

朱駿聲曰：厭，猶合也。（P138）

陳逢衡曰：《博物志》：「厭光國民光出口中，形盡似獼猴，黑色。」以「光」訓「火」，得之。此蓋形容南方酷熱之狀，所謂「爰有大暑，不可以往」也，故圖畫若有火光出其口中。景純以「吐火」為言，近於幻矣。吳任臣本引《本草集解》注云：「厭火國近黑崑崙，人能食火炭。」益不足信。余有說見《博物志疏證》。（P48～49）

蕭鳴籟曰：「厭火」云者，想國人多技巧，能變幻，如今之賣技者之吞刀吐火耳〔註35〕。

袁珂曰：厭，音饜，義同「饜」，飽也，足也。（P178）

按：厭，讀為炎。《說文》：「炎，火光上也。」指火光上出升騰，火燄延伸之義。《文子・上德篇》：「火上炎，水下流。」馬王堆帛書《相馬經》：「高錫之，如火之炎。」《大荒西經》：「崑崙之丘……其外有炎火之山，投物輒然。」正用本字，指噴火之山。俗字又作燄，《文選・景福殿賦》：「開建陽則朱炎（焰）燄，啟金光則清風臻。」《周氏冥通記》卷4：「勿令火燄出器邊也。」國名「厭火」者，言其人口中有火光上出也，但不是吞刀吐火的變幻術。

（14）䟽國在其東，其為人黃，能操弓射蛇。（《海外南經》）

郭璞注：䟽，音秩，亦音替。

畢沅曰：䟽，舊本作「載」，非。案六書當為此。（P243）

郝懿行曰：「䟽」疑當為「䟽」，見《說文》。《玉篇》作「臷」，云：「臷，國名也，在三苗東。」本此。（P238）

蕭鳴籟曰：或曰「䟽」古「鐵」字〔註36〕。

〔註35〕蕭鳴籟《〈山海經〉廣雅——人種釋名》，《地學雜志》第14卷第3～4期，1923年版，第5頁。

〔註36〕蕭鳴籟《〈山海經〉廣雅——人種釋名》，《地學雜志》第14卷第3～4期，1923年版，第6頁。

徐顯之曰：「载」的音義與「耊」同，健康長壽的意思。（P30）

賈雯鶴曰：袁珂注：「《御覽》卷790引此經作『一曰盛國』。作『盛國』是也。」或、盛通用。盛、成古字通用。或國即盛國，亦即成國。居於成都（或稱成山）則稱成民。（P248～249）

按：汪紱從畢說（P87）。段玉裁亦說「载」是「或」形譌〔註37〕。宋刊本、道藏本、明刊本並作「载」，《御覽》卷790、《集韻》「载」字條引同。不當改字。《大荒南經》「有载民之國」，郭璞注：「為人黃色。」《儀禮·少牢饋食禮》「勿替引之」，鄭玄注：「古文替為袂（袟），袂（袟）或為载，载、替聲相近。」〔註38〕郭注正與鄭玄相同。「失」聲、「至」聲相通。《詩·柏舟》《釋文》：「迭，《韓詩》作『载』，音同。」「姪」或作「姝」，「眣」或作「睲」，「獻」或作「甀」，「躾」或作「駤」，「蚨蝎」轉作「蝰蟷」。故载音秩也。「载」亦作「載（載）」，《詩·駉駉》之「駉駉」，《漢書·地理志》引作「四载」。《釋名·釋長幼》：「八十曰耊。耊，鐵也，皮膚變黑色如鐵也。」《廣韻》：「或，國名，在三苗國東。出《山海經》。」則同《玉篇》作「或」，「载」是其借字。《說文》：「或，利也。」經文指弓矢鋒利，其人能操弓射蛇，故稱作「或國」。「載」不是古「鐵」字。徐顯之說「耊」不知何字，當是「耊」誤刊。但「耊」與經文「為人黃，能操弓射蛇」沒有聯繫。古無「盛國」之名，《御覽》是形聲之誤。

（15）羿與鑿齒戰于壽華之野，羿射殺之，在崑崙墟東。（《海外南經》）

郭璞注：鑿齒，亦人也。齒如鑿，長五六尺，因以名云。

郝懿行曰：《淮南子·本經訓》云：「堯乃使羿誅鑿齒於疇華之野。」高誘注云：「疇華，南方澤名。」「疇華」即「壽華」。《書鈔》卷118引此注「人」下有「貌」字，經文「之」下無「在」字，此脫衍。（P241）

洪亮吉曰：《淮南子》「疇華之野」當即《國語》「依疇歷華」二地〔註39〕。

顧頡剛曰：《呂氏春秋·本味》云：「菜之美者……壽木之華。」高注：「壽

〔註37〕段玉裁《說文解字注》「戜（戜）」字條，上海古籍出版社1981年版，第631頁。

〔註38〕「袂」當作「秩」，參見錢大昕《答問五》，收入《潛研堂集》卷8，上海古籍出版社1989年版，第116頁。段玉裁《說文解字注》「趚」字條，上海古籍出版社1981年版，第64頁。

〔註39〕洪亮吉《曉讀書齋二錄》卷上，收入《續修四庫全書》第1155冊，上海古籍出版社2002年版，第607頁。

木，崑崙山上木也。華，實也。食其實者不死，故曰壽木。」恐「壽華之野」一名即由此而來。《海內經》說稷葬「靈壽寶華」，亦即此義〔註40〕。

劉宗迪曰：《說文》：「疇，耕治之田也。」即「壽」字初文。所謂「壽華之野」或「疇華之野」，顧名思義，就是指用「華」分割之域。華者，華表也〔註41〕。

按：①《御覽》卷357引注「人」下有「類」字。「貌」俗作「頮」，形誤作「類」。《韓詩外傳》卷10「貌之君子，而言之野也」，《御覽》卷811、《事類賦注》卷9引「貌」作「類」。《新語‧術事》「惑於外貌，失於中情」，《弘明集》卷1牟子《理惑論》「貌」作「類」。《列子‧楊朱》「人肖天地之類」，《漢書‧刑法志》「類」作「頮」。《家語‧致思》「不飾無類，無類失親」，王肅注：「『類』宜為『貌』。」《大戴禮記‧勸學》作「貌」。都其相譌之例。②郝懿行指出「疇華」即「壽華」是也，但未說其名義。公序本《國語‧鄭語》「依緊歷莘」四邑名，明道本作「依縣歷華」，地在中國，洪亮吉誤「緊（縣）」作「疇」，又牽附作南荒的「疇華之野」，甚疏。劉宗迪亦是胡亂的顧名思義。顧頡剛說近之，但我不取「壽木之華」、「靈壽寶華」說。「疇」是「壽」增旁字。華者，盛也。「壽華」謂長壽耳。「壽華之野」猶言長壽之野。《淮南子‧時則篇》：「西方之極，自崑崙絕流沙、沈羽，西至三危之國、石城、金室、飲氣之民、不死之野。」「不死之野」亦謂長壽之野，與「壽華之野」是否指一地，無法證明，但所取名義則相同。《呂氏春秋‧任數》「西服壽靡」，高誘注：「西極之國。靡亦作麻。」《大荒西經》「有壽麻之國」，郭璞注引《呂氏春秋》作「壽麻」。陳逢衡曰：「『壽麻』即《王會》之『州靡』，『州靡』、『壽麻』皆以聲相轉注。《呂氏春秋‧任數篇》：『南服壽靡。』高誘注云：『西極之國。』是也。」（P72）陳漢章曰：「案『壽麻』見《大荒西經》。」（P135）陳漢章又曰：「案《爾雅‧釋獸》疏引《尚書大傳》：『周成王時，州靡國獻髳髳。』『州靡』即壽麻之國也。」（P142）靡、麻，讀為彌，久遠也。《小爾雅》、《廣雅》並云：「彌，久也。」「壽華」與「壽靡（麻）」取義相同，皆西方不死之國名。

〔註40〕顧頡剛《〈山海經〉中的昆侖區》，《中國社會科學》1982年第1期，第14頁；收入《顧頡剛全集‧顧頡剛古史論文集》卷6，中華書局2010年版，第301頁。
〔註41〕劉宗迪《失落的天書──〈山海經〉與古代華夏世界觀》，商務印書館2006年版，第337～338頁。

（16）狄山，帝堯葬于陽，帝嚳葬于陰。爰有熊、羆、文虎、蜼、豹、離朱、視肉……一曰湯山。（《海外南經》）

郭璞注：離朱，木名也，見《莊子》，今圖作赤鳥。

郝懿行曰：郭云「木名」者，蓋據《子虛賦》「欂櫨朱楊」為說也，然郭於彼注既以「朱楊」為「赤莖柳」，則此注非也。又云「見《莊子》」者，《天地篇》有其文，然彼以「離朱」為人名，則此亦非矣。又云「今圖作赤鳥」者，赤鳥疑南方神鳥焦明之屬也。然《大荒南經》「離朱」又作「離俞」。（P244）

柯昌濟曰：離朱，其形狀疑即「蜘蛛」。「蜘」、「離」音轉〔註42〕。

袁珂曰：「離朱」在「熊、羆、文虎、蜼、豹」之間，自應是動物名，郭云「木名」，誤也。此動物維何？竊以為即日中踆烏（三足烏）。《文選》張衡《思玄賦》：「前長離使拂羽兮。」注：「長離，朱鳥也。」離為火，為日，故神話中此原屬於日後又象徵化為南方星宿之朱鳥，或又稱為「離朱」。（P188）

按：①狄山，《水經注·瓠子河》、《書鈔》卷92引同，《御覽》卷555引作「秋山」。《大荒南經》：「帝堯、帝嚳、帝舜葬於岳山。爰有文貝、離俞、鴟（鴎）久、鷹、賈、延維、視肉、熊、羆、虎、豹、朱木、赤支、青華、玄實。」郭璞注：「岳山，即狄山也。」宋刊本、明刊本注「狄山」同，吳任臣本、四庫本作「秋山」。「秋山」是「狄山」形譌。「狄山」、「岳山」、「湯山」之異者，王寧曰：「『湯』當作『惕』。《說文》：『惕，敬也。愻，或從狄。』是『狄山』本當作『愻山』，一本或作『惕山』，二字音義皆同。」〔註43〕鄒濬智說「狄山」是「獄山」之誤，「獄山」即「嶽山」、「岳山」〔註44〕。王寧說近是，鄒濬智之說途徑適反。《漢書·司馬相如傳》《大人賦》「歷唐堯於崇山兮」，顏師古注引張揖曰：「崇山，狄山也。」引此經作「狄山」。「崇山」得名於高大之義。狄（惕）之言逖（邊），長遠也，與高大義相因。②注「赤鳥」，各本同，獨四庫本誤作「赤鳥」。③本經下文湯山亦有「熊、羆、文虎、蜼、豹、離朱」。《海外北經》：「務隅之山，帝顓頊葬于陽，九嬪葬于陰。一曰爰有熊、

〔註42〕柯昌濟《讀山海經札記》，《古學叢刊》1939年第5期，第23頁。
〔註43〕王寧《〈海經〉新箋（上）》，《古籍整理研究學刊》1998年第2期，第15頁。
〔註44〕鄒濬智《〈山海經〉疑難字句新詮：以楚文字為主要視角的一種考察》，花木蘭文化事業有限公司2012年版，第24頁。

羆、文虎、離朱、鴟（鴟）久、視肉。」亦以「離朱」雜於動物之間。
《海內西經》開明西有「離朱、木禾、栢樹、甘水」，則以「離朱」與
植物「木禾、栢樹」並列。袁珂以「離朱」雜於動物之間駁郭注，然則
我以「離朱」與植物並列證郭注，可乎？《山海經》「離朱」、「離俞」
不能確定是動物或植物，都有可能。袁珂說「離朱」即日中踆烏（三足
烏）尤為妄說，「離朱」之「離」不是為火為日之「離」，「離朱」之「朱」
亦不是「朱鳥」之「朱」，毫無關係，不得牽附。柯昌濟亂說音轉。徐
顯之說「《海外南經》的『離朱』則是動物，即驪駒」（P53、108），亦
非是。④「離朱」又音轉作「離俞」。《大荒南經》蒼梧之野有「文貝、
離俞、鴟（鴟）久、鷹、賈、委維、熊、羆、象、虎、豹、狼、視肉」，
郭璞注：「離俞，即離朱。」本經「離朱」即是上舉《大荒南經》的「離
俞」（郝氏已及），上舉《海外北經》「離朱」即是《大荒北經》的「離
俞」。《大荒北經》：「附禺之山，帝顓頊與九嬪葬焉，爰有鴟（鴟）久、
文貝、離俞、鸞鳥、凰鳥。」「附禺之山」即「務隅之山」。「離朱」、「離
俞」又音轉作「離婁」、「麗廔」、「曬曜」，皆明亮、通明之義。《孟子·
離婁篇》趙岐注：「離婁者，古之明目者也。蓋以為黃帝之時人也。黃
帝亡其玄珠，使離朱索之，離朱即離婁也。」《集韻》：「曜，曬曜，明
目者，通作離。」方以智曰：「離婁，轉為『麗廔』，《說文》：『廔，屋
麗廔也。』《廣韻》作『麗廔』。皆平聲，『離婁』言其透明也……或稱
『離朱』，《山海經》作『離俞』，音近相借。」〔註45〕《莊子·天地》：
「使離朱索之而不得。」《御覽》卷803引作「離珠」。《韓子·姦劫弒
臣》「人主者，非目若離婁乃為明也」，《長短經·適變》引作「離朱」。
《韓子·觀行》：「離朱易百步而難眉睫。」《治要》卷40、《長短經·論
士》引作「離婁」。《玉篇》：「麗，麗廔，綺窗。」明目之獸曰「離朱」、
「離俞」，使人食之明目之木曰「離朱」、「離俞」，明目之人曰「離朱」、
「離婁」，明亮之窗曰「麗廔」，其義一也，怎得牽附於「長離朱鳥」呢？
胡亂牽附，其義愈晦，去真愈遠。

（17）其范林方三百里。（《海外南經》）

郭璞注：言林木氾濫布衍也。

〔註45〕方以智《通雅》卷6，收入《方以智全書》第1冊，上海古籍出版社1988年
版，第269頁。

吳任臣曰：「范」、「汜（氾）」通。（P181）

郝懿行曰：范林，《海內南經》作「氾林」，「范」、「氾」通。（P245）

丁山曰：「氾林」也者，竊疑即梵（Brahman）之音譯矣〔註46〕。

袁珂曰：《海內北經》亦作「氾林」。（P189）

王寧曰：范，《海外北經》同，《海內南經》與《海內北經》並作「氾（汜）」。作「氾（汜）」是也，然郭注「氾（汜）濫布衍」不確。氾（汜），廣也，博也，寬廣博大之意。其林方三百里，面積廣博，故曰氾（汜）林也〔註47〕。

按：《海外北經》「范林」，郝懿行曰：「『范』、『汜』通。《御覽》卷 57 引顧愷之《啟蒙記》曰：『汜林鼓於浪嶺（巔）。』〔註48〕注云：『西北海有汜林，或方三百里，或百里，皆生海中浮土上，樹根隨浪鼓動。』即此也。」（P262）據《啟蒙記》正文及其注解，則「氾」當讀作浮，「氾林」指浮於海中浮土上的林木。四篇同名「范林」，雖非一地，而得名之由同也。

（18）滅蒙鳥在結匈國北，為鳥青，赤尾。（《海外西經》）

郝懿行曰：《博物志》云「結匈國有滅蒙鳥」，本此。《海內西經》又有「孟鳥」。（P246）

郝懿行又曰：「滅蒙」之聲近「孟」。（P287）

袁珂曰：《海內西經》云：「孟鳥在貊國東北，其鳥文赤、黃、青，東鄉。」郝懿行謂滅蒙鳥疑即孟鳥，「滅蒙」之聲近「孟」，其說是也……此「隨焉」之「鳳凰」，即此處所記「滅蒙鳥」及《海內西經》所記「孟鳥」是也。「為鳥青，赤尾」或「其鳥文赤、黃、青」云云，乃所謂「五采之鳥」，《山海經》多記有之，皆鳳凰之象。（P191～192）

按：①「滅蒙」是「蔑蒙」、「蠛蠓」、「瞽矇」、「蔑蠓」音轉，倒言則作「蒙瀎」、「濛瀎」，微小貌。「蠛蠓」是小蟲，「濛瀎」是小雨，則「滅蒙」必是小鳥。「滅蒙鳥」與「鳳凰」不是一鳥。②《海外南經》：「結匈國在其西南，其為人結匈。」郭璞注：「臆前胅出，如人結喉也。」《御覽》卷 371 引「胅出」作「突出」。「結」、「胵」聲轉，字亦作「胅」，俗作「凸」，又音轉作「突」，謂凸出。胸前突出謂之「結匈」，喉頭突出謂之「結喉」，郭注甚

〔註46〕丁山《古代神話與民族》，商務印書館 2005 年版，第 410 頁。

〔註47〕王寧《〈海經〉新箋（上）》，《古籍整理研究學刊》1998 年第 2 期，第 16 頁。

〔註48〕《御覽》「嶺」作「巔」，郝氏引誤。

是。《新序‧雜事二》、《列女傳》卷6說齊婦人極醜「昂鼻結喉」。安京曰：「《淮南子》有『結胸民』。此『結匈』甚為難解，或許與《王會篇》西南隅的『善方』有關，其文曰：『善方者，頭若雄雞，佩之令人不昧。』『結匈』或即『雄雞』的倒文。」〔註49〕其說胡亂牽附。

（19）巫咸國在女丑北，右手操青蛇，左手操赤蛇，在登葆山，群巫所從上下也。（《海外西經》）

郝懿行曰：登葆山，《大荒南經》作「登備山」。葆、備聲之轉也。《淮南‧墜形訓》作「保」。（P250）

按：《大荒南經》：「大荒之中，又有登備之山。」郭璞注：「即登葆山，群巫所從上下者也。」畢沅曰：「葆、備聲相近。」（P273）《淮南子‧墜形篇》作「登保之山」。二氏說「葆（保）、備聲轉」是也，朱駿聲亦指出「備、葆雙聲」（P188）。「登」字義顯，但諸家未說「葆（保）、備」之義。《大荒西經》：「大荒之中，有靈山，巫咸、巫即、巫盼、巫彭、巫姑、巫真、巫禮、巫抵、巫謝、巫羅十巫，從此升降，百藥爰在。」「登」、「升」亦一聲之轉，「登葆（保、備）」與「升降」義近。「保」字古文從孚得聲，保（葆）讀為赴，趨走、奔赴也。《韓子‧十過》：「曹人聞之，率其親戚而保聚負羈之閭者七百餘家。」《列女傳》卷3「保」作「赴」。是其確證。《新序‧善謀》：「齊、魏得地保利，而詳事下吏。」《戰國策‧秦策四》、《史記‧春申君傳》「保」作「葆」，亦讀為赴，保利謂趨利也。《荀子‧修身》：「保利棄義，謂之至賊。」《淮南子‧人間篇》：「蓋聞君子不棄義以取利。」「取」即「趣」，亦趨也。《莊子‧列禦寇》：「汝處己，人將保汝矣。」保亦讀為赴，言人將趨赴于汝矣。《左傳‧哀公元年》：「（越子）保於會稽。」《戰國策‧韓策三》「保」同，《墨子‧非攻中》作「葆」。《吳越春秋‧夫差內傳》：「（越王）逋逃出走，棲於會稽。」《越絕書‧內傳陳成恒》作「遯逃出走，棲於會稽」。「保（葆）」即「逋（遯）逃出走」義，正「奔赴」義之引申。清華簡（七）《越公其事》：「（越王）赶跇（登）於會旨（稽）之山。」簡文作「跇（登）」，與「保（葆）」義相因。「保」音轉作「服」，亦趨赴之義。《韓子‧初見秦》：「荊王君臣亡走，東服於陳。」《史記‧楚世家》作「東北保於陳

〔註49〕安京《〈山海經〉與〈周書‧王會篇〉比較研究》，《中國邊疆史地研究》2004年第4期，第93頁。

城」。此經復言則曰「登葆」。此山是群巫所從登赴上下之山，故名曰「登葆（保）山」，又聲轉作「登備山」。劉宗迪說：「《禮記・禮器》『因名山升中於天』正道出了『登葆山』其名的涵義。『中』為日表亦為相風，此物又可稱為『葆』……就是所謂『羽葆』，或簡稱為『葆』。『葆』即謂候風之表。『登』亦謂『升』。所謂『登葆山』，即升葆之山，亦即升中之山。登葆山，即於其上立表測日候風之山，實際上也就是原始的觀象臺。」〔註50〕劉氏皆臆說。《禮記・禮器》「升中於天」者，鄭玄注：「升，上也。中，猶成也。」指功成告天也。「羽葆」之葆取車蓋為義，未聞與日表之「中」同義。

（20）**此諸夭之野，鸞鳥自歌，鳳鳥自舞。**（《海外西經》）

郭璞注：夭音妖。

吳任臣曰：諸夭，《博物志》作「渚沃」，《事類賦》作「諸沃」。又《篇海》引此「夭音沃」。（P184）

畢沅曰：渚夭，舊作「此諸夭」，非。《博物志》作「渚沃之野」。（P246）

郝懿行曰：經文「此」字衍。夭，郭「音妖」，蓋訛。夭野，《大荒西經》作「沃野」，是此經之「夭」，乃「沃」字省文，郭注之「妖」乃「沃」字訛文也。諸夭，《類聚》卷99引作「清沃」，《博物志》作「渚沃」。《淮南・墜形訓》有「沃民」，又云「西方曰金丘，曰沃野」，高誘注云：「沃，猶白也。西方白，故曰沃野。」案高說非也，沃野蓋謂其地沃饒耳。（P252）

賈雯鶴曰：「沃」和「夭」並為「羌」字之形譌……因是羌人的居地而得名。（P246）

按：汪紱從畢說（P90）。畢校刪「此」字是，改作「渚夭」非。郝說是也，賈雯鶴改字無據。注「音妖」，明刊本、四庫本同，宋刊本、道藏本作「音沃」。作「音妖」是後人所改。《集韻》「夭」字條、《永樂大典》卷5268引同宋刻本作「諸夭」，《御覽》卷12、《事類賦注》卷3引作「諸沃」，《類聚》卷90、99、《御覽》卷916引作「清沃」，《博物志》卷2作「渚沃」，《太平廣記》卷480引《博物志》作「諸天（夭）」，各書均無「此」字。「清」、「渚」都是「諸」形譌。沃者，水灌澆也，水灌澆其土則土地肥澤、茂美，故有肥饒之義。《大荒西經》「有沃〔民〕之國……沃之野」，郭璞

〔註50〕劉宗迪《失落的天書——〈山海經〉與古代華夏世界觀》，商務印書館2006年版，第129～131頁。

注:「言其土饒沃也。」

（21）鍾山之神,名曰燭陰。視為晝,瞑為夜,吹為冬,呼為夏。不飲,
　　不食,不息。息為風。身長千里,在無**脊**之東。其為物,人面蛇身
　　赤色。居鍾山下。(《海外北經》)

郭璞注:燭龍也。是燭九陰,因名云。

畢沅曰:「燭龍」、「燭陰」亦音相近。(P248)

畢沅又曰:章尾山,即「鍾山」。「鍾」、「章」音相近。(P282)

郝懿行曰:鍾山,《大荒北經》作「章尾山」,章、鍾聲轉也。「燭陰」作
「燭龍」。(P256)

　　陳逢衡曰:蓋此物居北方幽暗之地,故曰「陰」。以其色赤,赤則有光,
故曰「燭陰」。以其蛇身,故又曰「燭龍」。此無可疑者。郝氏謂「章、鍾聲相
近而轉也」,失之。蓋經是「章尾山」,非但云「章山」也。(P110～111)

按:畢、郝說「章、鍾聲轉」是也。《漢書‧景十三王傳》「背尊章」,顏師古
　　注:「尊章猶言舅姑也。今關中俗婦呼舅為鍾。鍾者,章聲之轉也。」《釋
　　名‧釋親屬》:「夫之兄曰公……俗間曰兄章……又曰兄忪,是已……俗
　　或謂舅曰章,又曰忪,亦如之也。」《爾雅‧釋親》:「夫之兄為兄公。」
　　郭璞注:「今俗呼兄鍾,語之轉耳。」「兄鍾」即「兄章」。《文選‧吳都
　　賦》劉淵林注、《類聚》卷96、《御覽》卷929引「燭陰」作「燭龍」。
　　《大荒北經》:「章尾山有神,人面蛇身而赤……是燭九陰,是謂燭龍。」
　　郭璞注:「照九陰之幽隱也。」《淮南子‧墬形篇》:「燭龍在鴈門北,蔽
　　于委羽之山,不見日,其神人面龍身而無足。」高誘注:「蔽,至也。一
　　曰龍銜燭以照太陰,蓋長千里。」則「燭陰」、「燭龍」取義不同,不是
　　聲轉,畢說非是也。《楚辭‧大招》:「北有寒山,逴龍赩只。」《文選‧
　　七命》李善注引作「卓龍」。王逸注:「逴龍,山名也。赩,赤色,無草
　　木皃也。言北方有常寒之山,陰不見日,名曰逴龍,其土赤色不生草木,
　　不可過之,必凍殺人也。或曰:逴,龍色逴越也。赩,懼也。言起越寒
　　山,赩然而懼,恐不得過也。逴,一作卓。」洪氏《補注》:「逴,音卓,
　　遠也。《山海經》:『章尾山……是謂燭龍。』疑此『逴龍』即『燭龍』也。」
　　洪說「逴龍」即「燭龍」是也,但訓遠則誤。逴(卓)之言焯,與「燭」
　　音近通假,照明也。《大荒北經》郭注訓燭為照,是也。山名「鍾山」者,

姜亮夫指出「鍾」是「燭龍」合音〔註51〕。《慧琳音義》卷16：「鍾，燭龍反。」

（22）聶耳之國在無腸國東，使兩文虎，為人兩手聶其耳。(《海外北經》)

郭璞注：言耳長，行則以手攝持之也。音諾頰反。

畢沅曰：「聶」當為「𦗕」。《說文》云：「𦗕，耳垂也。」郭用「攝」字義釋之，以下有「兩手聶其耳」文，恐非。(P248～249)

郝懿行曰：《淮南・墜形訓》無「聶耳國」，而云「夸父、耽耳在其北方」，是「耽耳」即此經「聶耳」。《說文》云：「耽，耳大垂也。」又云：「𦗕，耳垂也。」(P258)

朱駿聲曰：聶，叚借為攝。(P143)

陳逢衡曰：「聶耳國」即《逸周書・王會解》之「闟耳」。「闟」、「聶」音相近。又即《大荒北經》之「儋耳」。郭注：「其人耳大，下儋垂在肩上。」(P68)

按：汪紱從畢說(P93)。王念孫亦說「𦗕、聶聲相近」〔註52〕。國名「聶耳」，正以其人「兩手聶其耳」而得名，郭注及朱駿聲說是也。《淮南子・墜形篇》高誘注：「耽耳，耳垂在肩上。或作攝。以兩手攝其（耳），居海中。」〔註53〕高氏說「兩手攝耳」，亦必是指用兩手攝持其耳。清華簡《楚居》簡2～3：「穴酓（熊）遟徙于京宗，爰得妣𤳹，逆流載水，厥狀聶耳，乃妻之，生侸叔、麗季。」

（23）拘纓之國在其東，一手把纓。一曰利纓之國。(《海外北經》)

郭璞注：言其人常以一手持冠纓也。或曰「纓」宜作「癭」。

吳任臣曰：《淮南子》作「句嬰民」，注云：「讀為九嬰。」(P189)

畢沅曰：《淮南子・墜形訓》有「句嬰民」，在「跂踵民」之次。高誘注云：「句嬰讀為九嬰，北方之國。」(P249)

郝懿行曰：《淮南子・墜形訓》有「句嬰民」，在「跂踵民」之次。高誘注云「句嬰讀為九嬰，北方之國」，即此也。「句嬰」疑即「拘纓」，古字通用。

〔註51〕姜亮夫《楚辭通故（一）》，收入《姜亮夫全集》卷1，雲南人民出版社2002年版，第193頁。

〔註52〕王念孫《淮南子雜志》，收入《讀書雜志》卷13，中國書店1985年版，本卷第10頁。

〔註53〕據景宋本，道藏本「海中」誤作「之中」。

郭義恐非。高氏「讀為九嬰」，未詳也。郭云「纍宜作瘻」，是國蓋以一手把瘻得名也。（P260～261）

朱駿聲曰：纍，叚借為瘻。（P859）

袁珂曰：「纍」正宜作「瘻」。瘻，瘤也，多生於頸，其大者如懸瓠，有礙行動，故須以手拘之，此「拘瘻之國」之得名也。作「拘纍」者，同音通假，實亦「拘瘻」，非如郭注所云「常以一手持冠纍」也。《山海經》所記殊方異域之人，非異形即異稟，無為以「一手持冠纍」而亦列為一國之理，是不足深辨亦已明矣。江紹原《中國古代旅行之研究》云：「『利』或是『捋』之訛。」說亦可供參考。（P217）

徐顯之曰：「利」應是「累」之假借字。（P354）

王寧曰：《淮南子》「句嬰民」即此「拘纍之國」。高誘注：「句嬰讀為九嬰。」則「利」當是「扴」字之誤。九、扴古音同見母幽部，又與「拘」字雙聲，皆音相近。「扴」當作「扚」，同「摎」，束也〔註54〕。

按：道藏本注「瘻」同，宋刊本、明刊本作「慶」。《淮南子》「句嬰」即此「拘纍」。高誘注「句嬰讀為九嬰」，僅擬其音，無涉於義。「拘」謂拘繫。「拘」見母侯部字，西漢時期轉讀魚部，則音轉作見母支部的「系」。「系」復音轉作「利」，見母轉作來母，支、脂相通。用手拘繫其冠纍，故云「一手把纍」。

（24）務隅之山，帝顓頊葬於陽，九嬪葬於陰。（《海外北經》）

郝懿行曰：務隅，《大荒北經》作「附禺」，《海內東經》作「鮒魚」，《史記·五帝紀》《索隱》引此經亦作「鮒魚」，《書鈔》卷 92 又引作「附隅」，皆聲相近，字之通也。（P262）

按：袁珂竊用郝說（P220），徐顯之引作袁說（P40、245），即為其所欺。《御覽》卷 555 引「務隅」同，又卷 145 引作「鮒隅」〔註55〕；《文選·齊敬皇后哀策文》「遵鮒隅以同壤」，李善注引《大荒北經》作「鮒禺」；《御覽》卷 45 引《海內東經》作「鮒鰅」，《通典》卷 180 同；《路史》卷 17 作「務顒」。《書鈔》卷 92「顓頊葬於附隅」引《山海經》「濮水出鮒〔魚〕之山，帝顓頊葬于陽，九嬪葬於陰。」「務隅」有二說。段玉裁曰：「鮒

〔註54〕王寧《〈海經〉新箋（上）》，《古籍整理研究學刊》1998 年第 2 期，第 17 頁。
〔註55〕范祥雍《山海經箋疏補校》過錄王念孫說已指出《御覽·皇親部十一》（引者按：即卷 145）引作「鮒隅」，上海古籍出版社 2013 年版，第 273 頁。

讀如步，禺讀如顒。『鮒』與『蟠』，『禺』與『冢』，皆語之轉。」〔註56〕
胡紹煐曰：「『鮒禺』、『鮒鰅』、『附禺』、『務隅』，疑皆即『部婁』之轉，蓋
小山也。」〔註57〕余謂「務隅」即「務愚」，務、愚一聲之轉，複合而成
疊韻連語。倒言音轉作「區督」、「區霿」，《漢書・五行志》：「區霿無識。」
《宋書・五行志》：「是時曹爽區督自專，驕僭過度。」「區督」又音轉作
「怐愗」、「佝愗」、「抱愗」，《廣雅》：「怐愗，愚也。」山名取鄙吝無識為
義。《海內東經》作「鮒魚」是其音轉，非魚名也。《東山經》：「又南水行
九百里，曰踇隅之山。」《玉篇》、《廣韻》、《龍龕手鏡》「踇」字條並作「踇
偶」。「踇隅（偶）」亦是「務隅」音轉。《書・泰誓上》「吾有民有命，罔
懲其侮」，《墨子・非命中》、《天志中》引「侮」作「務」。《老子》第 17 章
「其次侮之」，帛書本《老子》「侮」作「母」，郭店楚簡《老子》（丙）作
「𢘥」。吳承志說『踇隅』即『海隅』」（P136），柯昌濟說同〔註58〕，非
是。《西山經》：「符禺之山……符禺之水出焉」，《御覽》卷 928 引作「符
遇」，《御覽》卷 869、960、《事類賦注》卷 8 引作「符愚」，亦即「務隅」。
諸山雖不是一山，而得名之由相同。《漢書・地理志》上谷郡縣名「雛督」，
顏師古注引孟康曰：「音句無。」地名「雛督」亦取愚為義。清華簡（五）
《湯處於湯丘》：「民人皆綗（督）禺㚔（離），夏王不得其圖。」「綗（督）
禺」即「務隅」。

（25）窫窳龍首，居弱水中。（《海內南經》）

按：「窫窳」亦作「猰貐」、「猰貐」、「猰貐」、「猰窳」、「猰㺄」，當取義於「趨
踰」，以其國人善走而名之也〔註59〕。

（26）犬封國曰犬戎國，狀如犬。有一女子，方跪進柸食。（《海內北經》）

郭璞注：言狗國也。與酒食也。

郝懿行曰：「犬戎」、「犬封」聲相近。《類聚》卷 73 引此經「柸」上有「玉」
字，明藏本「柸」作「杯」，注「酒」字作「狗」。（P295）

陳逢衡曰：蓋犬封即犬戎，北狄也。穆王時西征犬戎，是其後裔。其地在

〔註56〕段玉裁《古文尚書撰異》卷 3，收入《四部要籍注疏叢刊》，中華書局 1998 年
版，第 1877 頁。
〔註57〕胡紹煐《文選箋證》卷 32，黃山書社 2007 年版，第 892 頁。
〔註58〕柯昌濟《讀山海經札記》，《古學叢刊》1939 年第 4 期，第 18 頁。
〔註59〕參見蕭旭《〈爾雅〉「猰貐」名義考》，收入《群書校補（續）》，花木蘭文化事
業有限公司 2014 年版，第 1817～1827 頁。

西北，故《海內北經》《大荒北經》兩紀其國，總不離乎北。（P74）

　　袁珂曰：「封」、「戎」音近，故犬封國得稱犬戎國。宋本「柸」亦作「杯」，作「杯」是也。古「杯」字作「桮」，「柸」或「桮」之訛也。（P269～270）

按：宋本仍作「柸」，明刊本、汪紱本同，袁氏誤校。「柸」亦「桮」俗字，袁氏誤說。袁氏引郝說只引《類聚》云云，而不引其「戎、封聲近」語，留而竊作己說。下句袁珂引《文選・東京賦》李善注引「吉量」作「吉良」，亦是郝說。此袁氏全書慣用伎倆。賈雯鶴為袁氏所欺，誤以為「吉量即吉良」是袁氏所揭（P128）。《類聚》卷 73 引亦作「杯」。明刊本、王崇慶本、四庫本注「酒食」同，宋刊本、道藏本、吳任臣本作「狗食」。此犬戎國事，自當作「狗食」為是。元抄本注誤作「典狗人也」。王寧指出「戎」、「封」聲母不近，「封」當作「丰」〔註60〕。鄒濬智說「丰（封）」誤作「或」，復與「戎」形誤〔註61〕。「丰」、「戎」仍然聲母不近。鄒氏改字亦是臆測。余謂其國名得義於疊韻連綿詞「封戎」，又聲轉作「馮戎」、「丰茸」、「蓬茸」、「尨茸」、「妦媶」、「丰容」、「蒙戎」、「蒙茸」、「蒙容」等〔註62〕，散亂貌。北大漢簡（三）《趙正書》：「吾衣（哀）令（憐）吾子之孤弱，及吾蒙容之民。」《列子・黃帝》：「份（紛）然而封戎。」經文單言，則或作「犬封」，或作「犬戎」。徐顯之說「『封』有大、範圍、高壇的意思，引而伸之，可作『國家』理解」（P58），純是妄說。

（27）闒非，人面而獸身，青色。（《海內北經》）

　　郭璞注：闒音楊。

　　吳任臣曰：《伊尹四方令》云「正西鬼親、枳巳、闒耳」，「闒非」疑即「闒耳」。（P205）

　　郝懿行曰：《伊尹四方令》云「正西闒耳」，疑即此。「非」、「耳」形相近。（P298）

　　柯昌濟曰：《呂覽》：「北懷闒耳。」「闒耳」蓋形容人之耳貌，從「非」字

〔註60〕王寧《〈海經〉新箋（上）》，《古籍整理研究學刊》1998 年第 2 期，第 20 頁。
〔註61〕鄒濬智《〈山海經〉疑難字句新詮：以楚文字為主要視角的一種考察》，花木蘭文化事業有限公司 2012 年版，第 39 頁。
〔註62〕參見蕭旭《〈列子・黃帝篇〉解詁》，《東亞文獻研究》總第 21 輯，2018 年 6 月出版，第 58～59 頁；又《列子校補》，收入《道家文獻校補》，花木蘭文化事業有限公司 2021 年版，第 157～158 頁。

解較為不詞，當為譌字〔註63〕。

按：當作「闒耳」，抱經堂叢書本《周書・王會解》引《伊尹四方令》誤作「闒耳」。宋刊本《大荒西經》郭璞注引《呂氏春秋》：「西服壽麻，北懷闒耳。」明刊本、四庫本、吳任臣本同，道藏本誤作「闒茸」；今本《呂氏春秋・任數》作「儋耳」，道藏本《意林》卷2引作「弭耳」。「闒」是低垂義，今吳語尚謂低垂為「闒」，俗作「塌」。本字作「耴」，闒、耴同盍部字，定母、知母相通。《說文》：「耴，耳垂也。」《廣韻》：「耴耳，國名。」俗音轉作端母則作「搭」、「耷」。「儋」是「瞻」、「耽」借字。《說文》：「耽，耳大垂也。瞻，垂耳也。」《大荒北經》：「有儋耳之國，任姓。」郭璞注：「其人耳大下儋，垂在肩上。」《慧琳音義》卷85、88引作「瞻耳」。《意林》作「弭」亦是低垂義。此國之人大耳下垂，因名「闒耳」。徐顯之說「『儋』通『擔』」（P46），非是。

（28）列姑射在海河州中。姑射國在海中，屬列姑射，西南山環之。（《海內北經》）

郭璞注：列姑射，山名也。山有神人。河州在海中，河水所經者。《莊子》所謂「藐姑射之山」也。

畢沅曰：「州」舊本作「洲」，非。（P259）

陳逢衡曰：姑射山當在今山東登、萊、青之南，不當在山西平陽府。其《海內北經》之「列姑射」，即謂此三姑射山。此列姑射，蓋指南北兩姑射並正姑射三山而言，故云「列姑射」。姑射者，排列也。況《莊子》所云是「藐姑射」，此經所云是「列姑射」，藐是綿藐，列是行列，其不同有如此者。（P137～139）

按：①正文及注「州」，宋刊本、道藏本、明刊本、四庫本作「洲」。《說文》：「州，水中可居曰州。」《爾雅・釋水》：「水中可居者曰洲。」「洲」是「州」俗字。②《列子・黃帝》「列姑射山在海河洲中，山上有神人焉」，正此經之山。《列子釋文》：「列姑射：音夜。山在海河洲中。《山海經》曰：『姑射國在海中，西南環之，從國南水行百里，曰姑射之山，又西南行三百八十里，曰姑射山。』郭云：『河水所經海上也，言遙望諸姑射山，行列在海河之間也。』」郭氏、陳氏解「列」為行列，不當。列者，讀作連。「姑射山」有相鄰的三山，各隔三百里。《東山經》所謂「姑射之山，無草木，

〔註63〕柯昌濟《讀山海經札記》，《古學叢刊》1939年第5期，第25頁。

多水。又南水行三百里，流沙百里，曰北姑射之山，無草木，多石。又南三百里，曰南姑射之山，無草木，多水」是也，故稱作「列姑射」，西南有山環之。《說苑·談叢》：「猖獗而活，先人餘烈。」馬王堆帛書《稱》作「先人之連」，整理者曰：「烈、連一音之轉。」〔註64〕《老子》第39章：「天無以清，將恐裂。」北大漢簡本「裂」作「列」，馬王堆帛書甲本作「連」，帛書乙本作「蓮」。《左傳·昭公二十九年》：「有烈山氏之子。」《史記·五帝本紀》《正義》引《帝王世紀》：「神農氏……又曰連山氏，又曰列山氏。」《韓詩外傳》卷9「結駟列騎」，《列女傳》卷2、皇甫謐《高士傳》卷中「列」作「連」。枚乘《忘憂館柳賦》「雋乂英旄，列襟聯袍」，列亦讀作連。均其音轉之證。《海內北經》：「朝鮮在列陽東，海北山南。列陽屬燕。」郭璞注：「朝鮮，今樂浪縣，箕子所封也。列亦水名也，今在帶方，帶方有列口縣。」「列水」又作「洌水」，疑即緣「列姑射」山名而得名。③《莊子·逍遙遊》：「藐姑射之山，有神人居焉……而游乎四海之外。」《釋文》：「藐，音邈，又妙紹反。簡文云：『遠也。』姑射，山名，在北海中。」成玄英疏：「藐，遠也。姑射語其絕遠。」鍾泰、王叔岷據簡文說，並謂「藐」與「邈」通而訓作遠也〔註65〕。朱駿聲曰：「藐，叚借為杪，字亦變作邈。」（P320）皆是申述簡文說。馬敘倫曰：「藐，《列子·天瑞篇》作『列』，是也。列聲脂類，藐聲宵類，脂從之轉通宵也。」〔註66〕余謂「藐」以雙聲讀為「縣」〔註67〕，縣亦連也。「姑射」取義惟

〔註64〕《馬王堆漢墓帛書〔壹〕》，文物出版社1980年版，第84頁。

〔註65〕鍾泰《莊子發微》，上海古籍出版社2002年版，第18頁。王叔岷《莊子校詮》，中華書局2007年版，第25頁。

〔註66〕馬敘倫《莊子義證》卷1，浙江古籍出版社2019年版，第43頁。《列子》見《黃帝篇》，馬氏誤記。

〔註67〕古韻藥（宵）部、元部對轉，雖非常例，但有證據。章太炎曰：「交紐轉者云何？答曰：寒、宵雖隔以空界，亦有旁轉。如《大雅》以『虐謔灌蹻蕘謔熇藥』為韻，《說文》訓『毛』曰『艸覆蔓』，《廣雅》訓『蹻』曰『健』，及夫翰之與槀，輇之與豪，翰之為高，乾之為槀（《周禮》作『藳』），璪之與兆，象之與逃，謹之與罿，灌之與澆，噭之於號，柬選之於撟捎，偃蹇之與夭撟（二皆見《廣雅·釋訓》），其訓詁聲音皆相轉也。」章太炎《國故論衡》，中華書局2011年版，第96～99頁。太炎把「元部」稱作「寒部」。又參看馮蒸《上古漢語的宵談對轉與古代印度語言中的-am＞-o，-u型音變》中第四節「附論上古漢語的宵陽對轉和宵元對轉以及宵葉對轉」，《古漢語研究》1993年第3期，第58頁。馮蒸所舉的例證以及文中引用龔煌城補舉的3例，都出自章太炎所舉。又參看孟躍龍《〈清華大學藏戰國竹簡〉（壹——伍）音韻研究》，北京師範大

見三家說，均支離。呂惠卿曰：「藐，猶眇視。姑，且也。射，厭也。言登此山者，視天下事舉無足為，故藐且射之。」〔註68〕劉武曰：「《說文》解『射』字云：『弓弩發於身而中於遠也。』藐姑射者，謂深遠之旨，姑以下文所言影射之也。」〔註69〕徐顯之說「列」、「姑」都為氏族（P272）。余謂「姑射」是「射姑」倒文。《莊子釋文》：「姑射：徐音夜，又食亦反。李實夜反。山名，在北海中。」《春秋·桓公八年》曹伯名「射姑」，《史記·管蔡世家》作「夕姑」，《漢書·古今人表》作「亦姑」，《春秋釋文》：「射，音亦，又音夜。」《史記索隱》：「夕，音亦。即射姑也，同音亦。」《左傳·昭公二十五年》魯國人名「申夜姑」，《釋文》：「夜，本或作射，音夜，又音亦。」又《文公六年》晉國人名「狐射姑」，《穀梁》作「狐夜姑」。《左傳·定公二年》有邾大夫「夷射姑」。《論衡·訂鬼》、《祀義》宋國人名「夜姑」。當以「夜」為正字，「射」、「亦」、「夕」都其音轉。姑者，暫也，且也，言時間短。字亦作「鹽」，《方言》卷13：「鹽，猝也。」郭璞注：「倉卒也。」又「鹽，且也。」姑、且一聲之轉。《廣雅》：「鹽、造、突、暴、暫，猝也。」又「鹽」訓不牢固、不堅固，義亦相會，不固即是短暫不能持久。姑射山是東海靠近日出之地，言夜之短暫，不堅固而易明也。《東山經》：「又南六百里，曰曹夕之山。」曹讀為早。或讀為造，倉猝也。夕讀為夜。曹夕之山也在東海靠近日出之地，言夜之倉猝而不久也，與「夜姑」取義相同。《漢書·地理志》東萊郡：「不夜，有成山日祠。莽曰夙夜。」顏師古注引《齊地記》：「古有日夜出，見於東萊，故萊子立此城，以不夜為名。」《史記·封禪書》《索隱》引解道彪《齊〔地〕記》作「不夜城，蓋古有日夜出，見於境，故萊子立城，以不夜為名」。東萊郡之縣城名「不夜」，與「夜姑」取義相近。王莽改名作「夙夜」，夙之言早也，與「曹夕」同義。或夙之言速也，言夜之短促。吳承志說「『曹夕』

學2017年博士學位論文，第109～117頁。又參看孟蓬生《試釋安大簡〈詩經〉與「亂」字相當的字（摘要）》，《簡帛國際學術研討會（「詩」類文獻專題）論文集》，西南大學2021年11月27～28日，第71頁。《書·秦誓》：「惟戡戡善諞言。」《說文》「戔」字條引「戡戡」作「惢惢」，《公羊傳·文公十二年》作「惢惢」，《潛夫論·救邊》作「淺淺」。「戡」月部字，本從藥部的「雀」得聲，復轉作元部的「惢（惢、淺）」字。「滅」或作「瀎」，「戡薛」音轉作「蔑薛」，是其比也。

〔註68〕呂惠卿《莊子義》，轉引自道藏本褚伯秀《南華真經義海纂微》卷1。
〔註69〕劉武《〈莊子集解〉內篇補正》，中華書局1987年版，第19頁。

與『夙夜』古字並通……曹夕即以先見日光為義矣」（P128），其說亦通，但與我的後一個解釋不同。後代的人名「射姑」，相承取山名作人名。漢印有人名「昆淪」、「昆輪」，江陵鳳凰山漢簡中有人名「昆論」〔註70〕，敦煌寫卷中的人名，P.2842V 有「骨崘」，P.2738V4、S.542V 有「骨論」，P.3249V、P.3384、P.3418V、P.5003、P.5016、S.2041、S.2214、Дx.1408 有「骨崙」，S.274 有「㝱崙」，都是以山名「昆崙」作人名，是其比也，都是一時風尚，取名者未必就懂是什麼意思。至於山名「昆崙」的含義，取名者肯定不懂。④至於《莊子》下文又云：「往見四子藐姑射之山，汾水之陽」〔註71〕，此山在汾水之陽，或是同名的另一座山。吳承志說『『汾』是『洌』之誤」（P132），亦有理致，則仍是一山。《隋書・地理志》臨汾襄城縣有姑射山，殆後人據《莊子》「藐姑射之山，汾水之陽」而附會。

（29）有小人國，名靖人。（《大荒東經》）

郭璞注：《詩含神霧》曰：「東北極有人長九寸。」殆謂此小人也。或作「竫」，音同。

郝懿行曰：《說文》云：「靖，細貌。」蓋細小之義，故小人名靖人也。《淮南子》作「竫人」，《列子》作「諍人」，並古字通用。《列子・湯問篇》云：「東北極有人名曰諍人，長九寸。」與郭引《詩含神霧》同。（P327）

朱駿聲曰：靖，叚借為精。《說文》：「一曰細皃。」《大荒東經》「有小人國，名靖人」注：「或作竫。」（P850）

袁珂曰：靖人、僬僥、周饒、侏儒，並一聲之轉。（P293）

按：「周饒」、「焦僥」、「侏儒」固是一聲之轉，清人已經指明，但「靖人」聲音絕遠，斷非音轉，徐顯之（P28）、欒保群（P513）偏取袁氏誤說。郝懿行引《說文》「靖，細皃」是也，惠棟、段玉裁、桂馥、王筠並引此文以證《說文》〔註72〕。朱駿聲說亦是，《莊子・秋水》：「夫精，小之微也。」《廣雅》：「精，小也。」《列子・湯問》《釋文》引此經作「諍人」。劉宗迪說「『靖』有穆穆而立之義，則所謂『靖人』，即表明其肅然立於神前

〔註70〕參見施謝捷《〈漢印文字徵〉及其〈補遺〉校讀記（一）》，《出土文獻與古文字研究集刊》第 2 輯，復旦大學出版社 2008 年版，第 308 頁。

〔註71〕P.2495 同，《御覽》卷 64、80 引無「藐」字。

〔註72〕惠棟《讀說文記》，段玉裁《說文解字注》，桂馥《說文解字義證》，王筠《說文解字句讀》，並收入丁福保《說文解字詁林》，中華書局 1988 年版，第 10236～10237 頁。

之義」〔註73〕，吳曉東說「『靖』是恭敬的意思，表示臣子對君王的恭敬」
〔註74〕，非是。

（30）大荒之中，有山名曰鞠陵于天、東極離瞀，日月所出。（《大荒東經》）

郭璞注：三山名也。音穀瞀。

畢沅曰：于天，《初學記》引作「于大」。（P270）

郝懿行曰：《淮南·墜形訓》云「東方曰東極之山」，謂此。注「穀瞀」二字當有訛文。（P331）

陳逢衡曰：「先君子曰：『『鞠』字斷句，『陵于天』又句，猶『峻極于天』之義。」鞠陵于天言其高，東極離瞀言其遠。此《大荒東經》之文，故云「東極」，極猶窮極之極。「離瞀」當是地名，取迷離蒙昧之義。即以「猗天蘇門」、「鑿明俊疾」例之，謂「鞠陵于天」是山名，不得又謂「東極離瞀」是二山名也。（P25～26）

孫詒讓曰：郭音以「穀瞀」之「瞀」擬「瞀」字之音，非音「離」為「穀」也。《說文》：「穀，一曰瞀也。」「穀瞀」即「穀瞀」。（P94～95）

吳承仕曰：孫說是。《荀子·儒效篇》作「溝瞀」，《五行志》作「傋霿」，音義並同〔註75〕。

江紹原曰：「瞉瞀」之基本義無他，光暗、不明而已。山名下字「瞀」，所用正此字之基本義。上字（引者按：指「離」字）雖注家所未釋，但我們可定為日月光之通稱。「離瞀」云者，日月光不明，光暗，光微之謂。同經更上「有山，名曰明星，日月所出」，更下「有山，名曰鑿明俊疾，日月所出」，「明」之與「離」，亦可互證。再考「鞠」、「菊」亦音義並通之字，菊花色黃，故「鞠陵」之義容亦即黃陵。黃又日色也。「于天」當是「干天」之形譌〔註76〕。

蔣禮鴻曰：注謂「離瞀」之「瞀」音同「穀瞀」之「瞀」也。「穀瞀」即

〔註73〕劉宗迪《失落的天書——〈山海經〉與古代華夏世界觀》，商務印書館2006年版，第305頁。

〔註74〕吳曉東《占星古籍：從〈大荒經〉中的二十八座山與天空中的二十八星宿對應來解讀〈山海經〉》，《民族藝術》2007年第3期，第80頁。吳曉東《〈山海經〉語境重建與神話解讀》，中國社會科學出版社2013年版，第72頁；又第260頁說同。

〔註75〕吳承仕《經籍舊音辨證》卷7《〈山海經〉郭璞注》，中華書局2008年版，第374頁。

〔註76〕江紹原《讀山海經札記》，《知識與生活》（半月刊）1947年第14期，第26頁。

「穀瞀」，亦作「瞉霿」，愚昧之意〔註77〕。

　　王寧曰：郭注「三山名也」殆誤讀了經文，經文當讀為：「有山名曰鞠陵，于天東極，離瞀日月所出。」「于天東極」言鞠陵山處於天之極東方也。離，明也，指早晨。瞀，昏也，指夜晚。「離瞀日月所出」者，言早晨和夜晚日月從此出來〔註78〕。

　　吳曉東曰：鞠是一顆星名。這座山被命名為「鞠陵于天」山，也就是鞠星高掛在天上的意思〔註79〕。

按：古香齋本《初學記》卷1引誤作「于大」，宋刊本仍作「于天」。陳逢衡引其先君子說「猶峻極于天」是也，但以「名曰鞠」句則誤。江紹原說除說「瞀」是光暗不明可取，其他均臆說。王寧讀「離瞀日月所出」為句，吳曉東說「鞠是星名」云云，都不符合《山海經》文例。孫詒讓、吳承仕、蔣禮鴻說是，「穀瞀」、「瞉霿」亦作「婜瞀」，又音轉作「怐愗」、「怐瞀」〔註80〕。《廣雅》：「怐愗，愚也。」段玉裁曰：「穀亦穀之譌。」〔註81〕古音相通，字不誤也。離者，散也。山名「離瞀」取散去闇昧為義，「離瞀」與「明星」、「墾明俊疾」皆日月所出之山，取義相同〔註82〕。鞠，讀為鞫。《爾雅》：「鞫，窮也。」郭璞注：「窮盡也。」陵，上也。「鞠陵于天」謂山高而上極天際，因取作山名。《詩·崧高》：「崧高維嶽，駿極于天。」《禮記·孔子閒居》引「駿」作「峻」。「鞠陵于天」即是「駿（峻）極于天」

〔註77〕蔣禮鴻《讀〈山海經校注〉偶記》，《文獻》1990年第3期，第169頁；又收入《蔣禮鴻集》卷3，浙江教育出版社2001年版，第432頁。

〔註78〕王寧《〈海經〉新箋（中）》，《古籍整理研究學刊》2000年第2期，第2頁。

〔註79〕吳曉東《〈山海經〉語境重建與神話解讀》，中國社會科學出版社2013年版，第60頁。又第81頁說同。

〔註80〕亦略見江紹原說，文繁不錄。

〔註81〕段玉裁《說文解字注》「穀」字條，上海古籍出版社1981年版，第743頁。

〔註82〕「墾」當作「輕」，字同「叡」、「睿」，亦明也。《說文》：「叡，深明也，通也。睿，古文叡。輕，籀文叡，從土。」「俊」借為「駿」、「迅」，亦疾也。「叡明」猶言明通，上古成語（例多不舉），指智慧明通，清華簡（五）《湯處於湯丘》、《湯在啻門》作「濬明」。「墾明俊疾」之山得名於明通駿疾之義，是「闇昧」反義。呂子方說「『墾明俊疾』不像一般的古代語言，我以為是古代某些地區的方言」，不能輒歸於方言。吳曉東說「墾指峽谷，明指明亮，俊指東風，疾指疾速快捷」，除了說對「疾」字，餘說均誤。呂子方《讀〈山海經〉雜記》，收入《中國科學技術史論文集》（下），四川人民出版社1984年版，第46頁。吳曉東《〈山海經〉語境重建與神話解讀》，中國社會科學出版社2013年版，第214頁。

之誼，而取作山名。《大荒北經》：「大荒之中，有山，名曰成都載天。」「載天」亦極言其高，因取作山名。《大荒東經》：「大荒之中，有山名曰猗天蘇門，日月所生。」「猗天」即「倚天」，極言其高。蘇者，生息也，此山是日月所生之處，因稱作「蘇門」。故日月所生的山名作「猗天蘇門」〔註83〕。徐顯之說「《大荒東經》『明星』、『鞠陵于天』、『東極』、『離瞀』……從地形看，這個東方可能是南北美洲。正因為這樣，這些山名，除『明星』以外，沒有一個是我們理解的，都是譯名」（P63～64），又說「『鞠陵于天』是東方某氏族先民語言的譯音」（P135）。把自己不能理解的「日月所出」的名詞，扔到南北美洲，把它當作譯名，是荒謬的做法。南北美洲明明位于西半球，怎麼會是日月所出的地方，又怎麼能稱作大荒之東，聞所未聞。

（31）有㤖㤖之山。（《大荒南經》）

郭璞注：音如券契之契。

按：經文只出山名，而無描寫。「㤖㤖」是古成語，亦作「契契」、「挈挈」、「摯摯」，音轉作「烈烈」、「烈烈」、「㤪㤪」〔註84〕，又音轉作「屑屑」、「屑屑」，憂苦、憂懼、憂恨之義。《說文》：「忦，憂也。」此其正字。「㤖㤖」作山名，蓋謂此山高遠，使人憂苦，因取作名焉。徐顯之說「《大荒西經》：『炎帝之孫，名曰靈㤖。』㤖㤖之山，當因『靈㤖』而得名」（P136），恐是牽附之說。

（32）大荒之中，有山名曰去痓。南極果，北不成。去痓果。（《大荒南經》）

郭璞注：音如風痓之痓。未詳。

王崇慶曰：去痓者，去志也。去志不果，知進而不知退也。（P276）

吳任臣曰：皆山名，二合三合語也。王崇慶云云，以為寓言，謬矣。（P221）

汪紱曰：痓，寒濕病。山名去痓，蓋山上有木生果可以治痓。其南面者生果，其北面者雖華而不成果也。（P113）

〔註83〕呂子方說「『猗天蘇門』是當時某一地區部落的方言」，亦不能輒歸於方言。呂子方《讀〈山海經〉雜記》，收入《中國科學技術史論文集》（下），四川人民出版社1984年版，第49頁。

〔註84〕參見蕭旭《〈說文〉疏證（二則）》，《中國文字》2019年冬季號，第88～95頁；又《〈說文〉「㥽，忽也」疏證》，收入《群書校補（三編）》，花木蘭文化事業有限公司2023年版，第1934頁。

郝懿行曰：《集韻》云：「痓，充至切，音廁，風病也。」是痓即風痓之痓。郭氏又音如之，疑有訛字。（P340）

江紹原曰：王崇慶、吳任臣、郝懿行、汪紱諸說皆不可從。「去」亦「天」之誤。「痓」字或皆為「廁」，或其音訛。「廁」即《說文》「廁清」，今語「廁所」之「廁」。「不成」仍是山名。〔註85〕。

袁珂曰：郭注「未詳」，蓋義未詳也。此疑當是巫師詛咒語滲入文中者。（P314）

駱瑞鶴曰：「痓果」疑非病名。按其文，似文不成義，今闕疑〔註86〕。

吳曉東曰：「去痓」是「交趾」的訛變〔註87〕。

按：王崇慶說固誤，吳任臣以為「皆山名」亦誤。江紹原、吳曉東全是妄說耳。汪紱說是，但痓不是寒濕病。王念孫校正文及郭注「痓」作「痙」〔註88〕。《六書故》：「痙，《說文》曰：『彊急也。』醫書以中寒濕、發熱惡寒、頸項彊急、身反張如中風狀或瘈瘲口噤為痙，有汗為柔痙為陰痙，無汗為剛痙為陽痙，且曰『痙亦作痓』。考之《說文》，合之以聲，『痓』乃『痙』之譌，當定為『痙』。」莫枚士曰：「痙乃痓之總號，痓乃痙之一端。觀仲景云：『病身熱足寒，頭項強急，惡寒，時頭熱面赤，目脈赤，獨頭搖，卒口噤，背反張者，痙病也。』明此數者，皆為惡候，故知當作『痙』。若『痓』字則因『勁』而起，專指口噤、背反張言，不足以賅餘惡。是痙者證名，痓者病名。」〔註89〕莫枚士說是也，《靈樞經·熱病篇》：「熱而痙者死，腰折、瘈瘲、齒噤齘也。」《太素》卷25「痙」作「痓」，《金匱要略·痙濕暍》、《鍼灸甲乙經》卷7解為「剛痓」。《素問·刺瘧篇》：「肺移熱於腎，傳為柔痓。」王冰注：「柔謂筋柔而無力。痓謂骨痓而不隨。氣骨皆熱，髓不內充，故骨痓強而不舉，筋柔緩而無力也。」《鍼灸甲乙經》卷6、《諸病源候總論》卷7「痓」同，《太素》卷26誤作「痙」。痓

〔註85〕江紹原《讀山海經札記》，《知識與生活》（半月刊）1947年第14期，第26～27頁。

〔註86〕駱瑞鶴《〈山海經〉病名考（下）》，《長江學術》2006年第3期，第144頁。

〔註87〕吳曉東《〈山海經〉語境重建與神話解讀》，中國社會科學出版社2013年版，第82頁。

〔註88〕范祥雍《山海經箋疏補校》過錄王念孫說，上海古籍出版社2013年版，第350頁。王念孫說又見《戰國策雜志》、《史記雜志》，收入《讀書雜志》卷1、2，中國書店1985年版，本卷第63、66頁。

〔註89〕莫枚士《釋「痓痙」》，收入《研經言》卷2，裘氏刻醫藥叢書本，本卷第14頁。

之言韰、怪，反戾也。徐顯之說「『果』是古代人習慣用的語尾，意思與『的』同」（P145），亦是無稽之談。

（33）有人方抒弓射黃蛇，名曰蜮人。（《大荒南經》）

郭璞注：抒，挽也。音紆。

郝懿行曰：抒亦音烏。抒訓挽者，《呂氏春秋·壅塞篇》云：「抒弓而射之。」高誘注云：「抒，引也。」義同郭。《玉篇》云：「抒，持也。」（P342）

按：宋刊本、王崇慶本、吳任臣本、汪紱本「抒」誤作「扦」，明刊本、四庫本不誤。段玉裁、王念孫指出「抒」叚為「弙」〔註90〕。《說文》：「弙，滿弓有所鄉也。」朱駿聲據誤本「扦」，云：「扦，叚借為援。」（P730）非是。《說文》：「蜮，短狐也，似鼈，三足，以氣射害人。」《詩·何人斯》《釋文》：「蜮，狀如鼈，三足，一名射工，俗呼之水弩，在水中含沙射人，一云射人影。」其人抒弓射蛇，有似于蜮之射人，故名「蜮人」。

（34）有神十人，名曰女媧之腸，化為神，處栗廣之野，橫道而處。（《大荒西經》）

郭璞注：栗廣，野名也

王念孫曰：《御覽·皇王部三》引「栗廣」作「粟廣」〔註91〕。

王寧曰：「栗廣之野」當即《海內經》之「都廣之野」。栗、都古音端、來旁紐雙聲音近〔註92〕。

按：《御覽》見卷78，「粟」當是形誤。「栗、都」聲紐雖通，但韻部分屬質部、魚部不近。栗讀為戟，字亦作秩，大也。《說文》：「戟，大也。讀若《詩》『戟戟大猷』。」今《詩·巧言》作「秩秩」。《說文》：「秩，積也。」言積聚之大。《海內經》：「西南黑水之間，有都廣之野。」《齊民要術》卷10、《弘明集》卷3宗炳《答何衡陽書》、《類聚》卷85、90、《御覽》卷840、841、842、916、959引作「廣都」。《淮南子·覽冥篇》：「（鳳凰）徑躡都廣，入日抑節。」高誘注：「都廣，東南之山名也。」「都」亦積聚廣大之誼。野名「栗廣」或「都廣」，山名「都廣」，取義均相同。

〔註90〕段玉裁《說文解字注》「弙」字條，上海古籍出版社1981年版，第641頁。王念孫《廣雅疏證》，收入徐復主編《廣雅詁林》，江蘇古籍出版社1992年版，第28頁。

〔註91〕范祥雍《山海經箋疏補校》過錄王念孫說，上海古籍出版社2013年版，第357頁。

〔註92〕王寧《〈海經〉新箋（中）》，《古籍整理研究學刊》2000年第2期，第4頁。

（35）有芒山，有桂山，有榣山……是處榣山，始作樂風。（《大荒西經》）

郭璞注：此山多桂及榣木，因名云耳。

郝懿行曰：《初學記》引此經作「搖山」。（P350）

按：宋刊本《初學記》卷10引作「搖山」，古香齋本作「瑤山」。本書道藏本、明刊本作「榣山」，宋刊本作「搖山」。下「榣山」，《御覽》卷565、《說文解字繫傳》「櫐」字條引亦作「搖山」，《白帖》卷11引亦作「瑤山」。榣木蓋以搖動得名。《大荒南經》有「楓木」，以得風磊磊搖動，故稱作「楓」，又稱作「欇（欘）」，是其比也。山又因木而得名。

（36）有三澤水，名曰三淖，昆吾之所食也。（《大荒西經》）

郭璞注：《穆天子傳》曰：「滔水，濁繇氏之所食。」亦此類也。

王謇曰：今蒙古語謂海為淖（引者按：此語以墨筆書寫，可能是王念孫說）。再如「羅布淖爾」之類，亦衍蒙語統系也〔註93〕。

吳曉東曰：「淖」本身就是指水域，這個詞已難以考證其屬於古漢語，還是源於通古斯語，現在的蒙古語依然使用這個詞，而且意思也是指多水的地方，比如「巴彥淖爾」〔註94〕。

按：王謇、吳曉東疑「三淖」可能源於通古斯語（蒙古語），真是牽扯至極，整部《山海經》，他沒有再舉出一證是蒙古語。宋刊本、明刊本「澤」同，道藏本誤作「渾」。「淖」是「澤」音轉，澄母雙聲。「淖」從卓得聲，「卓」藥部字而轉入宵部則為「淖」，藥部轉入鐸部則為「澤」。《說苑‧臣術》「尹綽」，《國語‧晉語九》作「尹鐸」，阜陽漢墓二號木牘《春秋事語》章題作「尹淖」。《釋名‧釋形體》：「汋，澤也，有潤澤也。」《老子》第15章「渙兮若冰之將釋」，帛書甲、乙本、北大漢簡本「釋」作「澤」，P.2255、P.2329、P.2370、P.2584、S.798、S.6453、S.6825V《想爾注》本、BD14633、Дx.11964、遂州碑本、唐無名氏《次解》本作「汋」。「汋」與「淖」音同。

（37）大荒之中，有山名曰日月山，天樞也。吳姖天門，日月所入。（《大荒西經》）

畢沅曰：姖，舊本作「姖」，藏經本作「姖」。（P277）

郝懿行曰：「姖」字《說文》、《玉篇》所無，藏經本作「姖」。（P354）

〔註93〕范祥雍《山海經箋疏補校》過錄王謇說，上海古籍出版社2013年版，第363頁。

〔註94〕吳曉東《〈山海經〉語境重建與神話解讀》，中國社會科學出版社2013年版，第92頁。

陳逢衡曰：「吳姖天門」亦猶「猗天蘇門」、「豐沮玉門」，當亦是山名。經
不言山者，承上文而言也。

按：宋刊本、明刊本、吳任臣本、四庫本作「姖」；道藏本作「姫」，即俗「姬」
　　字。「姬」是「姖」形譌。本經下文云：「大荒之中有山名曰鏖鏖鉅，日月
　　所入者。」「鏖」是「鏖」音近衍文。「吳姖」疑是「鏖鉅」音轉，猶言高
　　大。雖非一山，而得名同。

（38）有互人之國。炎帝之孫名曰靈恝，靈恝生互人，是能上下於天。
　　　（《大荒西經》）

　　　郭璞注：互人之國，人面魚身。

　　　汪紱曰：《周禮》以龜蚌之類為「互物」，然則此互人，蓋鮫人蜑民之屬，
在西南海上耳。（P118）

　　　郝懿行曰：互人，即《海內南經》「氐人國」也。羅泌云宜作「氐人」，非
也。《周官》「鼈人掌取互物」，是「互物」即魚鼈之通名。國名「互人」，豈以
其人面魚身故與（歟）？（P361）

　　　袁珂曰：王念孫校改「互」作「氐」，是也。（P350）

按：羅泌、王念孫說是，汪氏、郝氏引《周官》說之，非也。王謇據郝說，謂
　　王念孫「傎矣」〔註95〕，王謇自傎耳。宋刊本作「互」，明刊本作「互」，
　　都是俗「氐」字。《集韻》「鸐」字條引正作「氐人之國」。道藏本上「互
　　人」誤作「丘人」，下「互人」誤作「氐人」。《路史》卷 13：「靈恝生氐
　　人。」羅苹注：「《山海經》云：『氐人能上下于天。』氐羌（羌）也。記
　　傳多作『互』，草書之繆。」又卷 24：「《山經》云：『炎帝孫靈恝生氐人，
　　為氐國。」羅苹注：「俗作『互』，非。」「氐人之國」指《海內西經》「后
　　稷之葬，山水環之，在氐國西」之「氐國」，殆即「氐羌」之「氐」。

（39）有章尾山，有神……不食不寢不息，風雨是謁。是燭九陰，是謂燭
　　　龍。（《大荒北經》）

　　　郭璞注：風雨是謁，言能請致風雨。

　　　畢沅曰：章尾山，即「鍾山」。「鍾」、「章」音相近。謁，「噎」字假音。
（P282）

〔註95〕范祥雍《山海經箋疏補校》過錄王謇說，上海古籍出版社 2013 年版，第 291
　　　頁，又 371～372 頁說同。

郝懿行曰：章尾山，《海外北經》作「鍾山」。「章」、「鍾」聲近而轉也。（P375）

聞一多曰：《洞冥記》作「鍾火山」，《大荒北經》作「章尾山」。鍾、章聲之轉。尾讀為炜，火也。「章尾山」即「鍾火山」，「鍾山」又「鍾火山」之省。然則燭龍即火山耳。「風雨是謁」謂火山爆發時也〔註96〕。

陳逢衡曰：謁，於蓋切，謂陰晦也。言此物當風雨之際，則隱而不見耳。郭注「言能請致風雨」，不合。或曰：燭龍即謂日也。日月之徑千里，故曰「其長千里」。日出則明，日入則晦，故曰「視為晝，瞑為夜」、「其瞑乃晦，其視乃明」。案《易》乾位居西北，又象為龍。是作《山海經》者，隱將此義圖畫於幽都晦昧之地，假立名目，謂之「燭龍」、「燭陰」云爾。吳氏於「燭龍」下注引《乾坤鑿度》曰：「燭龍行東時肅清，行西時煜熭，行南時大暵，行北時嚴殺。」衡案：此東西南北，即謂東陸西陸南陸北陸。所引或有誤字。則燭龍似謂日矣，其說或不為無據。（P111～112）

袁珂曰：《海外北經》作「鍾山」，此作「章尾山」，章、鍾聲近而轉也。畢沅云：「謁，噎字假音。」珂案：畢說是也，言以風雨為食也。（P369）

按：畢、郝說「章、鍾聲轉」是也，袁珂竊作己說，徐顯之即為袁氏所欺（P363）。姜亮夫亦說「章、鍾雙聲相轉」，又指出「鍾山」是「燭龍之山」的合音〔註97〕。《漢書·景十三王傳》「背尊章」，顏師古注：「尊章猶言舅姑也。今關中俗婦呼舅為鍾。鍾者，章聲之轉也。」聞一多說「章尾山」即「鍾火山」。「鍾火山」是後人以義增字。畢沅未解釋「噎」之義，袁珂附會說「以風雨為食」非也。未聞有神以風雨為食物者，且經文前句分明說此神「不食」，僅隔四字，袁氏竟熟視無睹。欒保群偏信袁氏妄說（P605）。《乾坤鑿度》卷上引《萬形經》：「太陽順四方之氣。古聖曰：燭龍行東時肅清，行西時煜熭，行南時大暵，行北時嚴殺。」是太陽神亦名燭龍，巡行于四方而順四方之氣。謁，讀為遏〔註98〕，遏止、制止也。言燭龍之神（即太陽神）能遏止風雨也。

〔註96〕聞一多《天問疏證》，上海古籍出版社1985年版，第36頁。

〔註97〕姜亮夫《楚辭通故》（一），收入《姜亮夫全集》卷1，雲南人民出版社2002年版，第191、193頁。

〔註98〕例證參見高亨《古字通假會典》，齊魯書社1989年版，第616頁。睡虎地秦簡《為吏之道》：「凡治事，敢（嚴）為固，謁私圖。」謁亦讀為遏，參見《睡虎地秦墓竹簡》整理者說，文物出版社1990年版，第174頁。

二、《山海經》人名解詁

（1）北望諸毗，槐鬼離侖居之。（《西山經》）

郭璞注：離侖，其神名。

俞樾曰：「槐鬼」未詳，疑「鬼」為衍字。「槐」當作「䰟」，字之誤也。
（P244）

吳承志曰：「槐鬼」當作「䰟鳥」。「䰟」為「神」古文。（P33）

邵瑞彭曰：俞說「鬼」為衍字，是也。「槐」當為「神」字。「離侖」疑即
「泠淪」，離、泠聲近。《管子》與《史記·齊世家》「離支」、「令支」互稱，
可證。又疑即「離俞」，別有說〔註99〕。

柯昌濟曰：「槐」通「隗」，狄姓也。槐鬼，狄族之鬼神。離侖，其名〔註100〕。

按：俞說「鬼」為衍字，邵說「槐」當為「神」，是也。邵說「離侖」疑即「泠
淪」亦是。「泠淪」（《漢書·古今人表》）本黃帝樂官，此作神名。《呂氏
春秋·古樂》作「伶倫」，《漢書·律曆志》作「泠綸」，《路史》卷29作
「泠倫」。

（2）有天神焉，其狀如牛，而八足二首馬尾，其音如勃皇，見則其邑有
兵。（《西山經》）

郭璞注：「勃皇」未詳。

郝懿行曰：「勃皇」即「發皇」也。《考工記》「以翼鳴者」，鄭注云：「翼
鳴，發皇屬。」發皇，《爾雅》作「蚅蟥」，聲近字通。（P58）

徐顯之曰：「勃皇」疑即「勃豀」。「豀」、「豁」形近，「豁」、「皇」音近。
勃豀（引者按：據其說，「豁」當作「豀」），爭吵聲。《莊子·外物》：「室無空
虛，則婦姑勃豀。」（P335）

按：徐說無據。張龍甲亦說「勃皇」即「蚅蟥」、「發皇」〔註101〕，蓋即本郝
說。此蟲俗稱作金龜子。《說文》：「蚅，蚅蟥也。蟥，蚅蟥也。蚌，蚅蟥
〔註102〕，以翼鳴者。」「蚅」喻母術部，「蚅」並母月部，喻母、並母可
通〔註103〕，術部、月部旁轉疊韻。「蚅蟥」音轉作「蚅蟥」，復音轉作「發

〔註99〕邵瑞彭《山海經餘義》，《國學叢編》第1卷第1期，1931年版，第3頁。

〔註100〕柯昌濟《讀山海經札記》，《古學叢刊》1939年第2期，第7頁。

〔註101〕張龍甲《重修彭縣志》卷3，光緒刻本，本卷第41頁。

〔註102〕《繫傳》作「蚅蟥」，《御覽》卷951、《集韻》「蚌」字條引同。

〔註103〕參見黃焯《古今聲類通轉表》，上海古籍出版社1983年版，第160頁。

皇」、「勃皇」。沈濤曰：「蟜、蚨聲相近。」〔註104〕朱琦曰：「蓋發、蚨聲近，皇、蠵字通。《釋文》：『蚨，謝音弗，沈符結反。』符結之音，與『蟜』亦相轉，則通借矣。」〔註105〕

（3）是炎帝之少女，名曰女娃……常銜西山之木石，以堙於東海。（《北山經》）

郭璞注：堙，塞也。音因。娃，惡佳反，語誤或作「階」。

郝懿行曰：李善注《吳都賦》引作「赤帝之女，姓姜」，誤也。《魏都賦》注引仍作「女娃」。是「姓」乃「娃」之譌，「姜」字衍。《文選》注引「堙」作「填」，唯《魏都賦》注引仍作「堙」。（P117）

陳漢章曰：名曰女娃，《御覽》卷925引作「名媱」，又引《博物志》「赤帝之女媱」。「媱」皆「娃」之誤。（P129）

按：《類聚》卷8、92、《慧琳音義》卷4、《事類賦注》卷7引「堙」作「填」，《博物志》卷6同。「娃」是「佳」分別字，指美女，因用作赤帝之女的名字。娃、階一聲之轉。《魏都賦》李善注、《類聚》卷92、《慧琳音義》卷4、《法苑珠林》卷32、《御覽》卷887引「女娃」同，《御覽》注誤作「惡住切」。《太平廣記》卷463引《博物志》誤作「女娃」。

（4）共工之臣曰相柳氏，九首，以食于九山……相柳者，九首人面，蛇身而青。（《海外北經》）

郭璞注：頭各自食一山之物，言貪暴難饜。

柯昌濟曰：相柳氏，相官名柳。據《汲冢瑣語》又作「浮游」，即「柳」之轉音〔註106〕。

徐顯之曰：「相柳」當作「相泖」。泖音卯，意思是水面平靜的湖塘。（P39）

按：《大荒北經》：「共工之臣名曰相繇，九首蛇身，自環，食于九土。」郭璞注：「相繇，相柳也，語聲轉耳。」《廣雅》：「北方有民焉，九首蚖身，其名曰相繇。」「柳」從戼（酉）得聲，喻母字轉讀作來母。柳、繇喻母雙聲之轉，韻部則幽、宵通轉。《說文》：「繇，隨從也。」臣名「相繇」得義於九首相隨從于其身也。《御覽》卷908引《〔汲冢〕瑣語》：

〔註104〕沈濤《說文古本考》「蚨」字條，收入《續修四庫全書》第222冊，上海古籍出版社2002年版，第470頁。

〔註105〕朱琦《說文假借義證》「蚨」字條，黃山書社1997年版，第726～727頁。

〔註106〕柯昌濟《讀山海經札記》，《古學叢刊》1939年第5期，第23頁。

「子產曰：『昔共工之卿曰浮遊，既敗於顓頊，自沒（投）沉淮之淵。』」「縣」音轉作「遊」，因臆改作成詞「浮遊」。王寧曰：「『相』皆『栢』字之形譌。『栢』同『伯』。『伯柳』後音變為『浮遊』。」〔註107〕王說非是，《山海經》與《廣雅》不得俱誤，而《瑣語》獨是。《御覽》卷647引此經下「相柳」同。《御覽》卷364引此經作「相仰」，《玉篇殘卷》「欹」字條引此經天下「相柳」作「相枊」。「仰」、「枊」為「柳」形誤，而「相」字不誤。徐顯之臆說耳，「泖」是唐宋俗字，且其說置異文「相縣」於不顧。

（5）帝命豎亥步，自東極至於西極，五億十選九千八百步。（《海外東經》）

郭璞注：豎亥，健行人。選，萬也。

吳任臣曰：羅泌作「豎侅」，《吳越春秋》作「孺亥」。（P192）

郝懿行曰：《廣韻》作「堅侅，神人」，疑字形之異。（P268）

袁珂曰：失名云：「豎亥，《吳越春秋·越王無餘外傳》、《玉海》作『孺亥』。」

珂案：宋本「豎」作「竪」，四部備要本《吳越春秋》同。（P229）

按：宋刊本、道藏本、明刊本、王崇慶本「豎」作「竪」，《類聚》卷6、《初學記》卷5、《白帖》卷1、《御覽》卷36、750、《事類賦注》卷6引同〔註108〕。明刻本《吳越春秋·越王無餘外傳》作「竪亥」。「竪」是「豎」俗字。《集韻》：「侅，豎侅，神人也，通作亥。」《廣韻》「堅」即「豎」之形訛〔註109〕。「侅」涉「豎」而加「立」旁，乃「亥」增旁俗字。豎（竪）之言孺也，指童子未冠者。亥（侅）之言孩，與「豎（孺）」同義連文。《周髀算經》卷上《音義》引《淮南子·地形訓》作「孺亥」（景宋本、道藏本《淮南子》作「豎亥」，《御覽》卷36引作「竪亥」）；《玉海》卷17引《山海經》作「孺亥」，又引《後漢·郡國志》注引《山海經》亦作「孺亥」（今本《後漢書·郡國志》劉昭注引作「豎亥」），並加小字注指出亦見《淮南子·墜形篇》。趙氏、王氏徑改作本字「孺」。「豎亥」、「孺亥」猶言孩童。陳夢家曰：「『豎亥』之『豎』即《天問》所說王亥為有易之牧豎。《說文》：『侅，兼該八極地也。』亥之所以有步南北的神話，乃由『侅』

〔註107〕王寧《〈海經〉新箋（上）》，《古籍整理研究學刊》1998年第2期，第16～17頁。

〔註108〕《初學記》據宋刊本，古香齋本作「豎」。

〔註109〕參見趙少咸《廣韻疏證》，巴蜀書社2010年版，第1817頁。謂「豎」字之譌，稍隔。

義而引申。」〔註110〕陳夢家說其名義與我不同，可以參考。吳曉東說「亥又名竪，也可以合稱『竪亥』」〔註111〕，臆說無據。

（6）有人曰張弘，在海上捕魚。海中有張弘之國，食魚，使四鳥。（《大荒南經》）

郭璞注：或曰即奇肱人，疑非。

汪紱曰：「張」當作「長」，「弘」當作「肱」。即長臂之國也。（P114）

郝懿行曰：《海外西經》「奇肱之國」，郭注云：「肱或作弘。」是「張弘」即「奇肱」矣。「弘」、「肱」聲同，古字通用。此注又疑其非，何也？又案「張弘」或即「長肱」，見《穆天子傳》，郭注云：「即長臂人也。」見《海外南經》。（P344）

按：郭說是，郝說「張弘即奇肱」非也。《海外西經》說「奇肱之國，其人一臂」，其人一臂，是為「奇肱」也。且奇肱之國方位在西，此張弘之國方位在南，斷不相同。汪紱及郝氏後說「張弘」即《海外南經》「長臂人」則是也，其人臂長，故國名「張弘」。《穆天子傳》卷2「天子乃封長肱于黑水之西河」，此西方之長肱，與此經同名。袁珂竊汪、郝說，謂「張弘即長肱亦即長臂」，賈雯鶴為袁氏所欺，誤以為是袁氏創見而復申證之（P68）。劉宗迪同樣襲用汪、郝說而不作說明〔註112〕。

（7）稷之弟曰台璽，生叔均。叔均是代其父及稷播百穀，始作耕。（《大荒西經》）

郭璞注：台，音胎。

俞樾曰：后稷封于邰。「台」即「邰」字。曰「台璽」者，台其國，璽其名也。（P250）

按：道藏本、吳任臣本、畢沅本、四庫本亦作「台璽」，宋刊本、明刊本作「台璽」，王崇慶本作「台爾」。《路史》卷35亦作「台璽」，又卷18作「㣲璽」。「㣲」當作「㣲」，同「邰」。「爾」、「璽」當作「璽」。后稷播殖百穀，始封於邰，以農開國，其後人璽亦以農事得名也。

〔註110〕陳夢家《殷墟卜辭綜述》，中華書局1988年版，第338頁。
〔註111〕吳曉東《〈山海經〉語境重建與神話解讀》，中國社會科學出版社2013年版，第119頁。
〔註112〕劉宗迪《失落的天書——〈山海經〉與古代華夏世界觀》，商務印書館2006年版，第303頁。

（8）有神焉，人首蛇身，長如轅，左右有首，衣紫衣，冠旃冠，名曰延維，人主得而饗食之，伯天下。（《海內經》）

郭璞注：延維，委蛇。齊桓公出田於大澤見之，遂霸諸侯。亦見莊周，作「朱冠」。

汪紱曰：延維，此澤神也，《管子》、《莊子》俱作「委蛇」。（P127）

郝懿行曰：《莊子·達生》：「委蛇，其大如轂，其長如轅，紫衣而朱冠。其為物也，惡聞雷車之聲，則捧其首而立。見之者殆乎霸也。」（P385）

王寧曰：《大荒南經》岳山亦有「延維」。「延」字皆「逶」字草書之形譌。「延維」即「逶維」、「委蛇」〔註113〕。

王寧又曰：「維」、「蛇」古音同余母雙聲，微歌旁對轉疊韻，音近而假。當以「委蛇」為正。委，曲也。言其委曲似蛇之狀，故曰「委蛇」。其他典籍所用，義皆由此引申〔註114〕。

按：道藏本「得」誤作「見」。《御覽》卷872引注「委蛇」誤作「于虵」。《大荒南經》蒼梧之野有「委維」，郭璞注：「委維，即委蛇也。」則「延維」即是「委維」，疊韻連語，語源是「委隨」，下垂貌，引申為長貌〔註115〕。蛇稱作「延維」、「委維」或「委蛇」，得名於身體形長。畢沅說「『逶蛇』以其長名之」（P198），是也。「延」以母元部，「委」影母歌部。影母以母古通，歌部元部對轉。「維」以母微部，轉作邪母歌部的「隨」，亦轉作船母歌部的「蛇」。「委維」即是「委隨」，亦即《莊子》、《博物志》卷3之「委蛇」。《續漢書·禮儀志中》有十二惡神，其一云「委隨食觀」，神名「委隨」，亦即「委蛇」。北大秦簡《祓除》：「上啻（帝）喬子，名曰阿蛇。」「阿蛇」亦其音轉。亦可單言作「蟡」、「蝛」，《管子·水地》：「涸川之精者生於蟡。蟡者一頭而兩身，其形若虵，其長八尺，以其名呼之，可以取魚鼈。」《集韻》：「蝛，水精也，形如蛇，紆曲，長八尺，以名呼之，可使取魚。通作『蟡』。」王寧說「委曲似蛇」，望文生義。

（9）北海之內，有反縛盜械、帶戈常倍之佐，名曰相顧之尸。（《海內經》）

郭璞注：亦貳負臣危之類。

〔註113〕王寧《〈海經〉新箋（下）》，《古籍整理研究學刊》2001年第2期，第16頁。
〔註114〕王寧《〈海經〉新箋（下）》，《古籍整理研究學刊》2001年第2期，第21頁。
〔註115〕參見蕭旭《〈說文〉「委，委隨也」義疏》，收入《群書校補》，廣陵書社2011年版，第1413～1418頁。

汪紱曰：文法古拗，不可解。（P127）

陳逢衡曰：竊意相顧之尸當是二人，故云「相顧」。「相顧」非人名也。其云「常倍之佐」者，猶云「貳負之臣」、「共工之臣」也。「常倍」是人名，謂之為佐，則是常倍之臣屬，有罪而被械也。或曰所械乃常倍與其佐，故曰相顧之尸，亦通。（P123）

王寧曰：「相顧」當作「栢顧」，即「伯顧」，人名〔註116〕。

按：王寧改字無據。道藏本「帶」誤作「常」。倍，讀為陪，猶言輔助。《海內西經》：「貳負之臣曰危。」負亦讀為陪，「貳負」即「陪貳」，同義複詞。《左傳·昭公三十二年》：「物生有兩，有三有五，有陪貳。」《書鈔》卷49引作「倍貳」。《詩·蕩》「爾德不明，以無陪無卿」，鄭玄箋：「無陪貳也，無卿士也。」「相顧」是人名。顧，猶言顧念、照料。臣名「相顧」得義於相照應君主，亦即輔佐之義。

（10）帝俊生禺號，禺號生淫梁，淫梁生番禺，是始為舟。（《海內經》）

郝懿行曰：《書鈔》卷137引此經「淫」作「經」。《大荒東經》言「黃帝生禺貌」，即禺號也；「禺號生禺京」，即淫梁也。「禺京」、「淫梁」聲相近。然則此經「帝俊」又當為「黃帝」矣。（P390）

張澍曰：「禺京」與「禺彊」各自一人。然謂「禺京」即「禺彊」尚可，以「京」與「彊」通，如「鯨魚」作「鱷魚」也〔註117〕。

王寧曰：郝說「淫梁即禺京」是也，但說「『禺京』、『淫梁』聲相近」則不確。「淫」字當從《書鈔》所引作「經」，與「禺」音近假借〔註118〕。

按：淫梁，宋刊本、道藏本、明刊本作「滛梁」，《路史》卷14作「傜梁」。「滛」是「淫」俗譌字，復誤作「傜」。郝懿行說「禺京」、「淫梁」聲近牽強，袁珂（P391）、欒保群（P632）偏取其誤說。張澍後說是。「禺京」又聲轉作「禺彊」（《海外北經》）、「隅強」（《淮南子·墜形》）〔註119〕，是「禦彊」、「衙彊」聲轉，禦亦彊也。神名「禺彊」，取彊而多力為義〔註120〕。楚帛

〔註116〕王寧《〈海經〉新箋（下）》，《古籍整理研究學刊》2001年第2期，第17頁。

〔註117〕張澍《與郝蘭皋戶部書》，《養素堂文集》卷14，收入《續修四庫全書》第1506冊，上海古籍出版社2002年版，第597頁。

〔註118〕王寧《〈海經〉新箋（下）》，《古籍整理研究學刊》2001年第2期，第17頁。

〔註119〕參見朱起鳳《辭通》卷10，上海古籍出版社1982年版，第902頁。

〔註120〕參見蕭旭《文子校補》，收入《道家文獻校補》，花木蘭文化事業有限公司2021年版，第285～286頁。

書《四時令》丙篇「蓥司冬」〔註121〕,「蓥」是北方神名,即是「禺」借音字。《書鈔》「淫」作「經」,「淫」當作「涇」,形近致譌。清華簡「淫」誤作「悭」〔註122〕,是其比。涇、經讀為勁,彊也。梁讀為倞、勍,亦彊也〔註123〕。「禺彊」與「勁梁」同義,故為異文。《大荒北經》:「有神銜蛇、操蛇,其狀虎首、人身、四蹄、長肘,名曰彊良。」良、梁古音同,亦讀為倞、勍。神名「彊良」,亦取彊而多力為義。《續漢書·禮儀志中》有十二惡神,有云「強梁、祖明共食磔死寄生」,神名「強梁」亦是得名於「彊倞」。袁珂說「禺彊(京)」是鱷(鯨)魚(P223),牽附至極,而賈雯鶴從其誤說(P177)。如是鱷(鯨)魚,其上附加「禺(隅)」字,復何說乎?吳曉東不知「禺京」與「禺彊」是聲轉,說是「一人兩名」〔註124〕,非是。

(11) 炎帝之妻,赤水之子聽訞生炎居。(《海內經》)

吳任臣曰:《路史》:「炎帝來生炎居,母桑水氏曰聽訞。」……《史記補》云:「神農納奔水氏之女曰聽訞為妃,生帝哀。」語多不同,當以羅氏為斷:「《太平御覽》曰:『訞音妖。生常林女子。』宜有訞音,或作『談』作『郯』,轉失也。」(P242)

郝懿行曰:《史記索隱》:「《補三皇本紀》云『神農納奔水氏之女曰聽訞為妃,生帝哀』云云。」證以此經,「赤水」作「奔水」,「聽訞」作「聽詙」。司馬貞自注云:「見《帝王世紀》及《古史考》。」今案二書蓋亦本此經為說,其名字不同,或當別有依據,然古典逸亡,今無可考矣。「訞」與「妖」同。詙音拔。(P392)

王寧曰:朱芳圃以為當作「聽詙」,亦即「女媧」(見《中國古代神話與史實》)。其說是也。「赤水之子聽詙」即《大荒北經》「赤水女子獻」,吳承志以為「獻」乃「魃」字之誤,說甚是。「女」、「聽」古音為旁紐雙聲字,「詙」與「魃」音同,故「聽詙」即「女媧(魃)」也〔註125〕。

〔註121〕 李零《子彈庫帛書》(下編),文物出版社 2017 年版,第 76 頁。

〔註122〕 參見白於藍《簡帛古書通假字大系》,福建人民出版社 2017 年版,第 1368 頁。

〔註123〕 參見朱駿聲《說文通訓定聲》,武漢市古籍書店 1983 年版,第 901 頁。

〔註124〕 吳曉東《山海經》語境重建與神話解讀》,中國社會科學出版社 2013 年版,第 111 頁。

〔註125〕 王寧《〈海經〉新箋(下)》,《古籍整理研究學刊》2001 年第 2 期,第 18 頁。所引吳承志說見《山海經地理今釋》,收入《山海經穆天子傳集成》第 3 冊,第 188 頁。

按：吳任臣引羅氏說見《路史》卷 13 羅苹注。《大荒北經》「女子獻」，陳逢衡曰：
「獻是赤水女子之名，亦如女戚、女祭、女丑之類。」（P113）王寧從吳說，
非是。①訞，《易‧繫辭下》孔疏引《帝王世紀》又作「談」（一本作「詋」）。
《御覽》卷 135 引《帝王世紀》作「炎帝……娶奔水氏女曰聽訞（音妖），
生帝臨女子。」有注音「音妖」。「訞」、「談」是「詋」形誤。《詩‧雲漢》
「旱魃為虐」，毛傳：「魃，旱神也。」孔疏引《神異經》：「南方有人，長二
三尺，袒身，而目在頂上，走行如風，名曰魃。所見之國大旱，赤地千里，
一名旱母，〔一名狢〕。遇者得之，投溷中即死，旱災消。」〔註 126〕《類聚》
卷 100 引韋曜《毛詩問》：「……不審旱氣生魃奈何？答曰：『魃鬼人形，眼
在頂上。天生此物，則將旱也。」《玉篇》引《文字指歸》曰：「女妭，禿無
髮，所居之處，天不雨也。」則「魃（妭）」是禿無髮的女鬼，故稱作「女
妭」。又魃目在頂上，故稱作「聽詋」。聽、頂一聲之轉。王寧說「女」、「聽」
聲轉，非是。②《路史》卷 12 言神農「納承桑氏之子」，羅苹注：「《漢書》
作『桑水氏』，書傳多作『奔水氏』，字轉失也。吳起云：『承桑之君，修德
忘武，以喪其國。』」「赤水」、「奔水」都是「桑水」之誤。

（12）后土生噎鳴，噎鳴生歲十有二。（《海內經》）

袁珂曰：孫星衍校增「音咽」二字於「后土生噎鳴」句下，未知所據。（P395）
按：道藏本有注「音咽」二字，此孫氏所本。《路史》卷 13「噎鳴」同，吳任臣
本作「噎鳴」是也。吳本非別有所據，我所據的四庫本，或是四庫館臣誤抄，
而恰好誤中耳。「噎鳴」取義於「咽鳴」或「鳴咽」，都是影母雙聲連語。《大
荒西經》：「有神，人面無臂，兩足反屬於頭山，名曰噓。顓頊生老童，老童
生重及黎，帝令重獻上天，令黎邛（抑）下地，下地是生噎〔註 127〕，處於
西極，以行日月星辰之行次。」郭璞注：「噎，言噎啼也。」〔註 128〕單言曰
「噎」，複言曰「噎鳴」，又稱作「噓」，取義都相同。「噓」即「歔」，鳴咽
唏噓之義。《淮南子‧覽冥篇》：「孟嘗君為之增欷歔唈，流涕狼戾不可止。」
《文選‧拜中軍記室辭隋王牋》李善注引「歔唈」作「鳴唈」，《論衡‧感虛》

〔註 126〕「一名狢」三字據《類聚》卷 100、《御覽》卷 883 引補。
〔註 127〕陳逢衡曰：「『下地』二字不當重，句有訛誤。」陳逢衡《山海經彙說》（劉朝
飛點校），花木蘭文化事業有限公司 2023 年版，第 26 頁。
〔註 128〕王念孫改注「言」作「音」。王謇說：「懷祖先生改『言』為『音』，未詳何據。」
范祥雍《山海經箋疏補校》過錄王念孫、王謇說，上海古籍出版社 2013 年
版，第 364 頁。

作「於邑」，都是「嗚咽」音轉。《淮南子》「歃唈（咽）」正與「增欷」連文，是其義相比也。《隸釋》卷6《北海相景君銘》「歃欷哀哉」，《隋書·虞世基傳》「因歔欷嗚咽」，亦是其例。郝懿行疑「噎」是「噎鳴」闕脫（P355、464），孫詒讓（P96）、徐顯之（P360）、王寧說「嘘」是「噎」形誤〔註129〕，非是。江林昌曰：「『羲』即『曦』，日光羲微之義，正是太陽初升時的情狀……而『嘘噎』亦『羲』之同音近義詞。」〔註130〕江氏濫說音轉不可取，其說無法解釋複音詞「噎鳴」，故他也回避「噎鳴」而不徵引。《海外南經》：「狄山帝堯葬于陽，帝嚳葬于陰，爰有熊、羆、文虎、蜼、豹、離朱、視肉、吁咽。」郭璞注：「吁咽，所未詳也。」「吁」是「呼」音轉，「吁咽」猶言嗚呼哽噎，究竟指何物則無考。P.3129：「念四河而呼咽。」

（本篇與曾思博士合作，發表於《神話研究集刊》第9集，巴蜀書社2023年12月出版，第93～101頁。這裏有所增補。）

三、《山海經》動物名解詁

（1）有獸焉，其狀如馬而白首，其文如虎而赤尾，其音如謠，其名曰鹿蜀。（《南山經》）

郭郛曰：「鹿」乃兩廣的鹿伏山。（P21）

欒保群曰：鹿蜀即蜀鹿，觀其形如馬，即鹿之一種。（P9）

按：郭、欒說非是。「鹿蜀」即「鹿獨」音轉，疊韻連語，指野馬。《廣韻》：「騆，驖騆，野馬。」《集韻》：「騆、贕，驖騆，野馬，一曰馬行兒。」驖騆為馬行貌者，猶言馬行迅疾，故馬亦名驖騆也。也可單稱「驖」，蔣《韻》、裴《韻》並云：「驖，野馬。」《北山經》：「北囂之山……有獸焉，其狀如虎而白身，犬首，馬尾，彘鬣，名曰獨㺍。」《說文》：「獨，一曰北嚻山有獨㺍獸，如虎白身，豕鬣尾，如馬。」「獨㺍」亦疊韻連語。《蘇氏演義》卷下引《說文》誤作「獨狢」。

（2）柢山……有魚焉，其狀如牛，陵居，蛇尾，有翼，其羽在魼下，其音如留牛，其名曰鯥。（《南山經》）

郭璞注：《莊子》曰「執犁之狗」，謂此牛也。《穆天子傳》曰：「天子之狗執虎豹。」魼，亦作「脅」。

〔註129〕王寧《〈海經〉新箋（中）》，《古籍整理研究學刊》2000年第2期，第5頁。
〔註130〕江林昌《考古發現與文史新證》，中華書局2011年版，第363頁。

畢沅曰：「鮭」當為「胎」。《說文》：「鮭，魚也。」此假音字。鯥，疑古作「陸」，以陵居名之。（P171）

汪紱曰：留牛，犁牛也。「留」、「犁」音近而通用之。（P6）

郝懿行曰：《說文》云：「胠，亦（引者按：「亦」同「腋」）下也。」《廣雅》云：「胠，脅也。」經作「鮭」者，蓋同聲假借字。又「胠」有脅音，本聲同之字，故「胠」亦作「脅」。《東山經》首說「鱅鱅之魚，其狀如犁牛」，郭云：「牛似虎文者。」然則「留牛」當為「犁牛」審矣……「犁、貍、留」俱聲有通轉。（P5）

俞樾曰：「鮭」當作「胠」。《說文》：「胠，亦下也。」「亦」即今「腋」字。腋下謂之胠，與脅相近。《廣雅》：「胠，脅也。」留牛，即犁牛也。「留」與「犁」本雙聲字。（P242）

呂調陽曰：「鯥」疑當作「鯪」，即鯪鯉也，一名龍魚，一名鯨。（P265）

邵瑞彭曰：「鯥」疑「鯪」之誤。上文曰「陵居」，則鯪正以陵居得名，即《海外西經》之「龍魚」也〔註131〕。

袁珂曰：「留牛」未詳。《東山經》首說鱅鱅之魚「其狀如犁牛」，郭璞云：「牛似虎文者。」或即此。留、犁音相近。（P4）

郭郛曰：留牛，即瘤牛，頸項上有突起，鳴聲較大。（P23）

按：袁氏既說「留牛」未詳，復又襲取汪、郝說，前後失據。賈雯鶴為袁氏所欺，誤以為「留、犁音相近」是袁氏所揭（P122）。汪、郝說非是。郭注所引「執犁之狗」與此經「其狀如牛」的魚明顯不是同一物。①宋刊本「柢」同，明刊本作「祇」，二本並有注：「音蒂。」《御覽》卷939引誤作「柂」，有注：「音帶。」「帶」當是「蒂」脫誤。②《御覽》卷939引《山海經圖讚》：「魚號曰鯥，處不在水。厥狀如牛，鳥翼虵尾。」畢沅、邵瑞彭說「鯥」以陵居名之，是也，但改字則非是。《玉篇》「鯥」字條、《廣韻》「鯥」字條、《御覽》卷939、《宣和博古圖》卷11引此經都作「鯥」，《御覽》有注：「鯥，音六。」《篆隸萬象名義》：「鯥，力鞠反。」當亦本於此經收字。陵居者，指陸居，楚人稱陸曰陵〔註132〕。此魚陸居，故「其名曰鯥」，又稱作「鯪」。此魚即《海內北經》、《海內東經》人面的

〔註131〕邵瑞彭《山海經餘義》，《國學叢編》第1卷第1期，1931年版，第1頁。

〔註132〕參見蕭旭《〈越絕書〉古吳越語例釋》，收入《群書校補（續）》，花木蘭文化事業有限公司2014年版，第2015～2017頁。

「陵魚」，亦即《西山經》、《北山經》、《中山經》的「人魚」。郝懿行說「『陵』、『人』聲相轉」（P303），非是。「人魚」是得名於其聲如小兒，與「陵魚」雖指稱相同，但取義不同。此魚「其音如留牛」，「留」亦「陸」音轉。馬王堆帛書《十六經·觀》「五穀溜孰」，《國語·越語下》作「稑孰」〔註133〕，即《漢書·律曆志》「留孰於酉」之「留孰」。清華簡（五）《殷高宗問於三壽》簡19「窗邦息兵，四方達寧」，或讀「窗邦」為「睦邦」〔註134〕。「陸落」音轉則作「留落」。《證類本草》卷11中藥名「商陸」一名「章柳」，柳、留均從丣得聲。③《御覽》卷938有注：「䰴，祛、榻二音。」郭注「䰴，亦作脅」者，「䰴」是「胠」分別字，同「脅」，「胳」是俗字。此經「䰴」與魚名之「䰴」是同形異字，音義俱別。「䰴、胠」當從「劫」省聲，故《御覽》注「䰴，音榻」，榻、劫、脅皆葉部字，《御覽》注「音祛」則是誤以為從「去」得聲。《說文》謂「胠」從「去」聲，非是。《說文》：「劫，人欲去以力脅止曰劫。」「劫」是會意字。《戰國策·秦策四》高誘注：「劫，脅也。」《國語·晉語六》：「脅，劫也。」此上是聲訓。《左傳·莊公八年》「劫而束之」，《管子·大匡》「劫」作「脅」。《韓詩外傳》卷2「易懼而不可劫也」，《荀子·不苟》「劫」作「脅」。《說苑·辨物》「朱絲縈而劫之」，《董子·精華》、《論衡·順鼓》、《博物志》卷8「劫」作「脅」。《莊子·胠篋》「將為胠篋」，《釋文》：「胠，《史記》作『憇』。」《廣雅》：「胠，脅也。」《左傳·襄公二十三年》《釋文》：「胠，徐又音脅。」銀雀山漢簡《孫子兵法·勢》「亂生於治，脅生於恵（勇）」，宋本《孫子》「脅」作「怯」。《廣雅》：「憇，怯也。」「怯」亦當從「劫」省聲，《說文》謂「怯」從「去」聲，非是。皆其聲轉之證。天回醫簡《治六十病和齊湯法》：「其病當心胠。」「心胠」即「心脅」。整理者曰：「胠，《說文》：『亦（腋）下也。』」〔註135〕非是。《御覽》卷939引注作「䰴，祛、榻二音」。「䰴」音祛者（《廣韻》音去魚切），則以為從「去」得聲。「䰴」音榻者（《廣韻》音他合切），《史記·司馬相如傳》徐廣《集解》、《文選·上林賦》李善注音同，則是以為從「盍」省聲。

〔註133〕 《國語》據公序本，明道本作「睦熟」。
〔註134〕 易泉（何有祖）《清華五〈殷高宗問於三壽〉初讀》，第41樓「蚊首」評論，簡帛網2015年4月13日。
〔註135〕 《天回醫簡》（下），文物出版社2022年版，第99頁。

（3）亶爰之山……有獸焉，其狀如狸而有髦，其名曰類，自為牝牡，食
　　者不妬。（《南山經》）

郭璞注：類，或作「沛」。髦，或作「髮」。《莊子》亦曰：「類自為雌雄
而化。」

楊慎曰：考此獸類名，蓋種無異同，雄亦類雌，雌亦類雄。（P294）

吳任臣曰：陳藏器曰：「靈貓生南海山谷，狀如狸，自為牝牡。」《異物
志》云：「靈狸一體自為陰陽。」……詳考諸說，則「類」為「靈狸」無疑也。
（P88）

畢沅曰：類，《莊子音義》引作「師類」。詳郭云作「沛」，知「師」又「沛」
字之譌也。（P171）

郝懿行曰：《莊子·天運篇》《釋文》引此經作：「其狀如狸而有髮，其名
曰師類。」蓋即郭所見本也。「師」疑「沛」字之譌。《列子·天瑞篇》云：「亶
爰之獸自孕而生曰類。」陳藏器《本草拾遺》、《異物志》云云，據此則「類」
為「靈狸」無疑也。類、狸聲亦相轉。（P6）

呂調陽曰：「亶」通「單」、「嘽」，呼也。爰，援也。類，靈狸也，亦曰靈
貓（貓借作貓），好顝面如貓，故謂之類。「類」故文從犬從頪，〔頪〕亦聲。
「頪」通作「沬」，故此經「頪」或作「沬」，郭氏誤以為作「沛」也。（P266）

郭郛曰：亶，通「癉」。（P24）

按：呂調陽全是妄說，必不可信。①《莊子·天運篇》《釋文》、《列子·天瑞》
　　《釋文》引《山海經》「亶爰」同。《集韻》：「亶，亶爰，山名。」「亶爰」
　　猶言「嬋媛」、「撣援」、「嘽緩」、「嘽咺」，南楚方言，取連屬牽引為義〔註
　　136〕。江遹本《列子》作「鷤鴳」，則是誤解作獸名矣。《御覽》卷50、913
　　引此經誤作「亶受」。②《莊》、《列》都作「類」。李若暉曰：「郝說本於《本
　　草綱目》。然『類』當為『畾』之假。《爾雅》：『左倪不類。』《周禮·春官·
　　龜卜》鄭注：『左倪靁。』邵晉涵《正義》：『靁與類同，聲近而轉。』郝懿
　　行《義疏》亦曰：『類、靁聲近，故古字通。』蓋古人以此獸乃雌雄相累者，
　　故名類。究其語源，蓋以此等獸為二體重累也。」〔註137〕郝氏說本於《本

〔註136〕 參見蕭旭《〈淮南子〉古楚語舉證》，收入《淮南子校補》附錄二，花木蘭文
　　　　　化事業有限公司2014年版，第828～829頁。
〔註137〕 李若暉《列子語詞柬釋》，《古漢語研究》1996年第1期，第51頁；又收入
　　　　　《語言文獻論衡》，巴蜀書社2005年版，第134～135頁。引「異物志」誤作
　　　　　「博物志」。郝氏原文「靁」作「𤲞」。

草綱目》卷 51。李君說雌雄相累，讀類為畾（累），非是。《莊子釋文》引或說云：「方之物類，猶如草木異種而同類也。《山海經》云云。」「類」當讀如字，謂同類而化。以其同類而化，故食者不妬也。其名靈貍者，「貍」為「類」音轉而得名。③郭注「髦，或作髮」者，《莊子釋文》、《列子釋文》、《御覽》卷 50、913 引作「髮」。④郭注「類，或作沛」者，《列子釋文》、《御覽》卷 50 引「類」同；《御覽》引注「沛」作「師」，元抄本亦作「師」。《汗簡》卷 2：「𩬋（𩭿）：類。」《集韻》：「類，古通作𩭿。」P.3315《尚書釋文・舜典第二》：「𪏻，字又作𪐝，古類字。」其右旁已變「巾」作「市」。「類」音轉作「帥」，形誤作「師」、「沛」。《莊子釋文》、《爾雅翼》卷 19、《永樂大典》卷 15955 引作「師類」者，「師」即「帥」誤而衍。即一本作「類」，異本作「帥」，誤合成「師類」。畢沅、郝懿行皆未得。朱珔曰：「疑『沛』為『類』之假借。沛從市聲，類亦音近也。」〔註 138〕亦非是。

（4）有獸焉，其狀如羊，九尾四耳，其目在背，其名曰猼訑，佩之不畏。（《南山經》）

郭璞注：猼訑，博施二音。施一作陁。

吳任臣曰：《元（玄）覽》作「猼𪕏」，《字彙》作「猼羵」，《讀書考定》作「縛訑」。（P88）

郝懿行曰：猼訑，《玉篇》、《廣韻》作「猼羵」，疑皆後人所作字也。（P7）

郝懿行又曰：「施一作陁」，「施」當為「訑」。（P439）

呂調陽曰：「猼訑」當作「猼狋」。猼，鋪也。狋，尾似蛇也。《玉篇》、《廣韻》作「猼羵」。（P266）

王謇曰：案「猼訑」讀作「猼羵」是也。山石之犖确頑固者曰「陂陀」曰「磐陀」，昆蟲之圓渾冥頑者曰「僕累」曰「蒲盧」，物品之圓轉渾厚者曰「陀螺」，皆一音之轉也〔註 139〕。

按：呂調陽說支離。蔣《韻》：「猼，猼羵，獸名，似羊，九四尾耳〔註 140〕，目在耳後。出《山海經》。」王《韻》、裴《韻》並云：「羵，似羊，四耳九尾。」《集韻》：「羵，猼羵，獸名，如羊，四耳而九尾。」又「猼，獸名，似羊，四耳無（无——九）尾，目附於背。或作狒。」《御覽》卷 913

〔註 138〕 朱珔《說文假借義證》「類」字條，黃山書社 1997 年版，第 561 頁。
〔註 139〕 范祥雍《山海經箋疏補校》過錄王謇說，上海古籍出版社 2013 年版，第 14 頁。
〔註 140〕 引者按：當乙作「九尾四耳」。

引「猼訑」同（注作「上音搏，下音他」），又卷 50 引作「縛訑」（注作「搏他二音」）。王筠說近是，「猼訑」疊韻連語，疑是「陂陀」、「陂陁」、「陂陁」、「陂池」音轉，與下文「鵁偳」對文，言其性平緩也。正以其性平緩，故云佩之不畏也。「佩」、「服」古通，謂服食〔註 141〕。經文「九尾」與「四目」連文，「九」就是數目詞。徐顯之說：「『九』通『糾』，九尾即轉曲之尾，今人仍有糾尾的說法。『九』又與『脂』音近，『九尾』即『脂尾』。」（P95）徐氏二說，都是亂說音轉。

（5）有鳥焉，其狀如雞而三首，六目六足三翼，其名曰鵁（鵁）偳，食之無臥。（《南山經》）

郭璞注：鵁（鵁）偳，急性。敝（敝）孚二音。

呂調陽曰：鵁，行蹩也。偳，如授者並鄉也。（P266）

按：呂調陽臆說，必不可信。《御覽》卷 50 引作「鵁偳」，注作「鵁偳（引者按：與正文同，必誤）、憋忿兩音，急性」。《御覽》卷 928 引誤作「鵁鵁」，《集韻‧薛韻》「鵁」字條引誤作「鵁鵁」，又《虞韻》「偳」字條引誤作「鵁偳」。盧文弨曰：「此鳥急性。人之急性者名『憋忿』，《列子‧力命篇》作『憋懯』，與『憋忿』同。鳥之性亦相似，故曰相似。」〔註 142〕盧說是也。「鵁偳」亦作「鷩偳」，其語源是「憋忿」、「憋懯」，以性急而得名。正以其性急，故云食之不得臥也。《方言》卷 10：「憋，惡也。」郭璞注：「憋忿，急性也。」《釋名‧釋首飾》：「鷩，雉之憋惡者，山雞是也。鷩，憋也，性急憋不可生服，必自殺。」《列子‧力命》宋徽宗《義解》：「憋懯，以言其心之急。」「憋懯」單言亦作「憋（懯）」，或作敝、弊、嫳〔註 143〕。黃侃說「鷩偳」即「憋忿」言其飛之急疾也〔註 144〕，不很準確。

〔註 141〕 參見鄔濬智《〈山海經〉疑難字句新詮：以楚文字為主要視角的一種考察》，花木蘭文化事業有限公司 2012 年版，第 69～71 頁。蕭旭《〈山海經〉「佩」字解詁》，《上古漢語研究》第 5 輯，商務印書館 2023 年版，第 139～143 頁；又收入《群書校補（三編）》，花木蘭文化事業有限公司 2023 年版，第 2049～2055 頁。

〔註 142〕 盧文弨《〈山海經圖讚〉拾補》，收入《盧文弨全集》第 2 冊《群書拾補初編（二）》，浙江大學出版社 2017 年版，第 341 頁。

〔註 143〕 參見蕭旭《敦煌變文校補（二）》，收入《群書校補（續）》，花木蘭文化事業有限公司 2014 年版，第 1378～1379 頁。又參見劉釗《出土文獻與〈山海經〉新證》，《中國社會科學》2021 年第 1 期，第 102 頁。

〔註 144〕 黃侃《爾雅音訓》卷下，上海古籍出版社 1983 年版，第 292 頁。

（6）有鳥焉，其狀如鳩，其音若呵，名曰灌灌，佩之不惑。（《南山經》）

郭璞注：若呵，如人相呵呼聲。灌灌，或作「濩濩」。

汪紱曰：灌一作濩，疑是呵呼器聲（引者按：「器」疑衍文）。（P7）

呂調陽曰：「灌」或作「濩」，非。灌灌，聲如沃灌也。（P266）

按：呂調陽說「聲如沃灌」，想當然耳。「濩濩」是「灌灌」形誤。灌之言讙也，字亦作讙，呼也，與「呵呼」義相應。王紹蘭說「濩」為「雅」借字，以證《說文》「雅，鳥也」，「灌」為形誤〔註145〕。其說誤。

（7）即翼之澤，其中多赤鱬，其狀如魚而人面，其音如鴛鴦，食之不疥。（《南山經》）

郭璞注：鱬，音懦（儒）。疥，一作疾。

畢沅曰：「鱬」當為「鮞」。《呂氏春秋・本味》：「魚之美者，洞庭〔之鱄，東海〕之鮞。」〔註146〕《說文》：「鮞，魚之美者，東海之鮞。讀若而。」（P172）

呂調陽曰：「鱬」疑「鰝」之譌，大鰕也。（P266）

按：呂氏妄改。《集韻》「鱬」字條引「鱬」同。「鱬」是「鮞」異體字，不煩改字。《御覽》卷939引作「鰊」（注作「音需」），亦同。「鮞（鱬）」是「鯢」音轉，《西山經》、《北山經》、《中山經》稱作「人魚」，俗稱作娃娃魚。「赤鱬」即《西山經》之「赤鮭」，「鮭」亦是「鯢」音轉。《廣韻》：「鱬，朱鱬，魚名，魚身人面。」《集韻》：「鮇，魚名，《山海經》：『鮇鱬似鰕無足。』」「赤」形誤作「朱」，復易作「鮇」。《玉篇殘卷》「〔鱬〕」字條殘存「鴛鴦，食之不疾也」七字。

（8）有鳥焉，其狀如鴟而人手，其音如痺，其名曰鴸，其鳴自號也，見則其縣多放士。（《南山經》）

郭璞注：痺，未詳。鴸，音株。

吳任臣曰：《字彙》痺音脾，鳥名，鶉鷃之雌者。陶潛《讀山海經》詩：「鵃鵝見城邑，其國有放士。」或云「鵃鵝」當作「鵙鴸」。（P90）

畢沅曰：「痺」疑為「鼙」字之假音。「鴸」見《玉篇》，云「鳥似雞」〔註147〕。

〔註145〕王紹蘭《說文段注訂補》卷3，收入《續修四庫全書》第213冊，上海古籍出版社2002年版，第238頁。

〔註146〕畢氏引文脫4字，茲據原書補。

〔註147〕引者按：《玉篇》「鳥似雞」，《廣韻》作「似鷗」。

陶潛詩云云，則「鵸」當為「鵃」。（P173）

汪紱曰：其音如痺者，謂其音如有喉病也，或曰音如鴨鴉也。（P10）

郝懿行曰：《爾雅》云：「鷽之雌者名痺。」吳氏云。陶潛詩云云。或云「鵃鵝」當為「鷗鵸」，一云當為「鶻鵸」。（P10）

俞樾曰：畢說非也。痺亦鳥名。《爾雅·釋鳥》：「鷽，鷽。其雄鷽，牝痺。」是痺乃鷽鷽之牝者也。其字本當作「庳」。阮氏《爾雅校勘記》曰：「《釋文》、唐石經、單疏本、雪窗本皆作『庳』，當據以訂正。注疏本誤。」今此經作「痺」，亦誤矣。（P243）

呂調陽曰：鵝，舊作「鷗」，《玉篇》作「雞」，並非。鵸，首圓如木朱也。朱者，木中結，枝所自生也。圓而赤，故又謂赤曰朱。陶潛《讀山海經》詩稱此鳥為「鶻鵝」，亦誤解「朱」義也（今陶詩本復誤為「鵃鵝」）。（P267）

按：朱駿聲亦說「痺」即《爾雅》「鷽，牝痺」（P540）。《詩·伐檀》孔疏、《集韻》「庳」字條、《永樂大典》卷 2806 引《爾雅》「痺」作「庳」，《御覽》卷 924 引誤作「庳」。鵸之言咮也。咮咮，鳥鳴繁雜之聲，故鳥名曰鵸也。《老子指歸·至柔章》：「天下惘惘，咮咮喎喎，不知若鷇，無為若雛，生而不喜，死而不憂。」《御覽》卷 918 引《風俗通》：「呼雞朱朱。」《玉篇》說「鵸鳥似雞」，雞聲「朱朱」，與鳥聲「咮咮」一也。「咮咮」音轉又作「喎喎」，俗語轉作「叨叨」〔註148〕。《禽經》：「鷽雀喎喎，下齊眾庶。」陶詩「鶻」即「鵸」字音轉，吳、畢、郝改字均誤。「侏張」音轉作「輈張」、「侜張」〔註149〕，是其比也。以陶詩「鶻鵝」證之，鵝鳴輗輗（見《孟子·滕文公下》，輗音涯），亦得名於鳴聲，與「鴉」音轉，則汪紱後說「音如鴨鴉」與陶合，痺讀為鵸。治陶詩者，皆改「鶻鵝」為「鷗鵸」〔註150〕，非是。呂調陽妄說耳。

（9）**禱過之山……有鳥焉，其狀如鵁而白首三足，人面，其名曰瞿如，其鳴自號也。泿水出焉，而南流注于海。（《南山經》）**

郭璞注：瞿，音劬。泿，音銀。

〔註148〕相通之例參見蕭旭《馬王堆帛書〈木人占〉校補》，收入《群書校補（三編）》，花木蘭文化事業有限公司 2023 年版，第 342～344 頁。

〔註149〕《文選·答盧諶詩》「自頃輈張」，李善曰：「楊雄《國三老箴》曰：『負乘覆餗，姦寇侏張。』『輈』與『侏』古字通。」

〔註150〕龔斌《陶淵明集校箋》，上海古籍出版社 1996 年版，第 352 頁。袁行霈《陶淵明集箋注》，中華書局 2003 年版，第 415 頁。

汪紱曰：自號者，其鳴聲若曰「瞿如」，因以名之也。（P13）

郝懿行曰：瞿，《玉篇》、《廣韻》並作「鸜」。《玉篇》云：「鸜鳥，似白鵁。」「白」字衍也。《廣韻》云：「鸜，三首三足鳥。」「白首」作「三首」，或字之譌，或所見本異也。（P17）

柯昌濟曰：「禱過」亦古複音形容字，如《左傳》周有「原壽過」，大敦有馬名「驕騧」者，皆可證，而其義不傳〔註151〕。

按：①柯說「禱過」與馬名「驕騧」同源是也，但不是複音形容字。「禱過」是「禱禍」借字。馬名「驕騧」，亦是「禱禍」的易旁分別字，指通過祭祀禱求馬無疾病禍患。「驕」亦作「禂」。《說文》：「禂，禱牲馬祭也。《詩》曰：『既禂既禂。』驕，或從馬，壽省聲。」《周禮·春官·宗伯》「禂牲禂馬」，鄭玄注引杜子春曰：「禂，禱也，為馬禱無疾，為田禱多獲禽牲。《詩》云：『既伯既禱。』《爾雅》曰：『既伯既禱，馬祭也。』」②裴《韻》：「鸜，鸜鳥，白身，三首。」《廣韻》：「鸜，三首三足鳥。」《集韻》：「鸜，鳥名，如雞，白身，三首三足。」疑經文有脫字，當作「而白〔身，三〕首三足」。郝說未是。《御覽》卷928引作「禱過之山，有鳥二足三面，名瞿如」亦有脫誤。「瞿如」猶言「瞿瞿」。其鳴自號者，言其鳴瞿瞿也。汪紱說「鳴聲瞿如」，稍失之。《慧琳音義》卷96引「浪水」誤作「限水」。

（10）有鳥焉，其狀如梟，人面四目而有耳，其名曰顒，其鳴自號也。見則天下大旱。（《南山經》）

呂調陽曰：舊作「顒」，《玉篇》、《廣韻》並作「鶕」。鶕者，首似禺也。「其鳴自號」亦衍文也。（P270）

按：呂氏未得「顒（鶕）」名義，至欲刪「其鳴自號」四字。宋刊本、明刊本「顒」作「鶕」，《玉篇》、《廣韻》、《集韻》引同。《圖讚》「顒鳥棲林」，《御覽》卷939引同。顒之言喁也，其鳴喁喁，故名曰顒。

（11）太華之山……有蛇焉，名曰肥蟥，六足四翼，見則天下大旱。（《西山經》）

郭璞注：湯時此蛇見於陽山下。復有肥遺蛇，疑是同名。

畢沅曰：舊本「遺」作「蟥」，非。據劉昭注《郡國志》引此只作「肥遺」。《廣韻》又作「蟹蟥」，俗字。（P177）

〔註151〕柯昌濟《讀山海經札記》，《古學叢刊》1939年第1期，第4頁。

　　郝懿行曰：「蠵」當為「遺」。劉昭注《郡國志》及《類聚》卷 96 並引作「肥遺」。（P26）

　　呂調陽曰：古謂蚺蛇為巴，其肉曰肥，用以相遺，故凡大蛇及鳥之美者皆曰「肥遺」。（P275）

　　呂調陽又曰：肥遺即巴蛇，今謂之蚺蛇也。（P331）

　　郭郛曰：「飛翼」、「肥遺」、「飛蛇」音近。（P77）

按：《類聚》見卷 100，郝氏誤記。呂調陽妄說其名義，郭郛妄說音轉。《御覽》
　　卷 35、39、933、《事類賦注》卷 28 引亦作「肥遺」，《圖讚》同。《博物
　　志》卷 10：「華山有蛇，名肥遺，六足四翼，見則天下大旱。」《述異記》
　　卷下：「虵一首兩身者，名曰肥遺，西華山中有也。見則大旱。」皆本於
　　此經。《北山經》：「渾夕之山……有蛇，一首兩身，名曰肥遺。見則其國
　　大旱。」郭璞注：「《管子》曰：『涸水之精名曰蟡，一頭而兩身，其狀如
　　蛇，長八尺，以其名呼之，可使取魚龜。』亦此類。」汪紱曰：「蓋『蟡』
　　字即『肥遺』二字合音也。」（P38）畢沅曰：「《廣韻》引此作『蜰蠵』，
　　字俗。郭云即《管子》之『蟡』。案《說文》『蟡』即『遺』字古文。『遺
　　蛇』即『肥遺』，以其長名之。」（P198）郝懿行曰：「《說文》『蟡』即『遺』
　　字之或體。『遺迤』即『委蛇』也，與『肥遺』聲相近，豈即是與（歟）？」
　　（P98）郝懿行引錢侗曰：「《西山經》有『肥蠵』，郭云『復有肥遺蛇，疑
　　是同名』，即謂此經之『肥遺』也。經云『一首兩身』，即《管子》所稱一
　　頭兩身之『蟡』。『蟡』字緩言之則為『肥遺』。其為同物無疑。」（P473）
　　諸說非是，郭璞只說「蟡」與「肥遺」相類，未說即是一物；且聲母不合，
　　不能採用緩言或合音說。「蠵」是「遺」俗字，不必改作。蔣《韻》、《廣
　　韻》並云：「蜰，扶沸反，蜰蠵，神虵。」裴《韻》：「蠵，肥蠵，蛇名，
　　一首兩身，六足四翼，見則大旱。出《山海經》。」《廣韻》：「蠵，蜰蠵，
　　神蛇，一首兩身，六足四翼，見則其國大旱，湯時見於陽山。出《山海
　　經》。」又「蠵，蜰蠵。」《集韻》：「蠵，蜰蠵，蛇名。《山海經》：『泰華
　　山有蛇，六足四翼，見則天下旱。』」「蜰」與「蜚」形、聲俱近〔註 152〕，
　　「蜚」亦「肥」增旁俗字。肥，讀作飛，亦作蜚。遺，讀作追，謂追風。

〔註 152〕　「蜰」、「蜚」奉母雙聲，「蜚」本職部字，轉讀之部，與「蜰」微部可以對轉。
　　　　　　《爾雅・釋艸》：「葵，盧萉。」《說文》：「萉，蘆萉，似蕪菁，實如小尗者。」
　　　　　　「蘆萉」即「盧萉」，於蟲為「蠦蜰」。

《呂氏春秋‧本味》:「馬之美者,青龍之匹,遺風之乘。」高誘注:「行迅謂之遺風。」「肥遺」狀飛行之疾也。《西山經》:「英山……有鳥焉,其狀如鶉,黃身而赤喙,其名曰肥遺。」鳥名「肥遺」亦狀飛行之疾也,不妨異物同名,而取義則一也。鳥名「肥遺」,明顯不取「委蛇」之長義。清華簡(一)《楚居》:「白公起禍,焉遷(徙)襲湫郢,改為之,焉曰肥遺。」整理者曰:「肥遺,地名。新蔡簡甲 3‧240 稱『肥遺郢』。」〔註153〕蓋此地多肥遺之蛇,因作地名也。

(12)有鳥焉,其狀如雄雞而人面,名曰𪁐徯,其鳴自叫也。(《西山經》)

郝懿行曰:《書鈔》卷 113 引「面」作「首」,「鳴」作「名」,蓋形聲之譌。(P45)

呂調陽曰:徯,待也。舒𪁐無匹者,待雄雞而交,因以名此鳥。(P282)

按:呂氏望文生義。孔本《書鈔》卷 113 引「鳴」同今本,郝氏所據乃誤本。𪁐徯,《書鈔》引作「𪁐俟」,《御覽》卷 329 引作「島溪」。《御覽》引「叫」作「呼」。徯、溪、雞音轉,其狀如雄雞,故稱作「𪁐徯」。𪁐者鴨也,連類而及。《書鈔》卷 132 引《語林》:「傅信乃取雞𪁐滅毛,施於承塵上。」《御覽》卷 701、919 引「雞𪁐」作「雞鴨」。「島」是形誤。《詩‧風雨》:「雞鳴喈喈。」「喈喈」是雞鳴聲,喈、雞一聲之轉。《御覽》卷 655 引《談藪》:「魏李恕聘梁,沙門重公接恕曰:『向來全無菹膎(戶佳切)。』」恕父名諧,以為犯諱。恕曰:『短髮粗疏。』重公曰:「貧道短髮,沙門種類,以君交聘二國,不辨膎、諧。』」故其鳴自叫亦是雞音也。

(13)章莪之山,無草木,多瑤碧。有獸焉,其狀如赤豹,五尾一角,其音如擊石,其名如猙。(《西山經》)

郭璞注:京氏《易義》曰:「音如石相擊。」音靜也。

郝懿行曰:「如猙」之「如」當為「曰」字之譌。(P67)

呂調陽曰:我,舊作「莪」。象鷟鳥仰立側目之形,故名「章我」。古錯革鳥于旗章,故謂之章。經中諸漳水皆取象鷟鳥也。「我」同「俄」,側首也。猙音紳,尾多如紳繩也。(P293~294)

袁珂曰:章莪,《御覽》卷 809 引作「章義」。(P47)

〔註153〕《清華大學藏戰國竹簡(壹)》,中西書局 2010 年版,第 191 頁。

徐顯之曰：「五尾」為「互尾」，互有延綿之意，即長尾。「互」誤為「互」，「互」誤為「五」。（P99）

按：《集韻》「猙」字條引亦作「章義」。「如猙」之「如」，明刊本、四庫本同，宋刊本、道藏本作「曰」。猙，讀為鉦，金聲也。其獸音如擊石，故其名曰「鉦」也。經文「五尾」與「一角」連文，「五」就是數目詞。呂調陽、徐顯之妄改妄說，絕無根據。

（14）有獸焉，其狀如貍而白首，名曰天狗，其音如榴榴，可以禦凶。（《西山經》）

郭璞注：貍，或作豹。榴榴，或作「貓貓」。

郝懿行曰：《初學記》卷29引亦作「貍」。貓貓，蓋聲如貓也。「貓貓」與「榴榴」聲又相近。《北山經》譙明山孟槐之獸音亦與此同。又經內亦有單言「其音如榴」者，此經、注疊字蓋衍。（P68）

呂調陽曰：擂擂，吠未止也。（P293）

按：①宋刊本、道藏本、明刊本「貍」作「狸」，《初學記》卷29、《御覽》卷904、913引同。宋刊本、道藏本、明刊本注「貓貓」作「猫猫」。②《御覽》卷913引注「豹」作「狗」。「豹」當作「狗」，「狗」形誤作「犳」，復易作「豹」。其狀如狗，故名曰天狗也。③《西山經》上文：「神英招司之，其狀馬身而人面，虎文而鳥翼，徇于四海，其音如榴。」郭璞注：「榴，音留，或作籀。此所未詳也。」宋刊本注「籀」作重文「籀籀」。郝懿行曰：「疑『榴』當為『擂』，引也。」（P56）呂調陽曰：「『榴』同『鎦』，兵名，以鐵為杕，貫繩於筒以發之也。通作『劉』。」（P292）徐顯之曰：「『榴』當作『籀』，讀書聲。」（P335）郭郛曰：「可能為該圖騰神特有的聲音，口中發出特有的聲音，或由敲擊木塊（榴木）發聲，或敲擊石塊（榴石）發聲，以引起他人注意。」（P158）《北山經》：「有獸焉，其狀如貆而赤豪，其音如榴榴，名曰孟槐，可以禦凶。」「榴」疑當作「貐」，亦省作「留」。《莊子·天地》「執留之狗成思」，《釋文》：「留，如字，本又作貐，音同。一本作狸，亦如字。」《集韻》：「貐，執貐，狗名，言善執留禽獸。」《莊子》「留（貐）」一本作「狸」，留（貐）、狸一聲之轉，《南山經》郭璞注引《莊子》「留」作「犁」。故此經說貍狀的天狗之音如貐。貍似貓，故「貐貐」或作「貓貓」。

（15）翼望之山……有獸焉，其狀如狸，一目而三尾，名曰讙，其音如奪百聲。（《西山經》）

郭璞注：奪百聲，言其能作百種物聲也。或曰：奪百，物名。亦所未詳。

吳任臣曰：《御覽》引經「讙」作「讙讙」，「奪百聲」作「枲百聲」。

畢沅曰：「奪」即「敓」字。（P190）

黃丕烈曰：奪，吳本作「敓」。（P142）

郝懿行曰：敓，《說文》作「敓」，蓋形近誤作「奪」也。《御覽》引又誤作「枲枲」。（P71～72）

朱駿聲曰：其聲如曰奪百也。（P685）

呂調陽曰：敓，舊作「奪」，「木」乃「手」之譌。「百」通「白」。奪白，所謂呼五白也。（P296）

邵瑞彭曰：「奪百」象其聲也。「如榴」、「如錄」、「如梧」亦此類。郭以名物求之，泥矣〔註154〕。

郭郛曰：「敓」近是。狗獾能發出「哺—哺 bu—bu」之聲，但與「奪百」聲稍遠。（P197）

按：《御覽》卷913引「奪百」作「枲百」。「枲」從右從木，吳、郝均失真。所謂「奪百」，郭璞二說均誤，呂調陽亦是妄改妄說。朱駿聲、邵瑞彭以為象聲詞近是，但未說是何詞，又邵氏說「如榴」、「如錄」、「如梧」亦是象聲詞則誤。「奪百」當作「蔓昔」，即「嗻咭（譜）」省文，大叫聲也。《史記·魏公子傳》：「晉鄙嗻咭宿將。」裴《韻》：「嗻，嗻咋，又作咋咭。」「咋」同「咭」。《類聚》卷95晉傅玄《猿猴賦》：「或長眠而抱把（『把』衍文）勒，或嗻咋而齘齗。」讙，又作嚾，大呼也。故其名讙，其音如嗻咭也。《三國志·孟光傳》：「光常譊譊讙咋。」

（16）是多冉遺之魚，魚身蛇首六足，其目如馬耳，食之使人不眯，可以禦凶。（《西山經》）

吳任臣曰：《御覽》卷939作「無遺之魚」。《集韻》引經云「多鮹魚」，似誤。（P116）

郝懿行曰：《玉篇》有「鱸」字，音「唯」，無訓。《御覽》卷939引作「無遺之魚」，疑即「蒲夷之魚」也。蒲、無聲相近，夷、遺聲同。（P79）

〔註154〕邵瑞彭《山海經餘義》，《國學叢編》第1卷第1期，1931年版，第3頁。

郝懿行引錢侗曰：經文「冉」字疑「毌」字傳寫之譌。郭氏《圖讚》作「鬜遺」，後人誤加「彡」也。（P473）

沈欽韓曰：漸離，《史記》作「蝦離」（《說文》有「蝦離」）。《西山經》「冉遺」與「蝦離」聲同〔註155〕。

呂調陽曰：無遺，舊作「毌遺」，從《御覽》卷939引改。「無遺」言形惡無以遺人也。（P286）

郭郛曰：「冉」與「蟓」音近，「遺」與「螔」相近。（P222）

按：「鱬」是「遺」增旁俗字。《御覽》作「無」是，「冉」是形誤。「無」是「蜚」音轉。《西山經》上文六足四翼的蛇名「肥蠖」（《類聚》卷100、《御覽》卷35、39、933引作「肥遺」），《北山經》一首兩身的蛇名「肥遺」，「肥」讀作「蜚（飛）」。「蜚遺」與此蛇首六足的魚名「無遺」，同一命名理據。《集韻》：「鮋，之由切。魚名。《山海經》：『英鞮之山，涴水出焉，是多鮋魚。』」「鮋」亦誤字，其右旁「舟」當是「毌」形誤，因又誤其讀音作「之由切」，此誤之誤者也。「馬耳」當作「馬目」，「耳」不是語氣詞，《御覽》卷939引已誤。《御覽》引「眯」誤作「昧」。

（17）濫水……多箈魮之魚，其狀如覆銚，鳥首而魚翼魚尾，音如磬石之聲，是生珠玉。（《西山經》）

郭璞注：箈魮，如毗兩音。是生珠玉，亦珠母蚌類，而能生出之。

畢沅曰：「魮」俗字，「毗」正字。據李善注《文選》引此文作「文魮」，今從之。（P194）

郝懿行曰：郭氏《江賦》云「文魮磬鳴以孕璆」，李善注引此經作「文魮」，又引郭注作「音毗」，無「箈」字之音，是「箈魮」古本作「文魮」之證。（P83）

按：畢說「魮」即「毗」，是也，音轉又作「蠙（蠙）」，蚌類也。畢、郝改此文作「文魮」，呂調陽從郝說（P287），則非是。李善注引作「文魮」，改字以從《江賦》正文。《御覽》卷939引作「箈薫」，《玉篇殘卷》「魮」字條、《事類賦注》卷9引作「如魮」。「箈」是「如」增旁字，本當作「如」，猶言似也。此魚蚌類，能生珠玉，故名曰「如毗」。鄭珍曰：「『箈魮』當本作『如毗』。毗蚌生珠，出淮水。濫水所生珠母亦其類，故名『如毗』。

〔註155〕沈欽韓《漢書疏證》卷29，收入《續修四庫全書》第267冊，上海古籍出版社2002年版，第10頁。

後世並加『魚』旁耳。」〔註156〕鄭說至當。「如」古字作「女」，形近誤作「文」，《廣韻》、《集韻》「魵」字條引誤作「文魵」。郭璞《江賦》作「文魵」。《初學記》卷 8 引《南越志》：「海中有文魵，鳥頭尾，鳴似磬而生玉。」誤亦同，是其誤甚早。《玉篇殘卷》「魵」字條引「濫水」誤作「濃水」，「磬石」誤作「聲石」。

（18）滑水出焉……其中多滑魚，其狀如鱓，赤背，其音如梧。（《北山經》）

郭璞注：其音如梧，如人相枝梧聲。音吾子之吾。鱓魚似蛇，音善。

畢沅曰：「作『渭水』」、「作『鰭魚』」，舊本脫注，今從藏經本增入。《說文》：「鰭，魚名。」則作「鰭」是也。（P195）

汪紱曰：漢武帝元狩四年得天馬于敦煌之渥洼水中。此「滑」字與「渥洼」字音相近，殆即此水中也。（P36）

郝懿行曰：藏經本郭注有「作『渭水』」、「作『鰭魚』」。如梧，義當如「據梧」之梧。《莊子·齊物論篇》《釋文》引司馬彪云：「梧，琴也。」崔譔云：「琴瑟也。」（P87）

呂調陽曰：象滑稽之狀，故曰「滑水」。滑魚疑即鱧魚。滑，骨中脂也。鱧，醴也。此魚多脂，故名。（P297）

按：畢說非是。欒保群引郝說但引「義當如據梧之梧」七字，而留《莊子》云云裏作自己的案語（P132），甚為滑稽。宋刊本、明刊本均無道藏本「作渭水」、「作鰭魚」的注文，是舊本本無「作渭水」、「作鰭魚」之注。《御覽》卷 740 引「滑水」、「滑魚」同今本，卷 896 引作「滑水」，《慧琳音義》卷 14、20、81、99 引作「滑魚」。作「滑魚」是，其狀如鱓，則魚體滑溜，故稱作「滑魚」，水名因稱作「滑水」。呂調陽說全是夢語。作「渭水」、「鰭魚」者形近致誤。此與《說文》「鰭」無涉。汪紱牽附於渥洼水，尤誤。《御覽》卷 740 引「梧」同，袁珂取郝說（P61）。疑「梧」當作「猖」，字又作「獝」，猿類。此不能必也。

（19）有獸焉，其狀如馬，一角，有錯，其名曰䑛疏，可以辟火。（《北山經》）

郭璞注：言角有甲錯也。或作厝。

<hr>

〔註156〕鄭珍《說文新附考》卷 5，收入《續修四庫全書》第 223 冊，上海古籍出版社 2002 年版，第 324 頁。

郝懿行曰：錯，依字正當為「厝」。《說文》云：「厝，厲石也。」引《詩》「他山之石，可以為厝」。今《詩》通作「錯」。（P87）

呂調陽曰：觿踞，舊譌作「臛疏」。巂本鳥名，即觜觿，俗作子規。《爾雅·釋獸》：「巂，如馬一角。」此曰「觿踞」，言角錯前出每摩體出血，似巂鳥之觜也。「踞」、「觜」同（亦作「呰」）。觿踞如云觜觿耳。（P298）

陳漢章曰：案《攷工記》：「老牛之角紾而昔。」注：「鄭司農云：『昔讀為交錯之錯，謂牛角觕理錯也。』」是「錯」正即《攷工記》之「昔」，不當為「厝」。（P127）

按：①宋刊本、道藏本、明刊本注「厝」誤作「曆」。《集韻》「臛」字條引作「錯」。郭說「角有甲錯」是也，郝說非是，袁珂（P62）、欒保群（P133）偏取其誤說。甲，指表皮。錯，指紋理粗糙、皴皵，錯、粗一聲之轉。《金匱要略·血痹虛勞病脈證並治》：「肌膚甲錯，兩目黯黑。」字亦作棤、皵，《爾雅》：「棤，皵。」郭璞注：「謂木皮甲錯。」《釋文》：「棤音錯。皵音舄。」王《韻》：「棤，皮甲錯。或作皵、湝。」字從木旁者，特指木皮紋理粗糙。字亦省作昔，見陳氏所引《周禮·攷工記》。②「臛」當作「獾」，形近而譌。「疏」、「錯」一聲之轉。《玉篇》：「獾，音攜，獸名。」《爾雅·釋獸》：「驨，如馬，一角。」《釋文》：「驨，本又作巂。」S.2071《切韻箋注》：「嶲（巂），似馬而一角。」考《廣雅》：「鑴，錐也。」王念孫曰：「《內則》鄭注云：『觿貌如錐，以象骨為之。』《釋文》：『觿，本或作鑴。』鑴者，銳末之名。《爾雅·釋獸》：『驨，如馬，一角。』亦以其角形如錐而名之。」〔註157〕王說是也，此獸有一角銳利如錐，故稱作「驨（獾、巂）」；角又有甲錯，故名「獾疏」。《御覽》卷869引「臛疏」作「矔（音歡）踈」，「辟」作「衛」，「矔」又「臛」形譌，「衛」是「御」形譌。

（20）其中多鰼鰼之魚，其狀如鵲而十翼，鱗皆在羽端，其音如鵲，可以禦火，食之不癉。（《北山經》）

郭璞注：鰼，音袴褶之褶。

呂調陽曰：鰼鰼，言羽數動也。（P299）

按：鰼之言習也，猶言重疊、積疊也。其魚有十翼重疊，故名「鰼鰼之魚」。

〔註157〕王念孫《廣雅疏證》，收入徐復主編《廣雅詁林》，江蘇古籍出版社1992年版，第641頁。

《御覽》卷939引《雜書》:「鰼鰼魚，狀如鵲，食之不瘴。」「瘴」是「癉」形誤。

(21)有獸焉，其狀如禺而文身，善笑，見人則臥，名曰幽鴳，其鳴自呼。(《北山經》)

郭璞注：幽鴳，或作「嬻嬒」。鴳，音遏。

吳任臣曰：頞，古音餘，作「鴳」。又《御覽》作「幽頗」，疑誤。(P122)

郝懿行曰：《說文》:「嬻，媟嬻也。嬒，女黑色也。」「鴳」當為「頞」字之譌。《御覽》卷913引《圖讚》云：「幽頞似猴，俾愚作智。觸物則笑，見人佯睡。」(P91～92)

呂調陽曰：「幽鴳」或作「嬻嬒」，則「其鳴自呼」句當衍。(P301)

袁珂曰：幽鴳，《御覽》卷913引作「幽頞」，引《圖讚》亦作「幽頞」。據郭音，作「幽頞」是也。(P65)

按：《御覽》卷913引作「幽頞」，有注：「頞，音遏。」又注：「頞，或作妭也。」吳任臣所見《御覽》是誤本。郭注或作「嬻嬒」者，當指「鴳」或作「嬻」、「嬒」，而不是「幽鴳」或作「嬻嬒」。「嬻」、「嬒」都是「頞」字形譌，郝氏引《說文》不當。《御覽》或作「幽妭」未詳。「幽頞」音「幽遏」是也，象聲詞。字亦作「幽轕」，《文選·羽獵賦》:「皇車幽轕。」李善注：「幽轕，車聲也。」「轕」即「軋」俗字。字亦作「幽藹」。《漢書·楊雄傳》《反離騷》:「既亡鸞車之幽藹兮，焉駕八龍之委蛇？」曹植《文帝誄》:「鸞輿幽藹。」又作「幽軋」，《宋書·樂志四》魏陳思王《鼙舞歌》:「乘輿啟行，鸞鳴幽軋。」又音轉作「優亞」、「軪軋」，《漢書·東方朔傳》:「伊優亞者，辭未定也。」《廣韻》:「軪，軪軋，車聲。」此獸鳴聲「幽轕」，故名「幽鴳」，其鳴自呼也。吳曉東說此經「幽」即甲骨文表示青黑色的顏色詞「幽」〔註158〕，非是。

(22)有獸焉，其狀如禺而有鬣，牛尾，文臂，馬蹄，見人則呼，名曰足訾，其鳴自呼。(《北山經》)

郝懿行曰：《楚詞·卜居》「將呢訾慄斯」，王逸注云：「承顏色也。」「呢訾」即「足訾」，其音同。「慄斯」即「竦斯」聲之轉，鳥名，見下文。(P92)

〔註158〕吳曉東《〈山海經〉語境重建與神話解讀》，中國社會科學出版社2013年版，第195頁。

王念孫曰：則呼，《御覽·獸二十五》「呼」作「笑」〔註159〕。

按：郝說是也。《卜居》：「將哫訾栗斯喔咿嚅唲以事婦人乎？」《文選》作「哫訾慄斯」，《御覽》卷726引作「哫（音足）柴粟斯」。「哫訾粟斯喔咿嚅唲」是局促不安強加笑語以求媚貌。此獸見人則呼（一本「呼」作「笑」），亦其取悅於人的媚態，故名曰「足訾」。胡紹煐曰：「哫訾慄斯，局縮貌。『慄斯』即『哫訾』，皆意重語複以形容之辭。《廣雅》：『慼咨，憋也。』『哫訾慄斯』與『慼咨』音義並通。」〔註160〕朱季海曰：「《方言》卷10：『忸怩，憋澀也，楚郢江湘之閒謂之忸怩，或謂之慼咨。』『哫訾』即『慼咨』，其聲同耳。『栗』當作『粟』，《廣韻》有『慄』云『慄斯』，是也。」〔註161〕二氏說「哫訾」即「慼咨」，是也。字亦作「慼恣」、「噈咨」、「慼咨」，《廣雅》：「祕（䏌）怩、慼恣，憋也。」《慧琳音義》卷20引《方言》、《博雅》並作「噈咨」。《廣雅》：「忸怩，慼咨也。」朱氏說「栗」當作「粟」是也，《御覽》卷726引正作「粟」。《文選》作「慄」是「粟」形譌〔註162〕，《廣韻》「哫」字條引《楚辭》亦誤作「慄」〔註163〕，《記纂淵海》卷95引《楚辭》誤作「慓」〔註164〕。《類聚》卷26引梁簡文帝《答徐摛書》：「足訾粟斯，容與自憙。」〔註165〕S.1393V《失名古籍》：「子既不能喔咿粟斯公王之座。」唐《孫仁貴墓誌》：「對足訾粟斯之議，目所不經；遇孝乎友于之徒，膝洒過席。」顯然都用《楚辭》典故，字正作「粟」。王《韻》、裴《韻》並云：「慄，相玉反，慄斯。」蔣《韻》：「慄，相足反，慄斯。」蔣《韻》字形作「**慄**」，裴《韻》字形作「**慄**」，都極分明。此《廣韻》所本。《篆隸萬象名義》：「慄，斯慄。」《玉篇》：「慄，西足切。承止（上）顏色也。」都是確證。黃靈庚說「粟」當作「栗（慄）」〔註166〕，傎矣。

〔註159〕范祥雍《山海經箋疏補校》過錄王念孫說，上海古籍出版社2013年版，第95頁。

〔註160〕胡紹煐《文選箋證》卷24，黃山書社2007年版，第658頁。

〔註161〕朱季海《楚辭解故》，中華書局2011年版，第162頁。

〔註162〕國圖藏宋刻本、宋淳熙本、宋紹興本、宋明州本、四部叢刊影南宋本、奎章閣本均誤。

〔註163〕宋乾道本、覆宋本重修本、覆元泰定本、符山堂藏板、澤存堂本及《鉅宋廣韻》都誤，蔣《韻》誤同，獨巾箱本、至正南山書院刊本《廣韻》不誤。

〔註164〕《記纂淵海》據宋刻本，四庫本在卷53，誤作「慄斯」。

〔註165〕《梁文紀》卷2作「涊訾栗（粟）斯」。

〔註166〕黃靈庚《楚辭異文辯證》，中州古籍出版社2000年版，第550頁。

(23) 有鳥焉，其狀如雌雉而人面，見人則躍，名曰竦斯，其鳴自呼也。(《北山經》)

郭璞注：躍，躍跳。

陳漢章曰：何秋濤《王會篇箋釋》疑「竦斯」與「良夷在子」之「在子」音相近。「在子」鼈身人面(引者按：『面』當作『首』)，疑亦其類。或說獄法山山獋形與在子相近。(P128)

李炳海曰：鳥名「數斯」，「數」有頻繁、密集、急促之義。「斯」指展翅。鳥的名稱是快捷展翅之義。《北次一經》鳥名「竦斯」，「竦」指伸長脖子，踮起腳跟。「斯」謂展開翅膀〔註167〕。

按：陳氏所列二說都無據，李說亦非是。《御覽》卷928引「竦斯」同。郝懿行說「竦斯」是「慄斯」聲轉(P92)，雙聲連語。朱駿聲說「竦」即《廣雅》「竦，跳也」之義(P61)，呂調陽亦說「竦，躍貌」(P301)。三氏說是也，其名即取義於「見人則躍」也。竦訓跳躍者，縮身而後乃可跳躍，義得相因。竦、縱一聲之轉。《釋名・釋姿容》：「竦，從也，體皮皆從引也。」《淮南子・道應篇》：「若士舉臂而竦身，遂入雲中。」《論衡・道虛》「竦」作「縱」。《楚辭》「慄(粟)斯」亦取見人則跳以取悅於人之誼。

(24) 其中多赤鮭。(《北山經》)

郭璞注：赤鮭，今名鯸鮐為鮭魚。音圭。

吳任臣曰：左思《吳都賦》「魟鮪鯸鮐」，即鮭魚也。王充《論衡》云「鮭肝死人，魦鯸螫人」……一名「鯢魚」，一名「嗔魚」。(P123)

畢沅曰：「鮭」當為「鮐」字。《廣雅》譌為「鮔」，或又譌為「鮭」，皆聲相近之誤。(P197)

郝懿行曰：《玉篇》：「鮭，魚名。」「鯸鮐」作「鯸鮔」，云：「鯸鮔，魺也，食其肝殺人。」……一名「河豚」，又名「鯢」。「鯢」即「鮭」之或體字耳。又案經言「赤鮭」，今所見鯸鮐魚背青腹白，絕無赤者。郭云「鯸鮐為鮭」，既與經不合，而《初學記》卷30引此經云：「鯷魚赤目赤鬣者，食之殺人。」夫「鯷」即「鮎」也。「鯷」與「鮭」聲相近，或《初學記》所引本在郭注，今脫去之邪？(P95)

朱駿聲曰：鯢，刺魚也。《爾雅・釋魚》：「鯢大者謂之鰕。」注：「似鮎，

〔註167〕李炳海《〈詩經〉中「斯」字的表達功能及相關物類事象的辨析》，《西北師大學報》2015年第3期，第30頁。

四腳，前似獼猴，後似狗，聲如小兒啼，大者長八九尺。」亦名人魚，亦名龍魚。按：字亦作鯢。《北山經》云云，注「今名鯢鮎為鯰魚」，非是。《莊子・達生》「倍阿鮭蠪」，司馬注：「鮭蠪，如小兒。」（P523）

按：郭注誤，朱駿聲說是也。「鮭魚」有二種。一是河豚魚，俗作「鯸魚」，其魚肝及血液至毒，《論衡》及郭注所指者是也。鮭之言恚也。「河」是「鮰」記音字，鮰之言呵（訶），怒也〔註168〕。此魚易怒，肚腹鼓如河豚，故又稱作「嗔魚」、「鮰魚」。《本草綱目》卷44：「鯸，謂其體圓也。」〔註169〕李海霞曰：「鮭，猶袿、規、鬹，圓物。鮭魚體圓似棒。」〔註170〕二李氏說均非是。二是此經「鮭魚」，是「鯢魚」音轉〔註171〕，即《南山經》「其中多赤鱬」之「赤鱬」，俗稱作娃娃魚。但朱駿聲引《莊子》「鮭蠪」則誤。「鮭蠪」是狀如小兒的神名，音轉亦作「蚘龍（蠪）」、「徯龍」。《初學記》引作「鯷魚」，云「食之殺人」者，「鯷」是「鮧」、「夷」音轉，「河豚」又名「鯷夷魚」。

（25）有獸焉，其狀如犬而人面，善投，見人則笑，其名山獋，其行如風，見則天下大風。

郭璞注：獋，音暉。其行如風，言疾。（《北山經》）

畢沅曰：投讀如舉，言善舉人。（P197）

按：《文選・吳都賦》李善注、《御覽》卷912引脫「山」字。投謂投擲、拋擲也。《西山經》：「有獸焉，其狀如禺而長臂，善投，其名曰囂。」郭注：「似獼猴投擲也。」《圖讚》：「囂獸長臂，為物好擲。」《西山經》：「有獸焉，其狀如禺而文臂，豹虎而善投〔註172〕，名曰舉父。」又考《北山經》：「有獸焉，其狀如麢羊而四角，馬尾而有距，其名曰驒，善還，其鳴自訆。」郭璞注：「還，〔音〕旋〔註173〕。旋儛也，驒，音暉。」獋、

〔註168〕 參見王念孫《廣雅疏證》，收入徐復主編《廣雅詁林》，江蘇古籍出版社1992年版，第957頁。

〔註169〕 《本草綱目》據萬曆刻本，四庫本「鯸」誤作「鮷」。

〔註170〕 李海霞《漢語動物命名考釋》，巴蜀書社2005年版，第379頁。

〔註171〕 音轉之例參見蕭旭《〈莊子〉「天倪」解詁》，《學燈》第3輯，上海古籍出版社2019年出版，第122～124頁；又收入蕭旭《群書校補（三編）》，花木蘭文化事業有限公司2023年版，第2064～2067頁。

〔註172〕 郝懿行引臧庸曰：「『豹虎』疑『豹尾』之譌。」（P443）《西山經》「豹尾虎齒而善嘯」，或此「豹虎」有脫文。

〔註173〕 「音」字據郝懿行說補（P446）。

騨猶言翬，飛也〔註174〕。其行疾如風，故名為猼耳。猼、騨雖非一物，而得名之由相同。

（26）其中多騨馬，牛尾而白身，一角，其音如呼。（《北山經》）

郭璞注：騨，音勃。

按：蔣《韻》：「騨，騨馬，獸名。似馬，牛尾，一角。又音雹。」騨之言踔，乃「踔」之音轉，跳也。

（27）其中有鮐父之魚，其狀如鮒魚，魚首而彘身，食之已嘔。（《北山經》）

郭璞注：鮐，音陷。

按：宋刊本、明刊本作「鰳父」，注作「音陷」；道藏本作「鰳父」，注作「音謟」；《御覽》卷939引亦作「鰳父」，注作「音瑶」。皆形譌字。《異苑》卷3：「鮐魚，凡諸魚欲產，鮐輒以頭衝其腹。鮐魚自欲生者，亦更相撞觸。故世人謂為眾魚之生母也。」《御覽》卷939引「鮐」亦譌作「鰳」。鮐之言陷，謂衝撞他魚之腹而陷之也。此魚又稱作「鱤魚」，亦是「鮐魚」音轉。《玉篇殘卷》：「鱤，《山海經》：『減水中多鱤魚。』野王案：即鮐魚也。」所引《山海經》出《東山經》，郭璞注：「鱤魚，一名黃頰，音感。」字亦省作「鹹」，《漢書·司馬相如傳》顏師古注引郭璞曰：「魠，鹹也。」魠之言開拓，義與撞陷相會。此水多鱤（鹹）魚，故名「減水」。《本草綱目》卷44：「鱤，敢也。鮐，胳也。胳，音陷，食而無厭也。健而難取，吞啗同類，力敢而胳物者也。」李氏二說均誤。李海霞曰：「鱤，猶杠、杆，身體杠子形。」〔註175〕尤是臆說無據。

（28）其中有師魚，食之殺人。（《北山經》）

郭璞注：師魚，未詳。或作「鯢」。

王崇慶曰：師魚殺人，如今之河豚，誤食亦有死者。（P218）

吳任臣曰：《本草綱目》有「魚師」之名，陳藏器《本草拾遺》云：「魚師大者有毒，殺人。」疑即此魚也。（P134）

畢沅曰：「師魚」或當為「沛魚」之譌，即上文「鮄鮄之魚」。（P206）

〔註174〕 參見王念孫《廣雅疏證》，收入徐復主編《廣雅詁林》，江蘇古籍出版社1992年版，第195頁。

〔註175〕 李海霞《漢語動物命名考釋》，巴蜀書社2005年版，第398頁。

郝懿行曰：師，《玉篇》作「鰤」，非也。郭云「或作鯢」者，師、鯢聲之轉，鯢即人魚也。《酉陽雜俎》云：「峽中人食鯢魚，縛樹上，鞭至白汁出如構汁，方可食，不爾有毒也。」正與此經合。（P124）

呂調陽曰：鮋魚，舊作「師魚」。或作「鯢」，譌。（P315）

徐顯之曰：「師魚」疑即河豚，而非鯢魚。師、豕聲近，豚、豕義同。（P104）

按：畢說是也。呂氏改字無據。徐說指河豚是也，但未得其字。「沛」為河豚魚名，專字作「鰤」、「鯳」。本經上文「其中多鰤鰤之魚，食之殺人」，郭注：「音沛，未詳。」鰤之言怖，音轉亦作悖、怴，怒也。或作「鯢魚」者，則是「鮭魚」音轉，俗作「鯢魚」，又稱作「嗔魚」、「魳魚」。鮭之言恚，亦嗔怒也。此河豚魚之「鯢魚」與人魚之「鯢魚」名義不同。

(29) 其中多箴魚，其狀如儵，其喙如箴。（《東山經》）

畢沅曰：儵，依義當為「鯈」。（P208）

郝懿行曰：「儵」即「鯈」字。（P130）

按：《玉篇殘卷》「鱵」字條引作「鱵魚」，「鱵」即「鱴」。裴《韻》「鱴，魚名」，與「箴」、「針」同音，當即此魚。本經下文「減水出焉……其中多鱤魚」，郭璞注「鱤音感」，此「鱤魚」是「鮯魚」音轉，同名異實。《御覽》卷939引此經作「蔵魚」，又引《南越記》：「長針魚，口四寸。」「蔵」是「箴」俗字。《御覽》卷940引《臨海異物志》：「銅哾魚，長五寸，似鯈魚。」《吳郡志》卷29：「針口魚，口有細骨半寸許，其形如針。」《本草綱目》卷44謂「鱵魚」即「銅哾魚」，是也。「哾」當是「銳」俗字，作名詞指銳形之針。音轉作「錣」，《玉篇》、《廣韻》並曰：「錣，針也。」此魚其喙如箴，故改其形符從口作「哾」。道藏本經文「儵」同，宋刊本、明刊本作「鯈」，《御覽》卷939、《本草綱目》卷44引同。

(30) 有獸焉，其狀如牛而虎文，其音如欽，其名曰軨軨，其鳴自叫。（《東山經》）

郭璞注：欽，或作吟。軨，音靈。

呂調陽曰：軨，旗上鈴也，通作「斿」。（P320）

按：「軨軨」即「驎驎」，也作「鈴鈴」，獸鳴之聲，因取作獸名。《廣雅》：「驎驎、鈴鈴，聲也。」字也作「令令」、「零零」、「玲玲」。

（31）餘峨之山……有獸焉，其狀如菟而鳥喙，鴟目蛇尾，見人則眠，名
曰犰狳。（《東山經》）

郭璞注：見人則眠，言佯死也。犰狳，仇餘兩音。

畢沅曰：舊本經文「犰」作「狣」，傳「几」作「仇」，非。《玉篇》有
「犰」、「狳」字，皆云：「獸，似兔。」「犰」音几。無「狣」字。《廣韻》有
「狣」，云：「獸名，如兔喙蛇尾。」又有「犰」字，蓋非，今從《玉篇》。
（P210）

郝懿行曰：《廣韻》引「峨」作「我」。《玉篇》「犰」、「狳」二字並云：
「獸，似兔。」「犰」音几，無「狣」字。是經文「狣」當為「犰」，郭注「仇」
當為「几」，並字形之譌也。《廣韻》「犰」字注云「兔喙」，蓋脫「鳥」字。
（P135）

俞樾曰：畢說非也……不知「犰狳」本雙聲字，古鳥獸往往取雙聲字為名，
則「犰狳」是而「狣狳」非也。此二字古止作「仇餘」。《淮南子·精神篇》「夫
仇由貪大鍾之賂而亡其國」，高誘注曰：「仇讀『仇餘』之仇也。」所謂「仇餘」
者即謂此獸，乃《山海經》原文也，後人傳寫變而從犬。然郭氏音「仇餘」，
則雖變其形未變其音。（P245）

呂調陽曰：犰狳，言如仇者疲瞑也。（P321）

按：餘峨，《開元占經》卷 117、《廣韻》「狳」字條、《御覽》卷 913 引並作
「餘我」〔註 176〕，《集韻》「狳」字條引作「餘莪」。《御覽》卷 913 引
「眠」誤作「眼」。《開元占經》、《廣韻》「狳」字條、「犰」字條、《集韻》
「狳」字條引「犰狳」同，宋刊本作「仇餘」，《御覽》引作「犰（狣）
狳」。《圖讚》作「狣狳」。《集韻》：「犰，渠尤切，犰狳，獸名。鳥喙，
鴟目，蛇尾。」出於本經。王《韻》：「犰，居履反。獸名。」裴《韻》：
「犰，居履反。獸似兔。」《玉篇》：「犰，音幾。似兔。」《廣韻》：「犰，
居履切，獸名。如兔，〔鳥〕喙，蛇尾，見則有蝗災。」《集韻》：「犰，
舉履切。獸名，兔喙而虵尾。」亦出於本經，而字誤作「狣」，因據誤字
注音，不足信也。「犰狳」是「仇餘」分別字，因是獸名，故易其偏旁。
古音魚、幽二部同用，「仇餘」亦是疊韻連語，此古人取名通例，作「犰
狳」則不合其例。畢沅過信《玉篇》，郝懿行承其誤說，俞樾得之。《左
傳·文公十三年》：「（晉人）乃使魏壽餘偽以魏叛者。」《史記·晉世家》

「壽餘」同，《秦本紀》作「讎餘」，一聲之轉。魏人「讎餘」，即「仇餘」，亦得名於此經也。

（32）有獸焉，其狀如狐而魚翼，其名曰朱獳，其鳴自叫。（《東山經》）

郭璞注：獳，音儒。

畢沅曰：《廣韻》「朱」亦作「袾」，非。（P210）

郝懿行曰：《說文》云：「獳，需聲。」則與「儒」聲相近。（P136）

按：《廣韻》、《集韻》「袾」字條都作「袾獳」，《開元占經》卷117引作「朱儒」。「朱獳」、「袾獳」都是「侏儒」分別字，因是獸名，故易其偏旁。此「獳」與《說文》之「獳，怒犬貌」之「獳」是同形異字。短人為「朱儒」、「侏儒」，短柱為「株檽」，短衣為「朱襦」、「袾襦」，短獸為「朱獳」、「袾獳」，短魚為「朱鱬」、「鮢鱬」，其義一也。

（33）鳧麗之山……有獸焉，其狀如狐而九尾、九首、虎爪，名曰蠪姪，其音如嬰兒，是食人。（《東山經》）

郭璞注：蠪姪，龍蛭二音。

郝懿行曰：《中次二經》昆吾之山有獸名曰「蠪蚳」，郭云「上已有此獸，疑同名」，是此經「姪」當為「蛭」，注文「蛭」當為「姪」。《廣韻》作「蠪蛭」可證，又云「一名蚑蠪」。（P137）

郝懿行又曰：《中山經》「蠪蚳（引者按：『蚳』當作『蚔』）」，「蚔（蚳）」疑當為「蛭」。（P451）

邵瑞彭曰：郝云「姪當為蛭」，是也。《中次二經》作「蠪蚳」者，古凡從氏從氐之字，多寫為從至。此字當從「蚔」為正。「蠪蚔」當即《管子‧水地篇》之「鮭蠪」。《說文》：「蚔，蛙也。」「鮭」者，「蛙」之借字。《廣韻》云「一名蚑蠪」，蚑、蚔音近相通〔註177〕。

按：邵說是也，但引《說文》說「鮭者，蛙之借字」則誤。且《說文》作「蚔，蠶也」，「蚔」與「蚳」迥異。《廣韻》：「蠪，蠪蛭，如狐，九尾，虎爪，音如小兒，食人。一名蚑蠪。」《集韻》：「蚳，稱脂切。蠪蚳，獸名。《山海經》：『鳧麗山有獸，狀如狐，九尾，九首，虎爪，食人。』」又「蠪，一曰蠪蛭，如狐，九尾，虎爪，音如小兒，食人。亦名蚑蠪。」皆本於此經。《圖讚》：「九尾虎爪，號曰蠪蚳。」與《集韻》同作「蠪蚳」。《中山

〔註177〕邵瑞彭《山海經餘義》，《國學叢編》第1卷第1期，1931年版，第4頁。

經》：「有獸焉，其狀如麂而有角，其音如號，名曰蠱蚳，食之不眯。」「蠱
蚳」、「蠱蛭」音轉，而所指有如狐、如麂之不同。郝懿行說「『蚳』疑當
為『蛭』」（P155），殊無必要。一名「蟜蠱」者，群書無考。「蟜」古音「支」，
亦「蚳」音轉。「蟜蠱」是「蠱蚳」倒文轉語。《史記‧龜策列傳》：「明月
之珠出於江海，藏於蚌中，蚨龍伏之。」《索隱》本作「蚨蠱」。《集解》
徐廣引許慎《淮南子》注：「蚨龍，龍屬也。音決。」「蚨龍（蠱）」是「鮭
蠱」轉語，又見《莊子‧達生》，神名也。《莊子釋文》引司馬彪曰：「倍
阿，神名也。鮭蠱，狀如小兒，長一尺四寸，黑衣，赤幘大冠，帶劍持戟。」
又音轉作「徯龍」，《御覽》卷886引《白澤圖》：「室之精名徯龍，如小兒，
長一尺四寸，衣黑衣，赤幘大冠，帶劍持戟。」方以智曰：「『鮭蠱』即《白
澤》之『徯龍』。」〔註178〕

（34）有鳥焉，其狀如鳧而鼠尾，善登木，其名曰絜鉤。（《東山經》）

呂調陽曰：絜鉤，矩也，鳥形似之，故名。（P323）

按：道藏本、明刊本「鉤」作「鈎」，宋刊本作「狗」。絜，讀為挈，持也。「挈
鉤」言其鳥持鉤木枝，以善登木而命名也。

（35）有獸焉，其狀如麋而魚目，名曰䝠胡，其鳴自訆。（《東山經》）

郭璞注：䝠，音婉。

畢沅曰：《玉篇》云「䝠」同「婉」。則「婉」字省文。（P211）

呂調陽曰：「䝠」同「婉」。婉胡，以山名獸也。（P324）

按：「䝠胡」疑是「婉如」、「宛如」音轉，狀魚目婉轉貌。

（36）有獸焉，其狀如狼，赤首鼠目，其音如豚，名曰獦狚，是食人。
（《東山經》）

郭璞注：獦狚，葛旦二音。

畢沅曰：此即狚也。《說文》云：「狚，玃屬。」《莊子音義》云：「司馬云：
『狚，一名獦牂，似玃而狗頭，喜與雌玃交也。』」即此。「狚」、「牂」音相轉，
猶「駔」字兩音矣。《玉篇》、《廣韻》作「獦狚」，云：「丁但切，獸名。」蓋
誤。（P211）

郝懿行曰：「獦狚」當為「獦狚」，注文「葛旦」當為「葛旦」。《玉篇》、《廣

〔註178〕方以智《通雅》卷21，收入《方以智全書》第1冊，上海古籍出版社1988年
版，第727頁。

韻》作「獦狚」，云：「狚，丁旦切，獸名。」可證今本之譌。《說文》云：「狚，
玃屬。」《莊子‧齊物論》《釋文》云云，所說形狀與此經異，非一物也。（P142）

　　朱起鳳曰：《玉篇》作「狙」，又沿「狙」形而誤〔註179〕。

　　朱起鳳又曰：「狙」字作「狚」，乃字形之譌〔註180〕。

　　邵瑞彭引吳承仕曰：「愚謂『獦狚』古書自作『獦狚』，《玉篇》、《廣韻》、
《類篇》、《集韻》並云：『狚，丁但切。獸名，出《山海經》。』《記‧坊記》
引《詩》云：『相彼盍旦，尚猶患之。』《釋文》：『盍，音褐。』鳥、獸名多相
通。獸之有『獦狚』，正猶鳥之『盍旦』也。此為經文作『狚』之切證。畢說
雖善，尚未足任。」〔註181〕

按：畢說誤，郝說、吳承仕說是。朱起鳳二說相反，後說是也。宋刊本、道藏
　　本、明刊本都誤作「狙」，道藏本《圖讚》誤同。元抄本經文作「獵狚」，
　　元抄本《圖讚》作「獦狚」，「獵」是「獦」俗譌，下字當是「狚」。蔣《韻》、
　　《廣韻》、《集韻》之「狚」字條引此經作「獦狚」。王《韻》：「獦，獦狚，
　　獸名，似狼。」又「狚，獦狚，獸名。似（殘缺「狼」字）而赤。出《山
　　海經》。」又「狚，得案反。獦狚，獸名，似狼。」蔣《韻》：「狚，得肝
　　反。獦狚，獸名，似狼。」又「獦，獦狚，獸。」裴《韻》：「狚，丹按反。
　　獦狚，獸〔名〕，似狼。」《玄應音義》卷11「水獺」條云：「狚，都達反。
　　獦狚，獸也，如狼，赤首。」又卷14「水獺」條引《字林》：「獦狚，獸名
　　也，似狼，赤首。」〔註182〕鳥名「鶡鴠」、「渴鴠」、「曷旦」、「盍旦」，與
　　獸名「獦狚」同源，古音月部、元部對轉，取疊韻連語作名稱耳。《集韻》：
　　「胆，膧胆，肥皃。」「膧胆」亦是「獦狚」同源。鳥、獸之名，當取肥
　　皃之義。「膧胆」又音轉作「侏儴」，P.3694V《箋注本切韻》：「儴，侏儴。」
　　又「侏，侏儴，肥大。」裴《韻》：「侏，侏儴，肥大。」蔣《韻》：「侏，
　　侏儴，肥大皃。」《廣韻》：「侏，侏儴，肥皃。」《集韻》：「獦，獦狚，巨
　　狼。」「狚」亦「狚」誤〔註183〕。劉光碧說「獦狚」為正，「狚」當作「狚」
　　〔註184〕，非是。

〔註179〕　朱起鳳《辭通》卷9，上海古籍出版社1982年版，第886頁。
〔註180〕　朱起鳳《辭通》卷19，上海古籍出版社1982年版，第1998頁。
〔註181〕　邵瑞彭《山海經餘義》，《國學叢編》第1卷第1期，1931年版，第4頁。
〔註182〕　《慧琳音義》卷59轉錄，「狚」誤作「狙」。
〔註183〕　參見趙振鐸《集韻校本》引諸家說，上海辭書出版社2012年版，第904頁。
〔註184〕　劉光碧《〈山海經〉動物名研究》，西南民族大學2020年碩士論文，第22頁。

（37）有鳥焉，其狀如鷄而白首，鼠足而虎爪，其名曰鵼雀，亦食人。
（《東山經》）

郭璞注：鵼，音祈。

吳任臣曰：《天問》云「鵼堆焉處」，王逸注：「鵼堆，奇獸也。」柳子《天對》云：「鵼雀在北號，惟人是食。」楊萬里注：「『堆』當為『雀』。」王、柳注誤也。（P142）

畢沅曰：「鵼」即「魁」字異文，未詳郭音何據。《玉篇》亦有「鵼」字，云：「巨希切，星名。」蓋亦「魁」也。（P211）

郝懿行曰：《楚詞・天問》云「鵼堆焉處」，王逸注：「鵼堆，奇獸也。」柳子《天對》云：「鵼雀在北號，惟人是食。」則以「鵼堆」為即「鵼雀」字之誤。王逸注蓋失之。（P142）

王筠曰：屈子《天問篇》曰「鵼堆焉處」，王逸注：「鵼，一作魁。」劉向《九歎・遠逝篇》曰「訊九鵼與六神」，王逸注曰：「九鵼，謂北斗九星也。鵼一作魁。」《補注》曰：「鵼音祈。」《東山經》曰「……其名曰鵼雀」，郭注亦音祈。案王注兩云「鵼一作魁」，謂體異而音同也……寫《楚詞》者不知「斤」即「斗」字而誤作「斤」，郭氏據誤字而為之作音，《集韻》又沿郭氏之誤而收之《八微》渠希切。趙宋以前字書、韻書未有收「鵼」字者也。郭景純之淹雅，乃貽誤如此，蓋字學非其所長〔註185〕。

邵瑞彭曰：畢說「鵼」即「魁」字異文，是也。郭音祈，失之。《玉篇》音巨希切，則緣此注之誤也〔註186〕。

按：《天問》「鵼堆焉處」，王逸注：「鵼堆，奇獸也。鵼，一作魁。」洪興祖《補注》：「《山海經》云云。《天對》云云，注云：『堆當為雀。王逸注誤。』按字書：『鵻，音堆，雀屬也。』則『鵼堆』即『鵼雀』也。」洪說非是。王筠、邵瑞彭說是，「鵼」是「魁」俗譌字，郭璞誤以為「鵼」從斤得聲，故音祈；而《玉篇》、《集韻》復承其誤，故音巨希切。元抄本經文作「鵼崔」，元抄本《圖讚》作「魁雀」。《集韻》「鵼」字條引作「鵼雀」，《御覽》卷928引作「魁雀」。柳宗元《天對》「鵼雀峙北號」，舊注作：「『堆』當為『崔』。『鵼崔』在號山，如鷄，虎爪，食人。王逸注誤。朱云『崔』作『雀』。」

〔註185〕王筠《菉友蛾術編》卷下，收入《續修四庫全書》第1159冊，上海古籍出版社2002年版，第245頁。
〔註186〕邵瑞彭《山海經餘義》，《國學叢編》第1卷第1期，1931年版，第4頁。

則所見《山海經》同元抄本作「尳崔」。此經當作「魁崔」,《天問》「尳堆」,
當作「魁堆」,疊韻連語,高大貌。「堆」是「崔」改易聲符之字。《說文》:
「崔,大高也。」《楚辭·九歎·遠逝》:「陸魁堆以蔽視兮,雲冥冥而闇前。」
王逸注:「魁堆,高貌。魁一作尳。」一本作「尳」亦是「魁」俗譌字。「魁
堆」音轉又作「嵬崔」、「巍崔」、「畏佳」、「峓崔」,亦倒言作「崔嵬」、「崔
巍」。鳥名「魁崔」得義於高大貌。陸龜蒙《入林屋洞》:「魁堆辟邪輩,左
右專備守。」又《採藥賦》:「莫與心傷,瑤圃從驚鵜鴂;如防膽怯,空屏
宜畫魁堆。」舊注:「魁堆,獸名也。」獸名「魁堆」亦得義於高大貌。

(38) 其中多鱃魚,其狀如鯉而大首,食者不疣。(《東山經》)

郭璞注:今「蝦鰌」,字亦作「鱃」。秋音。

郝懿行曰:《廣雅》云:「鱃,鰌也。」是本二字。《御覽》卷 740 引「鯉」
作「鱧」。(P142)

按:郝氏誤校。宋刻《御覽》卷 740 引「鯉」作「鱧」,《慧琳音義》卷 81「鰌
鱓」條、《集韻》「鱃」字條引同。《慧琳》引「大首」誤作「六首」,《集
韻》引誤作「犬首」。《慧琳》引「鱃」作「鰌」,云「鰌,或從羞作鱃」。
「鱃(鰌)」指泥鰍。《廣雅》云「鱃,鰌也」,是以同字相訓,郝說「本
二字」,非是。《玉篇》:「鰌,狀如鱧而小。」「鯉」字當作「鱧」,而「鱧」
又當是「鱺」借音字,指鰻魚。泥鰍與鰻魚相似,皆滑溜之魚。

(39) 有獸焉,其狀如豚而有牙,其名曰當康,其鳴自叫,見則天下大穰。(《東山經》)

吳任臣曰:《事物紺珠》「當」作「庚」,誤。(P143)

郝懿行曰:《御覽》卷 913 引《神異經》云:「南方有獸,似鹿而豕首,有
牙,善依人求五穀,名無損之獸。」所說形狀與此獸近,當即此。「當康」、「大
穰」聲轉義近,蓋歲將豐稔,茲獸先出以鳴瑞。聖人通知鳥獸之音,故特記之。
(P143)

葉昌熾曰:此本「牙」作「介」,「康」作「庚」。「庚」、「康」古今字。「介」
即「甲」字。言形似豚而背有甲。若作「牙」,則豚自有牙,既似豚矣,何必
更言有牙?不可通矣〔註187〕。

〔註187〕葉昌熾《奇觚廎文集》卷中《影宋本〈六帖補〉跋》,收入《續修四庫全書》
第 1575 冊,上海古籍出版社 2002 年版,第 289 頁。所謂「此本」指楊伯喦
《六帖補》卷 11 引《山海經》。

按：《御覽》卷913引《神異經》：「南方有獸，其狀如鹿，豕頭，有牙，鹿尾，善依人求五穀，名曰無損。」郝氏引文不準確。今本《神異經》說「無損之獸，人割取其肉不病，肉復自復」，則與此經之獸不是一物；但可言「有牙」，則此經「牙」字不誤。其狀如豚而說有牙，當指其牙齒異於常牙，特地指明之耳。「當康」疊韻連語，是此獸之鳴聲，非「大穰」聲轉。依《山海經》通例，「見則天下」云何者，與前面的動物名稱無聲音聯繫，不當此文例外。欒保群偏取郝氏誤說（P226）。「當康」是「砨硫」音轉，亦倒作「硫砨」。《玉篇殘卷》「硫」字條引《字書》：「硫，硍（砨）硫也。」《玉篇》：「硫，砨硫也。」《廣韻》：「硫，硫砨，石聲。」

（40）有獸焉，其狀如猷鼠而文題，其名曰𤡅，食之已瘿。（《中山經》）

郭璞注：猷鼠，所未詳，音佌，字亦或作「𪕍」。𤡅，音那，或作「熊」也。

吳任臣曰：《集韻》曰：「𤡅，獸似鼠，斑頭，食之明目。」與此略異。

（P144）

畢沅曰：《玉篇》以「猷」為古文「獨」字。《廣韻》云：「猷，徒各切，獸名，似鼠。」俱與郭音異。疑當為「吠」字。（P213）

郝懿行曰：猷，《玉篇》以為古文「獨」字，非郭義也。《廣韻》「猷」音徒各切，云「獸名，似鼠」，又與郭音異。猷鼠，《爾雅》三十鼠中無之。其字或作「𪕍」，蓋同聲假借也。（P147）

呂調陽曰：𪕲，舊作「猷」。「𪕲」同「𪕍」，地鼠也。《爾雅》云「鼮鼠，𪕍鼠」是也（𪕍舊亦譌猷，郭注讀為吠）。𪕍，尤也，人所尤惡也。（P328）

按：呂調陽臆造文字，亂改經文。畢沅說近是。道藏本作「猷」，宋刊本、明刊本作「**𧏾**」，《集韻》「𤡅」字條引作「猷」，《御覽》卷913引作「數」。《廣韻》亦作「猷」形，畢、郝引誤。經文疑本作「**𧏾鼠**」，即《爾雅》之「𪕍鼠」，易其偏旁「鼠」為「虫」[註188]，而復繁化作「虽」形，與「獨」字古文「𧏾」、「猷」同形，《御覽》復形誤作「數」。或作「𪕍」者，又「猷」形譌。「𪕍」舊音扶廢切，音同「吠」，即是「吠」分別字，或從吠省聲。《爾雅釋文》引舍人云：「其鳴如犬〔吠〕也。」[註189]𪕍鼠鳴

[註188]「𪖪（𪕍）」或作「蚩」，「鼢」或作「蚡」，「𪕧」或作「蟠」，都是其比。《東山經》如雞之「蚩鼠」，即《說文》似雞之「𪖪（𪕍）鼠」。《說文》：「𪕧，或曰鼠婦。」又「蟠，鼠婦。」《爾雅·釋蟲》：「蟠，鼠負。」《釋文》：「蟠，字或作𪕧。」《說文》：「鼢，地行鼠。蚡，或從虫、分。」

[註189]「吠」字據《集韻》「𪕲」字條補。

聲如犬吠，因名為「犾」，專字作「㹠」。「其名曰戁」四字，《集韻》引作「名曰戁」，《御覽》引作「名曰那」，《慧琳音義》卷66引誤作「名白能」。王《韻》、裴《韻》並云：「戁，獸名。」《廣韻》：「戁，獸名。似鼠，班頭，食之明目。」「班（斑）頭」即「文題」，而說「明目」則與經文不同。《慧琳音義》、《御覽》引「已」作「治」。

（41）**有獸焉，名曰獝，其狀如獳犬而有鱗，其毛如彘鬣。（《中山經》）**

郭璞注：獝，音蒼頡之頡。

吳任臣曰：獳犬，怒犬也。（P150）

畢沅曰：《說文》：「獳，怒犬皃。」獝，即獺也。《文選》郭璞賦有「獱獺」，李善注引此，字亦作「獺」。案「獝」字《說文》、《玉篇》所無，當只作「頡」，或作「獺」。（P218）

汪紱曰：獳，犬之多毛者。（P64）

郝懿行曰：《說文》云：「獳，怒犬皃。」「獝」字諸書所無，郭氏《江賦》有「獱獺」，李善注引此經亦作「獺」，又引郭注云：「音倉頡之頡，與獺同」。然「獺」不與「頡」同音，未知其審。（P163）

按：「與獺同」當作「〔獝〕與獺同」，是《文選》李善注語，不是郭璞注語。《江賦》「獱獺」李善注引此經「有獸名曰獺，其狀如鱬，其毛如彘鬣」〔註190〕，其中引文「獺」當作「獝」，李善引以解《江賦》「獱獺」，故又說「獝與獺同」。陳景雲曰：「『獝』何以與『獺』同，所未詳也。」〔註191〕與郝氏所疑同。「獝（頡）」從吉得聲，見母質部字。「獺」從賴得聲，來母月部字。見母、來母相通，質部、月部旁轉疊韻。《說文》：「獺，如小狗也，水居，食魚。」「獱」同「猵」，獺屬，食魚的水狗。《集韻》「獝」字條引此經作「獝」。經文指出「獝」的形狀「如獳犬」，獳讀為孺，小也，弱也。「獳犬」謂小犬，吳任臣等說「怒犬」非是。《中山經》下文「葴山，視（瀙）水出焉……其中多人魚、多蛟、多頡」，郭璞注：「頡，如青狗。」元抄本《中山經圖讚》：「獝若青狗，有鬣被鮮。」（道藏本缺）畢沅曰：「頡，此『獺』字之假音，前經作『獝』，非。」（P235）郝懿行曰：「《中

〔註190〕國圖藏宋刻本、宋淳熙本、宋明州本、四部叢刊影南宋本、奎章閣本、明吳勉學本都作「獺」字。

〔註191〕陳景雲說轉引自梁章鉅《文選旁證》卷14，福建人民出版社2000年版，第366頁。

次四經》『有獸名猲』云云，《文選・江賦》注引『猲』作『獺』，然獺固無鱗，恐非也。此經之『頡』，郭云『如青狗』，則真似獺矣，而獺復不名頡，亦所未詳。」（P218～219）「頡」即「猲」，狀如青狗，與「獺」狀如小狗相符，正其音轉之字，李善說不誤。獺有鱗者，蓋形稍異。胡紹煐曰：「或賦文作『獱頡』，注引《山海經》『猲』，而云『頡與猲同』，傳寫者涉注加犬旁作『猲』，後人又改『猲』為『獺』，遂謬誤而不可通。」〔註192〕胡氏改《江賦》「獱獺」為「獱頡」，尤其無據。《漢書・楊雄傳》《羽獵賦》有「獱獺」（《古文苑》卷4作「猵獺」），《淮南子・兵略》、《鹽鐵論・輕重》有「猵獺」（《御覽》卷912引《鹽鐵論》作「獱獺」），《文子・上義》有「蝙獺」。《莊子・齊物論》「猨、猵狙以為雌」，「猵狙」當作「猵狚」，即「猵獺」。郭氏《江賦》用「獱獺」，正是時人習語，不得改易。黃帝之史臣造字者「倉頡」，當以作「蒼頡」為正，頡者青狗，蒼、青一聲之轉，取動物名「蒼頡」為人名耳〔註193〕。「禹」取義是條蟲，「蒼頡」取義是條狗，古人不以為賤。《爾雅》「鼮鼠」郭璞注：「今江東山中有鼮鼠，狀如鼠而大，蒼色，在樹木上。音巫覡。」〔註194〕王引之校「鼮」作「鼳」，云：「『鼳』字，《玉篇》：『胡旴、胡姪二切，似鼠而白也。』《廣韻》：『胡狄、胡結二切，鼠名。』《集韻》：『奚結切，鼠名，色蒼。』胡狄之音，正與『覡』同；色蒼之訓，又與注合，而其字從頁。」〔註195〕王說是也，一本「鼮」作「鼳」，亦「鼳」形譌。王《韻》：「鼳，胡結反。鼠〔名〕。又胡狄反。」「鼳」當是從頡省聲，指蒼白色的鼠，與「猲」指蒼色的狗，同出一源。

〔註192〕胡紹煐《文選箋證》卷14，黃山書社2007年版，第376頁。

〔註193〕朱駿聲則曰：「黃帝史倉頡，殆青項，以類命為象也。」朱氏以「頡」為頸項義。朱駿聲《說文通訓定聲》「頡」字條，武漢市古籍書店1983年版，第635頁。

〔註194〕阮元《校勘記》引段玉裁曰：「《初學記》引作『江東呼鼮鼠者，似鼠大而食鳥，在樹木上』，又以『食鳥』、『毀牛』為事對。『蒼色』蓋『食鳥』形近之譌。」段說非是，《初學記》卷29引《爾雅》：「鼮鼠，音狐覓反，似鼠而大，蒼黑色，在樹木上。」（據宋刻本，古香齋本脫「大」字）《御覽》卷911引無「木」字，其餘全同。《初學記》卷29又引《爾雅》誤「鼮鼠」作「鼮鼠」，誤「蒼色」作「食鳥」，復據誤本作事對，不足信取。《集韻》「鼮」字條引「蒼色」同。《十三經注疏》附《校勘記》（方向東點校本）第24冊，中華書局2021年版，第642頁。

〔註195〕王引之《經義述聞》卷28，江蘇古籍出版社1985年版，第680頁。

（42）机谷，多䳅鳥，其狀如梟而三目，有耳，其音如錄，食之已墊。（《中山經》）

郭璞注：䳅，音如鉗釱之釱。墊，未聞。

王崇慶曰：墊，昏墊也。（P230）

畢沅曰：如錄，《玉篇》引作「如豕」。已墊，《玉篇》引作「亡熱」。然郭云「未聞」，則古本竟作「墊」也。又案《九經字樣》云：「䨮，音店，寒也。《傳》曰『䨮隘』。今經典相承作『墊』。」則「墊」又「痁」字假音，當讀如「齊侯疥，遂痁」之痁。（P219）

汪紱曰：墊，下溼病。（P65）

郝懿行曰：《玉篇》有「䳅」字，云「徒賴切」。「錄」蓋「鹿」字假音，《玉篇》作「音如豕」。《方言》云：「墊，下也。」墊蓋下溼之疾。《玉篇》說此鳥作「食之亡熱」，非郭義也。又《說文》云：「䨮，寒也。讀若《春秋傳》『墊阨』。」義亦相近。（P166～167）

朱駿聲曰：墊，叚借為慹。《中山經》「䳅鳥，食之已墊」。按：怖畏也。（P113）

朱駿聲又曰：「䳅」疑即「雄（雅）」字，誤從大。（P692）

朱駿聲又曰：䳅，《中山經》云云。從鳥與從隹同，疑即「雄（雅）」字之誤。（P809）

孫詒讓曰：畢、郝兩說並非也。「墊」當作「螯」，古「戾」字，謂首及四枝反戾之病。（P92）

胡吉宣曰：《九經字樣》：「䨮，音店，寒也，經典相承作墊。」是「已墊」乃愈寒疾也〔註196〕。

駱瑞鶴曰：「墊」當以寒溼為正解，即《左傳》所謂沈溺重膇之疾〔註197〕。

賈雯鶴曰：「豕」異體字作「彖」，形近而訛作「錄」〔註198〕。

按：郭云「未聞」，郝氏說「非郭義也」，郭氏既不知，安得郭義？宋刊本、道藏本、明刊本「䳅」作「䳅」。「䳅」字字書不收，郭璞讀如鉗釱之釱，則字必當從大，《集韻》「䳅」音徒蓋切和大計切，二引此經都作「䳅」。裴《韻》「䳅」音徒蓋反，釋作「鳥名」。《廣韻》亦音徒蓋切，釋作「鳥也」。

〔註196〕胡吉宣《玉篇校釋》，上海古籍出版社 1989 年版，第 4728 頁。
〔註197〕駱瑞鶴《〈山海經〉病名考（下）》，《長江學術》2006 年第 3 期，第 141 頁。
〔註198〕賈雯鶴《〈山海經·中山經〉校議》，《西昌學院學報》2021 年第 1 期，第 77 頁。

朱駿聲疑「獃」即「雅（雉）」誤也。《江賦》「鷝鶩鷗獃」，李善注引此經亦誤作「獃」〔註199〕，音徒計切；五臣本字作「魼」，《類聚》卷8、《說文繫傳》「魼」字條引同〔註200〕，「魼」既可能是「獃」形誤，也可能是「獃」音誤。朱駿聲讀墊為熱，是也，亦是「儡」、「儡」音轉字。清華簡（十）《病方》簡13「……畬（飲）之以瘦（瘥）熱」文例同，正是「熱」字。「覊」猶言藝也、摯也，謂霜雪不時而早降，故訓寒也〔註201〕，與此經無涉，郝懿行、胡吉宣引之不當。《玉篇》作「如豕」、「亡熱」，「豕」是「錄」形誤，「亡」是「已」形誤，「熱」當是「熱」形誤，而不是「熱」俗字。《西山經》：「有鳥焉，其狀如翟而赤，名曰胜遇，是食魚，其音如錄。」郭璞注：「音錄，義未詳。」其字分明是「錄」，郝懿行讀錄為鹿，可備一通。吳任臣曰：「『錄』、『鹿』古相通也，疑為『鹿』之借字。」（P110）此郝說所本。賈雯鶴說非是。

（43）苦山，有獸焉，名曰山膏，其狀如逐，赤若丹火，善詈。（《中山經》）

郭璞注：逐，即「豚」字。

畢沅曰：借「遯」字為之，「逐」又「遯」省文。（P225）

汪紱曰：「逐」當作「豚」。（P69）

郝懿行曰：《玉篇》云「騄，音逐，獸名」，即此。畢氏云云。懿行謂「遯」古文作「遂」，見鄭《易》。「遯」從豚得聲，「遂」作「逐」，文省。是此經之「逐」從「遯」或「遂」省，當讀為「豚」，故曰「逐即豚字」也。（P181～182）

呂調陽曰：遂，舊作「逐」，郭云即「豚」字，故知本作「遂」也。（P337）

按：呂說即自郝說化出。《御覽》卷466引「逐」作「豚」，乃據郭說改字。《圖讚》：「山膏如豚，厥性好罵。」《廣韻》：「騄，馬騄，獸名。」《篇》、《韻》據此經加偏旁製俗字「騄」。此經「逐」不能必是「豚」字。余疑逐讀為騄，良馬也。蔣《韻》：「騄，騄良，健馬。」蟲名「馬陸」一名「馬蚿」，草名「商陸（蔏蓙）」一名「蓬蓯（募）」，皆是其比也。

〔註199〕國圖藏宋刻本、宋淳熙本、宋明州本、四部叢刊影南宋本都誤。

〔註200〕《類聚》據宋刻本、明刻本，四庫本作「獃」。

〔註201〕參見蕭旭《〈說文〉「覊」、「藝」二字疏證》，收入《群書校補（三編）》，花木蘭文化事業有限公司2023年版，第1897～1906頁。

（44）岷山，江水出焉，東北流注於海，其中多良龜，多鼉。（《中山經》）

郭璞注：良，善。

按：《北山經》：「隄山，隄水出焉，而東流注於泰澤，其中多龍龜。」郝懿行曰：「龍、龜二物也。或是一物，疑即吉吊也，龍種龜身，故曰龍龜。」（P99）《管子‧小匡》：「昔人之受命者，龍龜假，河出圖，雒出書，地出乘黃，今三祥未見有者。」假，至也。「龍龜」、「圖書」、「乘黃」是謂三祥，「龍龜」當是一物，即「良龜」音轉也。《說文》：「瀧，雨瀧瀧兒。」段注：「瀧瀧，雨滴兒也。音轉讀為『浪浪』。」〔註202〕《楚辭‧離騷》：「攬茹蕙以掩涕兮，霑余襟之浪浪。」蔣《韻》：「駺，駺良，健馬。」裴《韻》同。S.2071《切韻箋注》：「駺，駺良，逸健（健）馬。」《集韻》：「駺，驦駺，良馬。」又「驦，驦駺，良馬。」「驦駺」是「駺良」倒語音轉。「稂」音轉為「穭」，「狼戾」音轉為「憹恨」，「郎當」音轉為「龍鍾」〔註203〕，「硍硍磕磕」音轉為「礧礧磕磕」，「琳琅」音轉為「玲瓏」，皆其證。《劉子‧知人》：「驥之伏也，孫陽未賞，必與駑駘同櫃。」袁孝政注：「驥，龍馬也。駑駘，鈍馬也。」「龍馬」即「良馬」音轉，他書注解多訓「驥」為「良馬」或「善馬」。《史記‧酈商傳》《索隱》：「駏者，龍馬也。」《文選‧廣絕交論》李周瀚注訓「駏」為「良馬」。《太平廣記》卷47引《傳奇》：「許棲巖將為入蜀之計，欲市一馬而力不甚豐，自入西市訪之，有蕃人牽一馬，瘦削而價不高，因市之而歸。以其將遠涉道途，日加芻秣，而肌膚益削。疑其不達前所，試詣卜肆筮之，得《乾卦》九五，道流曰：『此龍馬也，宜善寶之！』」此馬瘦削而稱作「龍馬」，亦即「良馬」音轉，非謂如龍之馬也。

（45）蛇山……有獸焉，其狀如狐而白尾長耳，名犯狼，見則國內有兵。（《中山經》）

郭璞注：犯，音巴。

畢沅曰：音巳，舊本譌作「音巴」。「犯」字《說文》所無，見《玉篇》，云「時爾切」，義同此。（P231）

汪紱曰：犯，音巳。（P75）

〔註202〕段玉裁《說文解字注》，上海古籍出版社1981年版，第558頁。

〔註203〕參見蕭旭《〈越絕書〉古吳越語例釋》，收入《群書校補（續）》，花木蘭文化事業有限公司2014年版，第2013頁。

郝懿行曰：郭蓋音「巳」字，譌作「巴」也。《玉篇》云「狚，時爾切」，云：「獸，如狐白尾」。（P204）

呂調陽曰：「犯」舊作「狚」，後人據《玉篇》妄改也，郭注「音巴」。（P362）

按：汪紱「音巳」是也，道藏本誤作「音巳」，宋刊本、明刊本、四庫本都誤作「音巴」。《中山經》下文「鮮山……有獸焉，其狀如膜大，赤喙，赤目，白尾，見則其邑有火，名曰狋即」，郭璞注：「狋，音移。」「狋」同「狚」，亦作「狋」、「狤」。彼文「即」當作「郎」，「狋郎」即此文「狚狼」。郝懿行據《廣韻》校「膜大」作「膜犬」（P222），是也。裴《韻》：「狋，弋支反。獸名，似犬，見則有兵。」《篆隸萬象名義》：「𤞤（狋），餘支反。〔似〕犬，赤喙，白尾。」《廣韻》：「狋，弋支切。獸名，似犬，尾白，目、喙赤，出則大兵。」《集韻》：「狋，獸名，似犬，赤喙，白首，見則荒。或作狋、狤。」都本《山海經》而作「似犬」，足證「大」是「犬」形誤。此經「似犬」作「如狐」，是傳聞異辭。裴《韻》：「狚，獸名，似狐，見則有兵。」《玉篇》：「狚，獸，如狐，白尾。」《廣韻》：「狚，獸名，似狐，出則有兵。」《篆隸萬象名義》：「狚，如狐，尾白長。」《集韻》：「狚，《山海經》『蛇山有獸，如狐，白尾，名曰狚狼。』」又「狚，狼屬，似狐，白色，尾長，見則有兵。」都本此經而作「狐」字。《集韻》：「狚，唐何切。獸名。或作狤。」疑亦「狚」音轉。狐形似犬而體小頭瘦尾長，故或言「如狐」，或言「如犬」也。《證類本草》卷18引陶隱居說：「狐，形似黃狗，鼻尖，尾大。」《新修本草》卷15：「狐鼻尖似小狗，唯尾大。」

（46）有獸焉，其狀如犬，虎爪，有甲，其名曰獜，善駚𨄮，食者不風。（《中山經》）

郭璞注：獜，言體有鱗甲。音吝。駚𨄮，跳躍自撲也。鞅奮兩音。不風，不畏天風。

畢沅曰：舊「𨄮」作「𨄮」，非。「駚𨄮」字，《說文》、《玉篇》所無，「鞅」當為「駚」，「𨄮」當為「𨄮」。《漢書》司馬相如賦云「𨄮入曾宮」，蘇林曰：「𨄮音馬叱𨄮（引者按：二字據原書當乙作「𨄮叱」）之𨄮。」是此義。（P234）

汪紱曰：不風，不畏風，或云無風疾也。（P80）

郝懿行曰：「駚𨄮」二字，《說文》、《玉篇》所無。據郭音義，當為鞅掌奮迅之意。又按此物形狀頗似鯪鯉，「鯪」、「獜」聲近。後世亦用鯪鯉療風痺（痹）。（P216）

俞樾曰：「風」亦病名也。（P247）

呂調陽曰：獜即鯪鯉。駯，馬負軛也。牟音忿，牛負軛怒進也。皆用肩作力之意。（P349）

劉釗曰：「駯」應該是「駃」字之訛。元曹善本正作「駃牟」，「牟」字是後世失傳的「奔」字俗體。「駃牟」就是「駃奔」。「善駃牟（奔）」，是說「獜」善於快速奔跑〔註204〕。

按：①郭璞「軮奮」是擬音，不是釋義，郝氏說以「軮掌奮迅」，誤也。欒保群偏取郝氏誤說（P331）。呂調陽全是臆說。②郭氏說「體有鱗甲」是也，正以經文「有甲」而命名，故「獜」是「鱗」易旁字。郝氏說「鯪、獜聲近」亦誤。③宋刊本、道藏本、明刊本都作「駯牟」。《集韻》：「牟，跳躍也。」引此經作「駯（駃）牟」〔註205〕。又《集韻》：「駯，駯牟，獸跳踏自撲也。」皆本於此經郭注，而別無所據。駯讀為卬、仰，俗作昂，舉頭也。牟讀為噴，噴氣叱怒也。畢沅所引蘇林說「坌叱」之坌亦讀為噴，是同義複詞。《說文》：「噴，吒也。」又「吒，噴也，叱怒也。」「駯牟」謂舉首噴氣也。《北山經》：「單張之山有獸焉，其狀如豹而長尾，人首而牛耳，一目，名曰諸犍，善吒。」「善駯牟」即是「善吒」。《大荒北經》郭璞注：「歍，嘔，猶噴吒。」《北山經》：「有鳥焉，其狀如鵲，白身、赤尾、六足，其名曰鵸䳜，是善驚，其鳴自詨。」《集韻》「䳜」字條引作「名曰鵸䳜」。䳜之言噴，此鳥亦善吒，故名曰「䳜」。劉釗說「駯」疑當作「駃」亦備一說，則郭氏所見本已誤。王念孫亦校作「駃」〔註206〕。《廣雅》：「駃，犇也。」駃讀為趹，《說文》：「趹，馬行皃。」指馬疾行皃。《玉篇殘卷》「緷」字條引《淮南子》「趹步」許叔重注：「趹，疾也。」《文選·西都賦》李善注、《後漢書·班彪傳》李賢注引《廣雅》作「趹，奔也」。字亦作趀，《廣雅》：「趀，疾也。」蔣《韻》：「趀，馬行疾皃。」王《韻》：「趀，疾行，〔亦作〕趹。」劉釗又說牟即奔，司馬相如賦「坌入曾宮」亦可作此解。《莊子·齊物論》：「麋鹿見之決驟。」決亦讀作趹，驟者奔也。「風」指風淫之疾，汪紱後說及俞樾說是也。

〔註204〕 劉釗《出土文獻與〈山海經〉新證》，《中國社會科學》2021年第1期，第101頁。

〔註205〕 各本「駯」都誤作「駃」，《類篇》復誤作「駊」。

〔註206〕 范祥雍《山海經箋疏補校》過錄王念孫說，上海古籍出版社2013年版，第223頁。

（47）有獸焉，其狀如猷鼠，白耳白喙，名曰狙如，見則其國有大兵。
　　（《中山經》）

郭璞注：猷鼠，《爾雅》說鼠有十三種，中有此鼠，形所未詳也。音狗吠之吠。

畢沅曰：《爾雅》「猷鼠」，舍人云「其鳴如犬也」，見《釋文》。則「猷」或當為「吠」。《中山經》有「獻鼠」，疑亦「吠」字之譌也。《玉篇》又云「鼣」同「猷」。（P236）

郝懿行曰：郭注《爾雅》亦引此經。《釋文》引舍人云：「其鳴如犬也。」（P219）

按：《爾雅・釋獸》「猷鼠」，《釋文》：「猷，字或作『鼣』。符廢反。舍人云：『其鳴如犬〔吠〕也。』」〔註207〕《廣韻》：「猷，符廢切。鼠名，如犬吠也。」郭璞注猷音吠，朱駿聲指出「猷」從吠省聲（642），故音符廢反。「猷鼠」即《中山經》上文「獻（獻）鼠」。「吠」與「犮」聲轉，故「吠」又作「狘」。《篆隸萬象名義》：「狘，扶癈反。犬鳴。」《集韻》：「吠，房廢切。《說文》：『犬鳴也。』或作狘、狘。」「猷」從吠省聲，故異體字又作「鼣」（不是形誤）〔註208〕，《類聚》卷95引《爾雅》作「鼣鼠」，注音「吠」。裴《韻》：「鼣，符廢反。鼠名。」「鼣」又音轉作「鼣」。《集韻》：「鼣、鼣：房廢切。鼠名，其鳴如犬吠。或從發。」「狙如」名義未詳。

（48）丑陽之山……有鳥焉，其狀如烏而赤足，名曰䴔䳍，可以禦火。
　　（《中山經》）

郭璞注：䴔，音如「枳柑」之枳。

畢沅曰：「䴔䳍」二字《說文》所無，見《玉篇》。（P237）

郝懿行曰：《玉篇》、《廣韻》說䴔䳍鳥與此經同。郭云「音如枳柑」，「柑」當為「根」字之譌。（P224）

袁珂曰：「䴔䳍」音枳徒。宋本、毛扆本、汪紱本並作「䴔餘」。（P163）

按：道藏本、明刊本、四庫本亦作「䴔餘」，王崇慶本脫作「䴔」。明刊本、四

〔註207〕「吠」字據《集韻》「鼣」字條補。
〔註208〕段玉裁則說「鼣當作鼣」，王念孫從之。段玉裁說轉引自《十三經注疏》附《爾雅注疏校勘記》第24冊，中華書局2021年版，第641頁。王念孫說轉引自王引之《經義述聞》卷28，江蘇古籍出版社1985年版，第680頁。

庫本注「枳柑」同，宋刊本、道藏本作「枳橘」。「駅」字字書不載，其為鳥名，則必是「䮊」形誤。《御覽》卷 928 引作「䮊鵌」，又引「禦」誤作「衛」。裴《韻》：「䮊，鳥如烏。」《集韻》：「䮊，䮊鵌，鳥名。赤足，善禦焚。」考《西山經》：「翼望之山……有鳥焉，其狀如烏，三首六尾而善笑，名曰鵸鵨，服之使人不厭。」《北山經》：「帶山……有鳥焉，其狀如烏，五彩而赤文，名曰鵸鵨，是自為牝牡，食之不疽。」「鵸鵨」與「䮊鵌」音轉，三經說其形狀都是「其狀如烏」，而功用不同，蓋寔一族，同源而異稱耳。「䮊鵌」又是「枳椇」、「枳枸」、「枳句」、「積枳」、「棙橄」音轉。

(49) 几山……有獸焉，其狀如彘，黃身，白頭，白尾，名曰聞獜，見則天下大風。（《中山經》）

郭璞注：獜，音隣。

按：宋刊本、道藏本、明刊本作「几山」，汪紱本、畢沅本作「凡山」。宋金州軍刻本《集韻》「獜」字條引作「几山」，宋潭州刻本、錢恂藏揚州使院本、曹氏棟亭本同，宋明州刻本、述古堂影宋鈔本作「九山」。「九」是「凡」俗字。不知孰是。「聞獜」是「玢璘」音轉，又音轉作「班斕」、「斑爛」、「斑蘭」、「煸斕」，也倒作「璘班」，色不純也。

(50) 暴山……其獸多麋、鹿、麕、就。（《中山經》）

郭璞注：就，鵰也，見《廣雅》。

楊慎曰：「麕」即「麂」也，「就」即「鷲」也。（P299）

吳任臣曰：「麕」即「麂」也，「就」即「鷲」也。（P175）

汪紱曰：「就」義未詳，或曰「鵰鷲」也。（P84）

郝懿行曰：《廣雅》云：「鷲，鵰也。」《說文》：「鷲，鳥黑色多子。」通作「就」〔註209〕。就，鳥也，經統謂之獸者，鳥、獸通名耳。（P230）

朱駿聲曰：就叚借為鷲。（P258）

呂調陽曰：就，雌也。犬即食曰就，雌相赴難，不可遣，如犬即食，故亦名「就」。（P365）

袁珂曰：王念孫於「就」上校增「其鳥多」三字。（P167）

按：《文選・鵩鶵賦》李善注引《山海經》：「景（暴）山多鷲。」郭氏所見本

〔註209〕「通作就」三字是郝氏語，欒保群點校本誤置於引號內，不思《說文》無「通作某」的體例，而恣意亂點。

作「就」，李氏改作「鷲」以就《鷦鷯賦》正文。王念孫增「其鳥多」三字於版本無據，郝氏說「鳥、獸通名」勉強，呂氏純是臆說。余謂「就」當作「京」，是「麔」脫誤或省文。《中山經》上文「女几之山……其獸多豹虎，多閭麋麔麈」，《爾雅·釋獸》疏、《爾雅翼》卷20、《證類本草》卷18引「麔麈」作「麔麐」。「麐」同「麈」，見《說文》。「麐麔」即「麔麈」，皆鹿屬。

（51）龍魚陵居在其北，狀如貍，一曰鰕。（《海外西經》）

郭璞注：或曰龍魚似貍，一角。鰕，音遐。

畢沅曰：一作「如鰕」，言狀如鯢魚，有四腳也。《爾雅》云：「鯢大者謂之鰕。」（P246）

郝懿行曰：龍魚，郭氏《江賦》作「龍鯉」，張衡《思玄賦》仍作「龍魚」，《淮南·墜形訓》作「礪魚」，高誘注云：「礪魚如鯉魚也，有神聖者乘行九野，在無繼民之南。礪音蚌。」「貍」當為「鯉」字之譌。李善注《江賦》引此經云：「龍鯉陵居，其狀如鯉。或曰龍魚，一角也。」蓋並引郭注。又注《思玄賦》引此經云：「龍魚陵居在北，狀如鯉。」高誘注《淮南·墜形訓》亦云「如鯉魚也」，可證。《後漢書·張衡傳》注引此經「鰕」作「蝦」，蓋古字通也。《爾雅》云：「鯢大者謂之鰕。」郭注云：「今鯢魚似鮎，四腳。」然則「鰕」即龍魚，其狀如鯉，故又名「龍鯉」矣。（P252～253）

袁珂曰：龍魚，疑即《海內北經》所記「陵魚」，蓋均神話傳說中人魚之類也。龍、陵一聲之轉。（P204）

按：正文及注「貍」，宋刊本、道藏本、明刊本作「狸」，《御覽》卷939引同。當作「鯉」，元抄本《圖讚》正作「鯉」〔註210〕。袁珂說「龍、陵一聲之轉」是也，「龍門」音轉作「凌（陵）門」〔註211〕，是其比也。《御覽》卷998引《抱朴子》：「俗人……不知蓬蔂一名陵蔂。」《新修本草》卷17：「蓬，一名覆盆，一名陵蔂，一名陰蔂。」天回醫簡《治六十病和齊湯法》簡33此物作「龍蔂」。尤為音轉之確證。王力亦指出「陵」與「隴」、「隴」與「陸」是同源詞〔註212〕。字亦作壠（壟）、隴，丘陵也，坡坂也。《孟

〔註210〕《類聚》卷96引同，道藏本《圖讚》誤作「狸」。
〔註211〕參見畢沅說。畢沅《山海經新校正》卷12，收入《山海經穆天子傳集成》第2冊，影光緒刻本，第259頁。
〔註212〕王力《同源字典》，商務印書館1982年版，第314頁。

子‧公孫丑下》「必求龍斷而登之」，《說文》「買」字條引作「壟斷」，即
《列子‧湯問》「隴斷」（《釋文》本作「壟斷」）。《淮南子‧墜形篇》「后
稷壠在建木西」，《大荒西經》郭璞注引「壠」作「龍」。此魚陵居，故名
「龍魚」。景宋本、道藏本《淮南子‧墜形篇》作「硥魚」，「硥」是「礶」
音轉，「礶」又「龍」俗字，此魚陸居而爬行於山石上，故加石旁。高誘
注「硥讀如蚌也」，非是〔註213〕。此「硥」與指蚌類的「硥（蚌）」字同
形異字。

（52）白民之國在龍魚北，白身被髮。有乘黃，其狀如狐，其背上有角，乘之壽二千歲。（《海外西經》）

郭璞注：《周書》曰：「白民乘黃似狐，背上有兩角。」即飛黃也。《淮南
子》曰：「天下有道，飛黃伏皁。」

郝懿行曰：《周書‧王會篇》云：「乘黃似騏。」郭引作「似狐」，《初學記》
引與郭同。《博物志》亦作「狐」。兩角，《初學記》作「肉角」，皆所見本異也。
郭又引《淮南子》者，《覽冥訓》云：「青龍進駕，飛黃伏皁。」「乘黃」又即
「訾黃」。《漢書‧禮樂志》云：「訾黃何不徠下？」應劭注云：「訾黃一名乘黃，
龍翼而馬身，黃帝乘之而仙。」（P253～254）

按：《周書》「似騏」，《文選‧三月三日曲水詩序》李善注、《史記‧司馬相如列
傳》《索隱》引亦作「狐」。《御覽》卷896引《符瑞圖》：「車馬有節，則見
騰黃。騰黃者，神馬也。其色黃，一名乘黃，亦曰飛黃，或曰吉黃，或曰
翠黃，一名紫黃。其狀如狐，背上有兩角，出白氏（民）之國。」〔註214〕
字亦作「狐」。《淮南子‧覽冥篇》高誘注：「飛黃，乘黃也。」「乘黃」是
「騰黃」轉語，言飛騰之黃馬，故又名「飛黃」。《圖讚》：「飛黃奇駿，乘
之難老。」《漢書》顏師古注：「訾，嗟歎之辭也。黃，乘黃也。歎乘黃不
來下也。訾音咨。」則郝說以「訾黃」為名詞，非是。郭璞注引《周書》
「背上有兩角」，《初學記》卷29引作「其有五肉角」是誤文，不是所見
本異也。「其狀如狐，背有兩角」是神馬異狀，安京僅據「背有兩角」，說

〔註213〕徐文靖也已指出：「『尨』蓋為『龍』之省文。『硥』當音龍。注云『音砭』，
非。」徐文靖《管城碩記》卷30，中華書局1998年版，第560頁。

〔註214〕《初學記》卷29引「吉黃」作「古黃」，「白氏」作「白民」。「氏」是「民」
形誤。「古」疑是「吉」脫誤。《類聚》卷99引《瑞應圖》：「騰黃者，神馬也。
其色黃，王者德御四方則至，一名吉光。」《御覽》卷665引陶隱居曰：「天
馬者，吉光騰黃之獸也。」

「乘黃即橐駝，即今駱駝」〔註215〕，亦牽附之至，駱駝有其狀如狐者乎？
劉光碧說「『乘黃』當得名于黃帝乘坐的駕乘」〔註216〕，亦是望文生訓。

（53）北海內有獸，其狀如馬，名曰騊駼。（《海外北經》）

郭璞注：騊駼，陶塗兩音，見《爾雅》。

畢沅曰：「騊駼」疑即「橐駝」也。聲皆相近，而古今注《爾雅》者皆未
之及，不敢定之。（P250）

按：《說文》：「騊，騊駼，北野之良馬。」又「駼，騊駼也。」《漢書·司馬相
如傳》顏師古注引張揖曰：「北海內有獸，狀如馬，名騊駼。」又《百官
公卿表》注引如淳曰：「騊駼，野馬也。」畢說「騊駼」疑即「橐駝」聲
轉，非是。「騊駼」是馬名，以毛色命名。騊之言盜，駼之言偷，都指毛
色不純。《博物志》卷6馬名「騧駼」，騧之言咼，駼之言偷，亦都指毛
色不正。也單稱作「駼」或「駼」，《集韻》：「駼，馬雜色。」吐魯番文書
72TAM151：59.61《高昌某年郡上馬帳》：「郡上馬：丁谷寺瓜（騧）馬，
田地公寺余（駼）馬。」秦穆公的大臣「由余」或乃「騊駼」音轉，以馬
名作人名。

（54）有獸，左右有首，名曰跊踢。（《大荒南經》）

郭璞注：出狄名國。黜惕兩音。

畢沅曰：《莊子》云：「西北方之下者，泆陽處之。」陸德明《音義》云：
「司馬曰：泆陽，豹頭馬尾，一作狗頭，一云神名也。」《呂氏春秋·本味篇》
云：「伊尹曰：『肉之美者，沭蕩之掔。』」高誘注曰：「獸名，形則未聞。」案
即是此也。又案「跊踢」當為「沭蕩」之誤。《玉篇》有「跊踢」，無「踢」字。
郭注「黜踢（惕）」之「踢（惕）」亦當為「惕」。《廣韻》作「跊踢」，引此，
非。（P273）

汪紱曰：跊音忧，踢音惕。（P112）

郝懿行曰：畢氏云云。案《玉篇》無「踢」字，有「踢」，而於「跊」字
下引此經仍作「跊踢」。《廣韻》引經與《玉篇》同，但「跊」別作「犹」，云
「獸名」，唯此為異。（P337）

〔註215〕安京《〈山海經〉與〈周書·王會篇〉比較研究》，《中國邊疆史地研究》2004
年第4期，第95頁。
〔註216〕劉光碧《〈山海經〉動物名研究》，西南民族大學2020年碩士論文，第52頁。

袁珂曰：果如畢說，或「述蕩」是「趹踢」之訛，亦未可知。（P310）

王謇曰：「趹踢」、「佚宕」、「倜儻」意義均極近，「述蕩」命名殆亦取義於此〔註217〕。

按：畢說非是，陳漢章（P141）、賈雯鶴（P129）誤從其說。宋刊本作「趹**踢**」，字從「易」。《玉篇》未收「踢」字，不足以定是非。《莊子》「洸陽」是「趹踢」、「詤蕩」、「佚宕」、「倜儻」轉語。此經「趹踢」與《莊子》「洸陽」不是一物。蔣《韻》：「踢，他歷切。疎（趹）踢，獸名，左右有首。出《山海經》。」王《韻》：「犾，獸名。」《集韻》：「趹、犾：或從犬。」引此經作「趹踢」。《集韻》：「踢，他歷切。趹踢，獸名，左右有首。」「犾」是「趹」作獸名的分別字。據讀音他歷切，其字分明當從易作「踢」。劉釗說「趹踢」讀為「怵惕」〔註218〕，是也，汪紱亦得其讀。此是先秦成語，傳世文獻作「怵惕」、「怵愁」，例多不煩舉證。上博簡（三）《彭祖》：「（上殘）之謀不可行，述惕之心不可長。」睡虎地秦簡《為吏之道》作「術愁」，北大藏秦簡《從政之經》、岳麓秦簡（一）《為吏治官及黔首》作「術狄」，整理者讀為「怵惕」〔註219〕。銀雀山漢簡（二）《定心固氣》：「實者，心定氣固也。虛者，心**愁**惕氣從（縱）而不反（返）也。」整理者讀為「怵惕」〔註220〕。馬王堆漢簡《十問》：「心毋秫愓。」原整理者讀「秫愓」作「怵蕩」，《集成》改釋作「秫愓」而認為是「怵蕩」之誤〔註221〕。改釋字形得之，但應當讀作「怵惕」。獸名「趹踢」，得名於憂懼、驚恐之義。《海外南經》：「狄山，帝堯葬于陽，帝嚳葬于陰……一曰湯山。」王寧曰：「『湯』當作『惕』。《說文》：『惕，敬也。從心易聲。愁，或從狄。』」〔註222〕王說是也。「狄山」亦得名於憂懼之義。《呂氏春秋》「述蕩」之獸，

〔註217〕 范祥雍《山海經箋疏補校》過錄王謇說，上海古籍出版社 2013 年版，第 347 頁。

〔註218〕 劉釗《出土文獻與〈山海經〉新證》，《中國社會科學》2021 年第 1 期，第 102 頁。

〔註219〕 《上海博物館藏戰國楚竹書（三）》，上海古籍出版社 2003 年版，第 307 頁。《睡虎地秦墓竹簡》，文物出版社 1990 年版，第 169 頁。《北京大學藏秦簡牘》，上海古籍出版社 2023 年版，第 42 頁。《岳麓書院藏秦簡（一）》，上海辭書出版社 2010 年版，第 36 頁。

〔註220〕 《銀雀山漢墓竹簡〔貳〕》，文物出版社 2010 年版，第 252 頁。

〔註221〕 《馬王堆漢墓帛書〔肆〕》，文物出版社 1985 年版，第 152 頁。《長沙馬王堆漢墓簡帛集成》第 6 冊，中華書局 2014 年版，第 150 頁。

〔註222〕 王寧《〈海經〉新箋（上）》，《古籍整理研究學刊》1998 年第 2 期，第 15 頁。

「蕩」疑本作「惕」，後人誤以為是「惕」而改作「蕩」。《漢書・揚雄傳》《河東賦》：「河靈矍踢，爪（掌）華蹈衰。」蘇林曰：「踢（踢）音試郎反。」服虔曰：「踢音石臭反。」顏師古注：「矍踢，驚動之貌。矍音钁。踢音惕，二音並通。」據讀音，蘇林字從易作「踢」，服虔字從易作「踢」。《文選・西京賦》李善注引《河東賦》，注音「丑略反」。《集韻》二收之，《藥韻》：「踢，式灼切。遽兒。《漢書》：『河靈矍踢。』」又「踢，勑略切。矍踢，遽兒。」又《陽韻》：「踢，尸羊切。矍踢，驚動兒。」服虔字從易作「踢」是也，「石臭反」、「勑略切」、「丑略反」和「他歷切」都是一音之轉。「矍踢」疊韻連語，同義複詞。「矍」同「懼」，驚也。踢讀為惕，亦驚也。劉光碧曰：「畢說是。『趹踢』為連縣詞，音轉又為『肅霜』、『鷫鸘』等。」〔註223〕劉君未得其字，且亂說音轉。

（55）爰有文貝、離俞、鴟（鴟）久、鷹、賈。（《大荒南經》）

郭璞注：賈亦鷹屬。

吳任臣曰：《莊子》有「雅賈」，馬融亦曰「賈鳥」，鳥類也。（P220）

汪紱曰：賈，鸛。（P112）

郝懿行曰：《水經・瀁水》注引《莊子》曰「雅賈」，馬融亦曰「賈鳥」。皆鳥類，非郭義也。（P338）

王寧曰：以郭之義，「賈」當是「覃」字之形訛。「覃」即「鷣」字之音假，正是鷹屬也〔註224〕。

按：《玉篇》作「鷽」，云：「音賈。鳥名。」《說文》：「鷽，卑居也。」《詩・小弁》毛傳：「鷽，卑居。卑居，雅烏也。」《釋文》：「鷽斯，鵯居也。一名雅烏。《小爾雅》云：『小而腹下白不反哺者謂之雅烏。』《說文》云：『雅，楚烏也，一名鷽，一名鵯居，秦謂之雅。』」《小爾雅・廣鳥》：「純黑而反哺者謂之烏，小而腹下白反哺者謂之雅烏。」《水經・瀁水》：「小而腹下白不反哺者謂之雅烏……《莊子》曰『雅賈矣』，馬融亦曰『賈鳥』者也。」賈雯鶴曰：「『賈』通『雅』，疑即烏鴉。」（P118）其說是也。「賈」是「雅」借字，字亦作「鴉」、「鴉」，音轉作「鷽（鸒）」、「烏」，得名於其鳴聲啞啞。《淮南子・原道篇》：「烏之啞啞，鵲之喈喈。」《御覽》卷736引《風俗通論》：「《明帝起居注》：『烏鳴啞啞。』」梁・費昶《行路難》：

〔註223〕 劉光碧《〈山海經〉動物名研究》，西南民族大學2020年碩士論文，第19頁。
〔註224〕 王寧《〈海經〉新箋（中）》，《古籍整理研究學刊》2000年第2期，第3頁。

「唯聞啞啞城上烏，玉欄金井牽轆轤。」合言則曰「烏鴉」或「雅烏」，《莊子》佚文作「雅賈」，馬融作「賈烏」。「賈」非鷹非鷂，王寧改字尤其未得。《西山經》：「北望諸毗，槐鬼離侖居之，鷹、鷞之所宅也。」郭璞注：「鷞亦鵰屬也。莊周曰：『鴟鴉甘鼠。』」元抄本正文及注「鷞」作「賈」，又引《莊子》作「鴟賈甘鼠」。今《莊子·齊物論》作「鴟鴉耆（嗜）鼠」。正文及注「鷞」當是「鷞」形誤，元抄本作「鷹賈」同。「鷞（賈）」即《莊子》「鴉」字。鴟是鷞鷹，郭注「鷞（鷞）亦鵰屬也」，與此經注「賈亦鷹屬」相合，然其說非是，當是鴉屬。賈雯鶴說《西山經》正文當作「鷹賈」，「賈」又作「鷞」，皆得之；但賈君又說《水經注》「雅賈」當作「賈」，「雅」是旁注字衍入正文，馬融說當作「賈，烏者也」〔註225〕，則以不知古音之轉且有複語也。

（56）有青鳥、琅鳥、玄鳥、黃鳥。（《大荒北經》）

章太炎曰：《易·說卦》「為蒼筤竹。」《九家易》曰：「蒼筤，青也。」《釋文》：「筤，或作琅。」《漢書·五行志》：「木門倉琅根。」師古曰：「銅色青，故曰倉琅。」蓋疊言為「蒼琅」，單言為「琅」。然「蒼琅」即蒼，實與青色小殊，故「青鳥」、「琅鳥」並列〔註226〕。

王寧曰：「琅鳥」舊無釋。疑「琅」是「糖」字之音假。《集韻》：「糖，赤色。」〔註227〕

按：「糖」字後出，非上古之詞。「琅」是顏色詞，而不是「琅玕」省文。章說近是。畢沅曰：「蒼狼，青色也。在竹曰『蒼筤』，在天曰『倉浪』，在水曰『滄浪』，字異而義皆同。」〔註228〕盧文弨說略同〔註229〕。「琅」是「藍」音轉，深青色〔註230〕。玄，黑也。故「琅鳥」處於青鳥、黑鳥中間。顏

〔註225〕賈雯鶴《〈山海經〉疑誤考正三十例》，《中華文化論壇》2019年第1期，第96頁。賈雯鶴《〈山海經〉文獻疏誤舉隅》，《神話研究集刊》第1集，巴蜀書社2020年版，第76頁。

〔註226〕章太炎《膏蘭室札記》卷2，收入《章太炎全集（一）》，上海人民出版社2018年版，第145頁。

〔註227〕王寧《〈海經〉新箋（下）》，《古籍整理研究學刊》2001年第2期，第15頁。

〔註228〕畢沅說轉引自陳奇猷《呂氏春秋新校釋》，上海古籍出版社2002年版，第1815頁。

〔註229〕盧文弨《鍾山札記》，收入《叢書集成新編》第13冊，新文豐出版公司1985年版，第530頁。

〔註230〕《荀子·勸學》：「青取之於藍而青於藍。」

色詞「藍」未見於甲骨文及《山海經》，而《詩經》有顏色詞「藍」〔註231〕，此經借「琅」為之。

（57）有蟲，獸首蛇身，名曰琴蟲。（《大荒北經》）

郭璞注：琴蟲，亦蛇類也。

郝懿行曰：南山人以蟲為蛇，見《海外南經》。（P365）

按：此條即《海外北經》：「歐絲之野在大踵東，一女子跪據樹歐絲。」郭璞注：「言噉桑而吐絲，蓋蠶類也。」〔註232〕「琴蟲」指蠶。疑「琴」為「神」音轉，神蟲指蠶，俗作會意字「蠶」。或「琴」為「蚕」形誤，「蚕」亦「蠶」俗字。

（58）有黑蟲如熊狀，名曰猎猎。（《大荒北經》）

郭璞注：猎，或作「獦」，音夕，同。

吳任臣曰：「宋猎」之猎音鵲，與此同字異音也，非此獸。（P232）

郝懿行曰：《玉篇》云：「猎，秦亦切，獸名。」《廣韻》亦云「獸名」，引此經。蓋蟲、獸通名耳。「獦」見《說文》。（P366）

袁珂曰：郭注「音夕同」，藏經本無「同」字，「同」字疑衍。（P357）

按：袁說非是。宋刊本、明刊本都有「同」字。道藏本脫「同」，「獦」誤作「狼」，皆不可據。吳任臣本注「獦」誤作「獦」。《集韻》：「猎、獦：《山海經》：『先民之山有黑蟲，狀如熊，名曰猎猎。或從鳥。」「同」指「猎」、「獦」二字同。王《韻》：「猎，黑狩（獸），似熊。」亦出此經。考《說文》：「獦，犬獦獦不附人也。南楚謂相驚曰獦。」《繫傳》：「獦，犬畏人也。」段玉裁曰：「良犬宋獦以此得名。亦作猎，作狘。《方言》曰：『獦，驚也。宋、衛、南楚凡相驚曰獦，或曰透。』」〔註233〕「透」音式六反，與「獦」書母雙聲音轉。黑蟲猎猎，殆亦得名於驚畏四散不附人之義，與宋犬相類。

〔註231〕《詩經》「藍」作草名，得名於顏色也。

〔註232〕陳逢衡曰：「若《山海經》所云是歐絲之女子，是治已成之蠶絲，漸漬而柔韌，此與《詩·陳風》『漚麻』、『漚紵』、『漚菅』同義。『歐』不訓吐，其變『漚』作『歐』者，形相近聲之轉也，故云『有一女子跪據樹歐絲』。跪，坐也。據，依也。蓋坐於樹陰之下，而柔漬其絲，將以治衣服也。郭乃以為蠶類，失之。」郭注不誤，陳說非是。陳逢衡《山海經彙說》（劉朝飛點校），花木蘭文化事業有限公司2023年版，第159頁。

〔註233〕段玉裁《說文解字注》，收入丁福保《說文解字詁林》，中華書局1988年版，第9761頁。

「猎」是「喈」作蟲名的分化字。《說文》:「喈,驚貌。」

（59）又有青獸如菟,名曰崑狗。（《海內經》）

郭璞注:崑,音如朝菌之菌。

畢沅曰:菌,舊本作「崑」,今據藏經本。（P286）

郝懿行曰:「崑」蓋古「菌」字,其上從中,即古文草字也。崑狗者,《周書·王會篇》載《伊尹四方令》云:「正南以菌鶴短狗為獻。」疑即此物也。（P385～386）

按:崑狗,宋刊本、明刊本作「崑狗」,道藏本作「菌狗」(無注),王崇慶本作「困狗」。「犳」是「狗」形譌。「崑」字字書不載,疑即「菌」分別字。菌狗,猶言小狗。《大荒南經》「有小人名曰菌人」,是其比也。彼文郭璞注:「菌,音如朝菌之菌。」《周書》「菌鶴」,《御覽》卷791引作「箘(箘)鶴」,亦猶言小鶴。

（60）有五采之鳥,飛蔽一鄉,名曰翳鳥。（《海內經》）

郝懿行曰:《思玄賦》舊注引此經作「飛蔽日」,蓋古本如此。（P386）

按:《思玄賦》李善注引作「飛蔽日」,而不是舊注。《玄應音義》卷13、《慧琳音義》卷55引作「飛至蔽日」,《御覽》卷50、928引同今本。翳,掩蔽也。此鳥飛蔽一鄉,故名曰「翳鳥」也。

四、《山海經》植物名解詁

（1）歷兒之山,其上多櫃,多橘木,是木也,方莖而員葉,黃華而毛,其實如楝（楝）,服之不忘。（《中山經》）

郭璞注:橘,音屬。楝(楝),木名,子如指頭,白而粘,可以浣衣也。音練,或作「簡」。

畢沅曰:「橘」字《說文》所無,見《玉篇》,云:「木名,實如栗。」案此云「如楝」不同。（P213）

郝懿行曰:《御覽》卷490引作「歷小之山」,疑「兒」本或作「尔」,聲近而通,「尔」又譌作「小」也。《玉篇》云:「橘,木名,實如栗。」（P147）

按:《御覽》作「歷小」者,郝說可備一通。也有可能「小」是「人」形誤,「人」是「兒」音轉。《御覽》引「櫃」又形誤作「橘」。王《韻》、蔣《韻》、裴《韻》、P.3696V《箋注本切韻》並云:「橘,木名。」並本此經。「橘」

同「栵」，是「棟」聲轉，亦棟樹一類也，故其實如棟〔註234〕。《玉篇》
云「實如栗」者，「栗」是「棟」脫誤，《集韻》誤同。

（2）有木焉，其狀如棠而赤葉，名曰芒草，可以毒魚。（《中山經》）

郭璞注：芒，音忘。

吳任臣曰：芒草即莽草，俗名茵草。（P147）

按：吳說是也，芒、莽一聲之轉。芒之言荒（慌），昏也。此草魚食之則昏，
故名「芒草」。本經下文云「朝歌之山……有草焉，名曰莽草，可以毒魚」。
汪紱曰：「莽草即芒草也。」（P79）郝懿行亦說「芒草」即「莽草」（P212）。
《御覽》卷993引《淮南萬畢術》：「莽草浮魚。」有注：「取莽草葉，並
陳粟米合濤（淘）之，以內水，魚皆死。」阜陽漢簡《萬物》：「殺魚者以
芒草也。」《玉篇》：「莽，茂草，可以毒魚也。」「茂草」即《說文》「藜
草」，云：「藜，毒艸也。」《爾雅》：「葞，春草。」郭璞註引《本草》：「一
名芒草。」《御覽》卷993引《吳氏本草經》：「莽，一名春草。」《新修本
草》卷14：「莽草，一名弸（葞），一名春草。」郭氏易《本草》「莽」作
「芒」也。《御覽》卷70引《宜都山川記》》：「鄉下村有淵，淵有神龍，
每旱，百姓輒以茵草投淵上流，魚死。」《御覽》卷930引《水經注》作
「茵草」，當作「茵草」，即「茵草」。《水經注・夷水》誤作「芮草」，《事
類賦注》卷28引《南州異物志》誤同，《永樂大典》卷11140引《水經
注》復誤作「茴草」。

（3）其草多諸藇，多苦辛，其狀如橚，其實如瓜，其味酸甘，食之已癙。
（《中山經》）

郭璞注：橚，即「楸」字也。

黃丕烈曰：辛，宋本、吳本作「莘」。（P142）

袁珂曰：苦辛，宋本、吳寬抄本、毛扆本均作「苦莘」，邵恩多校本同。
（P130）

按：道藏本亦作「苦莘」，《離騷草木疏》卷3引同；明刊本作「苦辛」，元抄
本誤作「若華」，《圖讚》亦作「若華」。「莘」非木名，其狀不得如橚，疑
當作「梓」。梓皮味苦，故稱作「苦梓」。《說文》「楸」、「梓」互訓，故經

〔註234〕參見蕭旭《〈莊子〉「練實」解詁》，收入《群書校補（三編）》，花木蘭文化事
業有限公司2023年版，第2078～2080頁。

言「苦梓」之狀如楸。「苦梓」即「苦楸」。

（4）有草焉，其狀如蓍，赤葉而本叢生，名曰夙條，可以為簳。（《中山經》）

郭璞注：中箭笴也。

郝懿行曰：「簳」當為「榦」。鄭注《考工記》云：「笴，矢榦也。」（P180）

按：明刊本「夙條」誤作「風條」。宋刊本、道藏本、明刊本、四庫本「簳」作「榦」，道藏本注「笴」作「竿」。「簳」是「榦」增旁俗字，同「竿」，《釋名·釋兵》：「矢，又謂之箭。其體曰榦，言梃榦也。」《御覽》卷349引二「榦」作「簳」。《列子·湯問》：「乃以燕角之弧、朔蓬之簳射之。」《御覽》卷745、951引「簳」同，《書鈔》卷125、《類聚》卷60、《御覽》卷347引作「榦」；《周禮·考工記》：「燕之角，荊之榦，妢胡之笴，吳粵之金錫，此材之美者也。」亦作正字「榦」。「竿」音轉作「笴」，復音轉作「稾」。上引《考工記》「妢胡之笴」鄭玄注：「笴，讀為稾，謂箭稾。」《考工記》「以其笴厚」鄭玄注又曰：「笴，讀為稾，謂矢榦，古文假借字。」經文「條」是「篠」省文，是「筱」俗字，可作箭榦，故《說文》訓作「箭竹」，取其功用命名。經文「夙條」，夙之言宿，久也，老也。經文又說夙條「其狀如蓍」者，蓍之言耆也〔註235〕。《說文》：「耆，老也。」《爾雅》：「耆，長也。」《白虎通·蓍龜》：「龜之為言久也，蓍之為言耆也，久長意也。」「耆」與「夙（宿）」義正相因，後世則有複合詞「耆宿」。夙條是箭竹類，故經云「可以為簳」。《西山經》：「上申之山……下多榛楛。」郭璞注：「楛木可以為箭。」指楛木可以作箭榦。《說文》：「蕩，大竹也。《夏書》曰：『瑤琨筱蕩。』蕩可為榦，筱可為矢。」今《書·禹貢》「筱蕩」作「篠蕩」。指蕩竹可以作箭榦。《考工記·弓人》：「凡取榦之道七：柘為上，檍次之，檿桑次之，橘次之，木瓜次之，荊次之，竹為下。」亦言諸物可以作箭榦。夙條亦其類。鄒濬智說「蓍」指「黃蓍（芪）」，「夙條」似之，「簳」通作「悍（痒）」，黃蓍以治心弱氣虛之病〔註236〕，純是不明訓詁的怪異之說。

〔註235〕《廣雅》：「蓍，耆也。」《類聚》卷82引《洪範五行》：「蓍之言為（引者按：當乙作『為言』）耆也。」《論衡·卜筮》：「夫蓍之為言耆也。」

〔註236〕鄒濬智《〈山海經〉疑難字句新詮：以楚文字為主要視角的一種考察》，花木蘭文化事業有限公司2012年版，第181～183頁。

（5）有木焉，其葉如槐，黃華而不實，其名曰蒙木，服之不惑。（《中山經》）

郝懿行曰：蒙，《玉篇》作「檬」，云：「木名，似槐，葉黃。」「葉」蓋「華」字之譌也。（P183）

按：《廣韻》同《玉篇》。裴《韻》：「檬，似槐，黃葉。」「葉」都是「華」字之譌。《篆隸萬象名義》作「似槐，黃華」，則不誤。「檬」是「蒙」增旁俗字，蒙之言懵也，此木使人服之不惑，取相反為義。

（6）有草焉，其狀如蓍而毛，青華而白實，其名曰猿，服之不夭，可以為腹病。（《中山經》）

郭璞注：猿，音狼戾。不夭，言盡壽也。或作「芺」。為，治也，一作「已」。

畢沅曰：「猿」當為「狼」。《廣雅》云：「狼毒也。」《玉篇》云：「猿毒，草。」（P227）

郝懿行曰：《玉篇》云：「莀，胡墾切。草名。似蓍，花青白。」《廣韻》同。是「猿」當為「莀」，「狼」當為「很」。今本經、注並譌。「盡壽」蓋「益壽」，字之譌也。「芺」即「夭」，古今字爾。（P191）

桂馥曰：媄，女子笑皃。此即「笑」之本字。不芺，謂不笑也〔註237〕。

俞樾曰：「服之不夭」是上藥也，而「其名曰猿」，郭以「狼戾」音之，則非美名矣。《玉篇》曰：「猿，毒草。」安得有延年益壽之功乎？此字當從或本作「芺」，「芺」即「笑」字也。（P246）

按：王念孫亦校作「莀」、「很」〔註238〕。道藏本注無「戾」字。元抄本經文及《圖讚》作「莀」（注作「音很」），即「莀」俗字。夭，夭折不壽。「不夭」指不夭折，正謂盡其天年耳。郝氏改注「盡壽」為「益壽」非是。袁珂（P139）、欒保群（P292）偏取郝氏誤說。經文說莀草如蓍，蓍之言耆，老也，長也。此草服之使人長壽，故云「服之不夭」，可見桂馥、俞樾改「夭」作「芺（笑）」必定不當。《集韻》：「莀，下墾切。艸名，似蓍，食之不夭。」又「莀，苦本切。艸名，似蓍，食之不夭。」與《玉篇》、《廣韻》都本於此經。《廣韻》：「莀，戶皆切。莀菝草。」作「莀菝」者，是

〔註237〕桂馥《說文解字義證》「媄」字條，齊魯書社1987年版，第1088頁。
〔註238〕范祥雍《山海經箋疏補校》過錄王念孫說，上海古籍出版社2013年版，第197頁。

《廣韻》編者誤讀經文，誤以「服之不夭」之「服」字屬上，因加艸頭作草名，但足證其所據經文正從艮作「茛」，故可轉讀戶皆切。《集韻》：「狠，雄皆切。艸名，如蓍。」此亦本於此經，「狠」亦當從艮得聲作「茛」，故轉讀作雄皆切，與「諧」同音；從良得聲，則不得讀作雄皆切也。「艮」字見母文部，「諧」字匣母脂部，「皆」字見母脂部，正合音轉之理。此「茛」服之不夭並可治腹病，與大毒草「狠（狼）毒」不是同一物。《後漢書・郡國志》劉昭注引此文已誤作「狠」。

（7）龍山，上多寓木。（《中山經》）

郭璞注：寓木，寄生也。一名宛童，見《爾雅》。

郝懿行曰：郭注《爾雅》云：「寄生樹，一名蔦。」《廣雅・釋草》云：「寄屑，寄生也。」《釋木》云：「宛童、寄生，槲也。」〔註239〕「槲」與「蔦」同。蓋此物雖生於木，其質則草，故《廣雅》列於《釋草》、《釋木》也。（P198）

按：《千金翼方》卷3：「桑上寄生，一名寄屑，一名寓木，一名宛童，一名蔦，生弘農川谷桑上。」〔註240〕「寓」取寄託為義。《說文》：「蔦，寄生也。槲，蔦或從木。」「蔦」之言鳥也，音弔，語源是「了」或「乚」，取弔寄為義。水中之山稱「島」，取其弔寄依附於陸地為義。其義一也。《本草綱目》卷37：「此物寄寓他木而生，如鳥立于上，故曰寄生、寓木、蔦木，俗呼為寄生草。」李氏說「如鳥立于上」，非是。王念孫曰：「槲之言擣也。《方言》云：『擣，依也。』郭注云：『謂可依倚之也。』依倚樹上而生，故謂之槲矣。」〔註241〕《廣雅》：「擣、倚、放、寄、任、附，依也。」諸字並同義互訓。王念孫曰：「《方言》：『擣，依也。』郭璞注云：『謂可依倚之也。』《說文》：『海中往往有山可依止曰島。』義與『擣』相近也。」〔註242〕朱駿聲曰：「擣，叚借為幬。《方言》卷13：『擣，依也。』或曰：

〔註239〕樂保群點校本誤點作：《釋木》云：「宛童，寄生槲也。」
〔註240〕《證類本草》卷12、《圖經衍義本草》卷21「蔦」同，《新修本草》卷12誤作「蔦」。《廣韻》「蔦」字條引《廣雅》「苑童」，則亦是誤「蔦」作「蔦」。尚志鈞《新修本草》（輯復本第2版）錄作「蔦」而無校勘，與圖版作「蔦（蔦）」明顯不合，安徽科學技術出版社2004年版，第178頁。圖版見《新修本草》影印，上海古籍出版社1985年據日本森氏舊藏影本影印，第77頁。
〔註241〕王念孫《廣雅疏證》，收入徐復主編《廣雅詁林》，江蘇古籍出版社1992年版，第840頁。
〔註242〕王念孫《廣雅疏證》，收入徐復主編《廣雅詁林》，江蘇古籍出版社1992年版，第324頁。

《說文》：『水中有山可依止曰島。』疑借為㠀，亦通。」（P249）朱氏前說誤，後說本於王念孫。王說是矣，但未探本，撿訓依者，字或作「搗」，亦是「了」借字。《爾雅·釋木》：「寓木，宛童。」郝懿行曰：「寄寓木上，故謂之蔦。蔦猶鳥也。其狀宛宛童童，故曰宛童。」〔註243〕未知郝說「蔦猶鳥」之「鳥」取何義，或竟是名詞義；又「宛宛童童」無考，其義不明。《廣雅》「宛童」，《廣韻》「葛」字條引作「苑童」，蓋以小童取喻，宛謂宛延曲折的連附。《詩·頍弁》「蔦與女蘿」，《本草綱目》卷37說女蘿「名義未詳」。「女蘿」又作「女羅」，指兔絲，蔓連草上之物。蘿之言羅，是「連」音轉，正取蔓連為義。清華簡（八）《虞夏殷周之治》夏后氏祭器「四羅」，即《禮記·明堂位》「四連」〔註244〕。《說文》「枇」字條打穀農具「連枷」（《御覽》卷824引作「連架」），《釋名·釋用器》作「羅枷」（《御覽》卷824引作「羅架」），S.3227V《雜集時要用字·農器部》作「槤枷」，S.617《俗務要名林》作「蘿枷」。羅、連一聲之轉〔註245〕。「宛童」、「女蘿」正是同類。《廣雅》「寄屑（屑）」者，屑（屑）讀為結，「結」與「繫」亦是音轉。「攡摀」、「蔑屑」音轉作「攡黏」，是其比也。

（8）琴鼓之山，其木多穀、柞、椒、柘。（《中山經》）

郭璞注：椒為樹小而叢生，下有草木則蓋死。

按：下文「虎尾之山，其木多椒、椐」，又「楮山，多寓木，多椒、椐，多柘」。郭璞以「椒」為花椒，郝懿行引《爾雅》「檓，大椒」以申其說（P199），《爾雅翼》卷11引《山海經》「琴鼓之山，其木多椒」以為《爾雅》「檓，大椒」。諸說蓋誤。《類聚》卷89、《御覽》卷958引《山海經》「琴鼓之山，其木多椒」與「景山多秦椒」合為一條，又與《爾雅》「檓，大椒」歸為一種，亦誤。本經下文「虎首之山，多苴（柤）、椆、椐」，郭璞注：「椆，未詳也。音彫。」又「丑陽之山，其上多椆、椐」，又「龜山，其木多穀、柞、椆、椐」。椒、椆一聲之轉。「俶儻」音轉作「倜儻」，是其比也。《說文》：「椆，木也。」王《韻》、《玉篇》：「椆，木名。」《廣韻》：

〔註243〕郝懿行《爾雅義疏》，中華書局2017年版，第776頁。

〔註244〕參見《清華大學藏戰國竹簡（八）》整理者說，中西書局2018年版，第162頁。

〔註245〕參見戴震、王念孫說。戴震《方言疏證》卷5，收入《戴震全集（5）》，清華大學出版社1997年版，第2368頁。王念孫《廣雅疏證》，收入徐復主編《廣雅詁林》，江蘇古籍出版社1992年版，第657頁。

「椆,木名,不凋。」《集韻》:「椆,木名,寒而不凋。」其言「不凋」、
「寒而不凋」乃宋人附益之語,未詳所據。《北山經》:「虢山,其上多漆,
其下多桐、椐。」郭璞注:「桐,梧桐也。椐,樻木,腫節中杖。」例以
「椒椐」、「椆椐」,「桐」疑是「椆」形誤,郭璞訓作「梧桐」,則所見本
已誤。

(9) 繁繢之山,其木多楢杻,其草多枝勾。(《中山經》)

郭璞注:枝勾,今山中有此草。

汪紱曰:枝句,蓋桃枝、鉤端也。(P78)

郝懿行曰:《說文》:「稘,多小意而止也。一曰木也。」「秡,稘秡也。一
曰木名。」然則「枝勾」即「稘秡」之省文,蓋草木通名耳。(P209)

按:「枝勾」是一草名,而不是二草名,郝說是,汪說非也。袁珂(P151)、欒
保群(P319)偏取汪紱誤說。亦作「枳枸」、「枳句」、「枳椇」、「樝椒」,
裴《韻》:「椇,枳椇。」《莊子·山木》:「騰蝯……及其得柘棘枳枸之閒……
處勢不便,未足以逞其能也。」《文選·風賦》李善注引「枳枸」作「枳
句」。《新修本草》卷14「枳俱(椇)」條注:「其樹徑尺,木名白石,葉如
桑柘,其子作房,似珊瑚,核在其端,人皆食之。」〔註246〕《說文繫傳》:
「稘秡,詘曲不伸之意也。稘秡之果,其狀詰屈,亦取此為名。按《本草》
云云,即『稘秡』也。」〔註247〕《本草綱目》卷31作「樝椒」。

(10) 又有離朱、木禾、柏樹、甘水。聖木曼兌,一曰挺木牙交。(《海
西經》)

郭璞注:聖木,食之令人智聖也。曼兌,未詳。挺木牙交,《淮南》作「璇
樹」。璇,玉類也。

郝懿行曰:《淮南子》云:「昆侖之上有璇樹。」蓋璇樹一名挺木牙交,故
郭氏引之。疑經文上下當有脫誤,或「挺木牙交」四字即「璇樹」二字之形訛,
亦未可知。「璇」當為「琁」。高誘注《淮南·墜形訓》云「琁音窮」,是也。
明藏本「牙」作「互」。臧庸曰:「『挺木牙交』為『曼兌』之異文。兌讀為銳,
『挺』當為『梴』字之訛也。」(P292)

郝懿行又曰:「璿」當為「琁」,「琁」與「挺」形近。「樹」古文為「尌」,

〔註246〕《證類本草》卷14「枳椇」條引《唐本草》注「俱」作「椇」。
〔註247〕引者按:所引《本草》,當是《唐本草》注語,非《本草》原文也。

傳寫者破壞之,因為「木牙交」。臧庸曰:「『挺木牙交』為『曼兌』之異文。曼,長也。兌讀為銳。言聖木之樹長而葉銳也。『挺』當為『梃』,長兒。『牙交』言枝柯之交互也。」(P460)

王聶曰:《詩·皇矣》「松柏斯兌」,傳:「兌,易直也。」《詩·閟宮》「孔曼且碩」,傳:「曼,長也。」箋:「修也,廣也。」「曼兌」云者,蓋物之蔓延易直,相依以生者〔註248〕。

袁珂曰:聖木曼兌,當是一物,曼兌即聖木之名也。(P263)

蔣禮鴻曰:「聖」、「挺」二字同從壬得聲,古蓋皆與「聽」音近,「聖木」即「挺木」也。「曼」如《楚辭·天問》「平脅曼膚」之「曼」。兌,悅也。「曼兌」蓋謂此木色理悅澤也。「牙交」未詳〔註249〕。

王寧曰:「聖」當作「檉」,河柳也。「曼」通「蔓」,枝蔓也。兌讀為朵。《說文》:「朵,樹木垂朵朵也。」檉木枝葉細長下垂,故曰「曼兌」。「挺木」即「檉木」,音近而假。「牙交」即《海外南經》之「虖交」,乃「華果」之音訛〔註250〕。

胡文輝曰:「挺木牙交」即「聖木曼兌」的異文。而「牙交」似乎就是《海外南經》的「虖交」,牙、虖聲母皆為喉音,韻母皆屬魚部。所以,「虖交」當然也是一種木名了〔註251〕。

按:明刊本、四庫本亦作「牙」,宋刊本作「乎」,道藏本作「互」。「牙」是「乎」形譌,「乎」乃俗「互」字。或以「聖木曼兌」屬上句,非是。「聖木曼兌」又稱作「挺木互交」,不是木名,是描寫句。「聖」是「挺」音轉,同從壬得聲。「聖」讀書母,是透母「壬」音轉,古籍常見的「聖」、「聽」互相通假(例多不勝枚舉),亦是書母、透母相通。王聶說是也。曼,延引也,俗作蔓。《中山經》:「其下多蔓居之木。」兌,亦可讀作突,穿出也。挺,長而直也。「挺木」猶《海外北經》「尋木長千里」之「尋木」。尋者長也,「尋」是「覃」音轉。劉宗迪說「尋,度量之義。『尋木』實謂度量之木。

〔註248〕范祥雍《山海經箋疏補校》過錄王聶說,上海古籍出版社 2013 年版,第 304 頁。

〔註249〕蔣禮鴻《讀〈山海經校注〉偶記》,《文獻》1990 年第 3 期,第 169 頁;又收入《蔣禮鴻集》卷 3,浙江教育出版社 2001 年版,第 431 頁。

〔註250〕王寧《〈海經〉新箋(上)》,《古籍整理研究學刊》1998 年第 2 期,第 19 頁。

〔註251〕胡文輝《〈山海經〉札記》,《學術集林》卷 10,上海遠東出版社 1997 年版,第 224 頁。

尋木，顧名思義，即八尺之木」〔註252〕，非是。「挺木互交」言直木生長
交錯而上拔。《海外南經》「狄山……一曰湯（愓）山。一曰爰有熊羆、文
虎、蜼豹、離朱、鴟（鷗）久、視肉、虖交」，郭璞注：「虖交，所未詳也。」
「虖交」未詳何物，不得引以證此經「牙（互）交」，胡文輝說非也。

（11）上有扶木，柱三百里，其葉如芥。（《大荒東經》）

郭璞注：柱猶起高也。葉似芥菜。

郝懿行曰：「扶木」當為「榑木」。（P333）

按：「扶木」、「榑木」一聲之轉，不煩改字。「柱」指樹徑、樹杆。「扶」取扶
助義。東方朔《海內十洲記》：「扶桑在碧海之中，地方萬里……地多林木，
葉皆如桑。又有椹樹，長者數千丈，大二千餘圍。樹兩兩同根偶生，更相
依倚，是以名為扶桑。」《類聚》卷88引東方朔《神異經》：「東方有樹焉，
高八十丈，敷張自輔。葉長一丈，廣六尺。名曰扶桑。」扶即輔也。何新
說「扶」通「溥」，訓大〔註253〕，賈雯鶴說『『夫』與『大』字相通」（P254），
都非是。「桑葉」與「芥葉」外形略似，故云「其葉如芥」。

（12）西海之外，大荒之中，有方山者，上有青樹，名曰柜格之松，日月
所出入也。（《大荒西經》）

郭璞注：柜格，木名。音矩。

畢沅曰：柜，此「榘」字省文。（P276）

郝懿行曰：青樹，《初學記》卷1引此經作「青松」。（P349）

陳逢衡曰：「出」字疑衍。日沒青松，猶日出扶桑之義。（P26）

按：古香齋本《初學記》卷1引作「青松」，又「柜格」作「拒格」，並誤。宋
刊本《初學記》卷1引同今本不誤，《集韻》「柜」字條引亦同。「柜」本
當作「巨」，涉「格」而增偏旁。巨，大也。「格」謂枝條。「柜格之松」
取義於大松。吳曉東說「在西方定位山方山之上的柜格之松從名稱來看
也與測量有關，『格』字本身就是比照、度量的意思，即格物」〔註254〕，

〔註252〕劉宗迪《失落的天書——〈山海經〉與古代華夏世界觀》，商務印書館2006
年版，第137頁。

〔註253〕何新《諸神的起源——中國遠古太陽神崇拜》，光明日報出版社1996年版，
第156頁。

〔註254〕吳曉東《〈山海經〉語境重建與神話解讀》，中國社會科學出版社2013年版，
第68頁。

也是亂作訓詁，如其說，吳氏所舉的其他作測量的樹名怎麼不用「比照、度量」意思的詞語命名，且「柜」是何訓吳氏也不作解釋。

（本篇與曾思博士合作，發表於《中國訓詁學報》第 8 輯，商務印書館 2023 年出版，第 14～20 頁。）

五、《山海經》其他類名物解詁

（1）條風自是出。（《南山經》）

郭璞注：東北風為條風。《記》曰：「條風至，出輕繫，督捕留。」

郝懿行曰：《淮南子·天文訓》云：「條風至，則出輕繫，去稽留。」今郭注譌「督捕留」。藏經本「捕」作「逋」，是。（P21）

按：①宋刊本、明刊本、吳任臣本、四庫本注亦作「逋」。王念孫亦訂作「逋」〔註255〕。《廣雅》：「逋，遲也。」逋，讀為鋪，亦留也，止也。《方言》卷 12：「鋪，止也。」字或作敷，《賈子·淮難》：「敷留之罪無加身者。」「逋留」即「稽留」之誼。《白虎通義·八風》：「條風至，則出輕刑，解稽留。」《董子·五行逆順》、《治水五行》並有「出輕繫，去稽留」之語。《初學記》卷 1 引《春秋考異》：「條風至，王者赦小罪而出稽留。」《御覽》卷 9 引《易通卦驗》：「立春，條風至，赦小罪，出稽留。」②《史記·律書》：「條風居東北，主出萬物。條之言條治萬物而出之，故曰條風。」《廣雅·釋天》：「東北條風。」《御覽》卷 9 引《春秋考異郵》：「距冬至四十五日條風至。條者，達生也。」注：「距，猶起也。自冬至後四十五日而立春，此風應其方而來，生萬物。」〔註256〕「條風」指東北風，「條」取條達、條暢之義。條達則行疾，故《淮南子·俶真篇》高誘注：「條風鳴條，言其迅也。」又聲轉作「滔風」，《淮南子·墜形篇》：「東方曰條風。」《呂氏春秋·有始》作「滔風」。「條風」是春天萬物生長之風，故《春秋考異》說「條風至，王者赦小罪而出稽留」。徐顯之不考群書，信口開河說「條、台二音，今東南沿海人讀之猶相近，則條風即台風」（P128），既不懂古音，又誤東北風為東南風，更不思哪有台風至而赦犯人的道理，郭郛偏取徐氏誤說（P61）。

〔註255〕范祥雍《山海經箋疏補校》過錄王念孫說，上海古籍出版社 2013 年版，第 28 頁。

〔註256〕《書鈔》卷 151 只引《春秋考異郵》正文。

（2）小華之山……其陰多磬石……其陽多㻬琈之玉。（《西山經》）

郭璞注：㻬琈，玉名，所未詳也。湾浮兩音。

畢沅曰：「㻬琈」非古字。「㻬」當為「瑜」，「琈」當為「孚」。《玉篇》云：「琈，琈筍，玉采色。」《禮記》云：「孚尹旁達。」（P177）

郝懿行曰：《說文》引孔子曰：「美哉璵璠，遠而望之奐若也，近而視之瑟若也。一則理勝，一則孚勝。」此經「㻬琈」，古字所無，或即「璵璠」之字，當由聲轉。若係「理孚」之文，又為形變也。古書多假借，疑此二義似為近之。（P26）

邵瑞彭曰：「㻬琈」疑是「砆碔」之異文〔註257〕。

袁珂曰：㻬琈，音嶼浮，玉名，形態未詳。（P21）

按：畢氏後說略同於此（P218），其說近之。郝氏二說及邵說都誤。《中山經》「多㻬琈之玉」，《水經注·伊水》引作「璖琈」。「㻬琈」疊韻連語，狀玉色之美，因作玉名。「㻬琈」是「孚俞」、「孚瑜」、「孚愉」、「敷蕍」、「敷愉」、「敷蕍」、「忁愉」、「尃艅」音轉的倒文，狀光彩鮮明也〔註258〕。胡海平說「㻬琈」即是「桴蒲」，「㻬琈之玉」謂可供製作桴蒲之玉也〔註259〕，非是。

（3）其陽多嬰垣之玉。（《西山經》）

郭璞注：垣，或作「短」，或作「根」，或作「埋」，傳寫謬錯，未可得詳。

畢沅曰：「根」當為「珢」。《說文》：「珢，石之似玉者。」《玉篇》引《埤蒼》：「瓔珢，石似玉也。」又《說文》有「壓」字，云「石之似玉者」，與「垣」聲相近，疑亦是。（P179）

畢沅又曰：「嬰短」當為「嬰珢」，珢、短聲相近。（P190）

郝懿行曰：垣，下文「泑山」正作「短」。畢氏云云（引至《埤蒼》文）。（P32）

朱駿聲曰：垣，叚借為珣。注：「或作短、作根、作埋。傳寫謬錯。」（P711）

呂調陽曰：嬰垣之玉，亦作「嬰珉之玉」，即今白石英也。嬰，幼女項飾

〔註257〕邵瑞彭《山海經餘義》，《國學叢編》第 1 卷第 1 期，1931 年版，第 1 頁。

〔註258〕參見程瑤田《果臝轉語記》，收入《續修四庫全書》第 191 冊，上海古籍出版社 2002 年版，第 518～520 頁；又參見蕭旭《〈家語〉校補》，收入《群書校補（續）》，花木蘭文化事業有限公司 2014 年版，第 486～488 頁。其詞義引申之理，可參看殷孟倫《〈果臝轉語記〉疏證敘說》，收入《子雲鄉人類稿》，齊魯書社 1985 年版，第 265～266 頁。

〔註259〕胡海平《〈山海經〉「㻬琈」新詁》，《漢字漢語研究》2023 年第 3 期，第 59～62 頁。

也。珉，幼子項飾也。「珇」即古「乳」字。石英之端似乳也。今文「珇」或
譌「短」，亦譌「垣」，又譌「埋」。其作「珉」者譌「珢」，又譌「根」。《說文》
「珢」云云，《玉篇》「瓔珢」云云，並盲說矣。（P277）

　　陳漢章曰：郝疏引畢氏云「根」當為「珢」。錢大昭亦云「根」當為「珢」。
（P126）

　　袁珂曰：經文「嬰垣之玉」，江紹原謂當即「嬰脰之玉」。（P24）

　　袁珂又曰：江紹原《中國古代旅行之研究》第1章注⑩謂「垣」、「短」均
當係「脰」字之誤。嬰脰之玉，即作為頸飾之玉，其說近是。（P50）

　　郭郛曰：嬰，繫戴。脰，頸項。戴於頸項的玉。（P92，又P196說略同）

按：呂調陽、江紹原妄改而自為盲說耳，郭郛據江紹原所妄改而望文生義。《初
　　學記》卷27、《御覽》卷805、《事類賦注》卷9引均作「嬰垣」。錢坫曰：
　　「《埤倉》：『瓔珢，石似玉也。』《山海經》『㻞次山多嬰垣玉』，注：『垣，
　　或作短。』又『泑山多嬰短之玉』。皆即此。」〔註260〕錢大昭說同，又多
　　「根當為珢」四字〔註261〕。朱珔曰：「垣、短並為珢之假借。垣從亘與珢
　　從㫃音同，短、㫃亦音之轉也。」〔註262〕畢、錢以及朱珔說均是也，「垣」、
　　「短」、「珢」皆一聲之轉，「埋」是「垣」形誤。《廣百論本》「既見昔時
　　痕」，《可洪音義》卷11所見本「痕」作「痓」。吳任臣說『『短』疑『垣』
　　字之譌」（P113），郝懿行說「嬰短，依字當為『嬰珢』」（P71），亦誤。《北
　　山經》：「燕山，多嬰石。燕水出焉，東流注于河。」郭璞注：「嬰石，言
　　石似玉，有符彩嬰帶，所謂燕石者。」郝懿行曰：『『嬰』疑『燕』聲之轉，
　　未必取嬰帶為義。」（P124）郝懿行引洪頤煊曰：『《玉篇》引《埤蒼》云：
　　『瓔珢，石似玉也。』《西山經》『㻞次之山多嬰垣之玉』〔註263〕，蓋即
　　此經所謂『嬰石』，郭注非。」（P474）朱駿聲曰：「嬰，叚借為瑩。《北山
　　經》注云云。按：嬰帶字，又傅會本義，則失之。」（P859）朱說非是。

〔註260〕錢坫《說文解字斠詮》「珢」字條，收入《續修四庫全書》第211冊，上海古
　　　　籍出版社2002年版，第451頁。
〔註261〕錢大昭說轉引自桂馥《說文解字義證》「珢」字條，齊魯書社1987年版，第
　　　　38頁。錢坫是錢大昭之子，桂氏蓋聞之於錢大昭耳。如本是錢大昭說，錢坫
　　　　不當沒其父名。
〔註262〕朱珔《說文假借義證》「珢」字條，黃山書社1997年版，第30頁。
〔註263〕《西山經》云云是洪氏語，欒保群置於引號內，則是誤以為《玉篇》或《埤
　　　　蒼》所引。《玉篇》原書俱在，而懶於尋查，勇於亂作標點！

嬰、燕一聲之轉。《詩·燕燕》「燕燕于飛」，馬王堆帛書《五行》「燕燕」作「嬰嬰」。《說文》：「薁，嬰薁也。」《詩·七月》毛傳作「蔆薁」。《廣雅》：「燕薁，蔆舌也。」《齊民要術》卷10引「蔆舌」作「櫻薁」。是其聲轉之證。「嬰石」即是「燕石」，山多燕石，故名「燕山」，「燕水」又以山名為水名。《後漢書·應劭傳》：「宋愚夫亦寶燕石。」李賢注引《闕子》：「宋之愚人得燕石梧台之東，歸而藏之，以為大寶……客見之，俛而掩口盧胡而笑曰：『此燕石也，與瓦甓不殊。』」燕石者，似美玉之石，非真玉也。「燕」乃「偽」音轉，影母、疑母相通，歌、元通轉。又音轉作「鴈（雁）」，六朝後俗字作「贋（贗）」，又音轉作「傄、諺、嘮、彥」[註264]，指假物。《韓子·說林下》：「齊伐魯，索讒鼎。魯以其鴈往。齊人曰鴈也，魯人曰真也。」《御覽》卷430引「鴈」作「偽」，與「真」為對文。《潛夫論·敘錄》：「買藥得鴈，難以為醫。」

（4）其中多礝石、櫨丹。（《中山經》）

郭璞注：皆未聞。

吳任臣曰：「眉」、「礝」古字通。礝石疑石之列文如眉者。櫨丹亦疑丹臒、丹粟類。（P154）

畢沅曰：《說文》云「宅櫨木出宏農山」，疑謂此也。（P222）

郝懿行曰：礝石或是畫眉石。「眉」、「礝」古字通也。「櫨丹」疑即黑丹，「櫨」、「盧」通也。又《說文》云：「宅櫨木出宏農山。」……或即此。（P173）

陳漢章曰：案郝箋前《西次山經》女牀山「石涅」謂即「石黛」，是即此「礝石」，皆即今煤矣。（P132）

按：礝，讀為瑂。《中山經》下文「多礝玉」，郝懿行曰：「礝，疑瑂之假借字也。《說文》：『瑂，石之似玉者。讀若眉。』」[註265]（P183）郝氏疑「櫨丹」即黑丹，是也。《文選·東京賦》「黑丹石緇」，胡紹煐曰：「『櫨』與『盧』同，黑也。石之黑為櫨，猶土之黑為壚，水之黑為瀘，果之黑為櫨，鳥之黑為鸕，其義一也。黑丹即櫨丹，又謂之石涅。」[註266] 櫨之言黸也，《說文》：「黸，齊謂黑為黸。」黑色玉石的專字作「瓐」。

〔註264〕參見蕭旭《韓非子校補》，花木蘭文化事業有限公司2015年版，第115～116頁。

〔註265〕「讀若眉」亦《說文》語，樂保群點校本誤置於引號外，竟不查《說文》原書，而恣意亂點。樂保群自編《山海經詳注》第283頁引郝說誤同。

〔註266〕胡紹煐《文選箋證》卷3，黃山書社2007年版，第86頁。

（5）傅山……穀水出焉，而東流注於洛，其中多珚玉。（《中山經》）

郭璞注：珚玉，未聞也。珚，音埋。

畢沅曰：《廣雅》云：「珛、珚，玉。」《玉篇》云：「珚，齊玉。」《御覽》引此正作「珚」，是與《廣雅》合也。然《說文》無「珚」字，《水經注》引此文作「珉」。（P223）

郝懿行曰：《御覽》卷62引此經作「珚玉」。《廣雅》云：「珛、珚，玉。」《玉篇》云：「珚，齊玉。」是此經「珚」本又作「珚」也。《水經注》引此經又作「珉玉」。（P175）

呂調陽曰：「珚」從因，柔也。即嬰硬之玉。（P343）

按：宋刊本、道藏本、明刊本都作「珚」，道藏本注作「音因」。王念孫亦據《水經注》、《御覽》校訂作「珚」〔註267〕。袁珂竊畢、王、郝說（P128），賈雯鶴為其所欺，誤以為是袁氏所揭（P137）。諸家校作「珚」是也，郭璞音埋，則其字已誤從因作「珚」，《集韻》「珚」字條引作「珚」亦是據誤本。《中山經》下文「夸父之山……湖水出焉，而北流注於河，其中多珚玉」，誤同。宋刊《御覽》卷62、《永樂大典》卷11133引《水經注》所引《山海經》作「珚」，與「珚」形聲俱近。王《韻》、《廣韻》並云：「珚，玉名。」裴《韻》作「珚，玉名」。《廣雅》：「珚，齊也。」王念孫曰：「《玉篇》：『珚，齊玉也。』珚之言捆也。《大射儀》『既拾，取矢捆之』，鄭注云：『捆，齊等之也。』」〔註268〕「珚」得名於齊等美好之義。「珚」、「珚」是「玟」、「珉」音轉〔註269〕，故朱謀㙔本《水經注》引作「珉」〔註270〕，趙一清、戴震改作「珚」〔註271〕。楊守敬誤校《御覽》作「珚」，因謂作

〔註267〕 王念孫《廣雅疏證》，收入徐復主編《廣雅詁林》，江蘇古籍出版社1992年版，第762頁。

〔註268〕 王念孫《廣雅疏證》，收入徐復主編《廣雅詁林》，江蘇古籍出版社1992年版，第317頁。抄者誤「捆」作「捆」。

〔註269〕 附記：《西京雜記》卷2「以玟瑰石為鞍」，《初學記》卷27、《御覽》卷815、《太平廣記》卷236、《事類賦注》卷10引「玟瑰」同；一本作「玟珚」，《御覽》卷358引同；《初學記》卷22引作「玟珚」。「玟」是「玟」形誤，「玟珚」即「玟瑰」。《漢語大字典》「玟」字條引此例，說即「珉」字，大誤。《漢語大字典》（第二版），崇文書局、四川辭書出版社2010年版，第1182頁。

〔註270〕 朱謀㙔《水經注箋》卷16，明萬曆刻本，本卷第1頁。

〔註271〕 趙一清《水經注釋》卷16，收入景印文淵閣《四庫全書》575冊，臺灣商務印書館1986年初版，第282頁。四部叢刊影武英殿聚珍版《水經注》卷16，校勘出於戴震之手，本卷第1頁。

「珉」誤〔註272〕，傎矣。《說文》：「珉，石之美者。」《中山經》下文「岐山，其陰多白珉」，郭璞注：「珉，石似玉者。」正作本字。俗字「玟」訓美玉者，又「珉」字音轉。

（6）其木多檀、柘，其草多𦳩韭，多藥、空奪。（《中山經》）

郭璞注：空奪，即蛇皮脫也。

畢沅曰：𦳩，舊本作「薚」，非。（P231）

汪紱曰：空奪即寇脫也。舊以為蛇蛻，非。（P75）

郝懿行曰：郭知「空奪」即「蛇皮脫」者，《玉篇》、《廣韻》並云：「蛥，蟬脫蛥皮。」蓋空字後人加虫作「蛥」也。《說文》云：「蛻，蛇蟬所解皮。」《廣韻》云：「蛻，又他臥切。」與「奪」聲近。「奪」古字作「敓」，疑「空奪」本作「空蛻」，譌「蛻」為「敓」，又改「敓」為「奪」耳。（P202）

郝懿行引洪頤煊曰：「蛇皮脫」非草。升山、熊山「其草多寇脫」，「空奪」即「寇脫」也，形聲皆相近。（P475）

陳漢章曰：「空奪」文承「草」下，當即上升山之「寇脫」耳。寇、空，脫、奪聲音並相近，注似誤矣。（P133）

按：宋刊本、道藏本、明刊本「𦳩」作「薚」，注「蛇皮」誤作「虵被」。「薚」是俗「𦳩」字，見《玉篇》。「空奪」不必是草。「奪」是「挩」假借，表示「脫皮」義的專字從虫作「蛻」，亦借用「脫」字為之。《呂氏春秋·審時》：「穗鉅而芳奪。」俞樾曰：「『奪』者，『脫』之本字。《後漢書·李膺傳》：『豈可以漏奪名籍，苟安而已？』『漏奪』即今言『漏脫』也。言穗雖大而其房必脫落也。」〔註273〕《後漢書》「漏奪」，《御覽》卷420引《續漢書》作「漏脫」。《易·遯》：「執之用黃牛之革，莫之勝說。」帛書本「說」作「奪」。《漢書·匈奴傳》：「其親豈不自奪溫厚肥美齎送飲食行者乎？」《史記·匈奴傳》「奪」作「脫」。

（7）葛山，其上多赤金，其下多瑊石。（《中山經》）

郭璞注：瑊石，勁石似玉也。音緘。

畢沅曰：「瑊」當為「玪」。《說文》云：「玪，玪䃆，石之次玉者。」《玉篇》云：「玪，同『瑊』。」《文選·子虛賦》有「瑊功」，亦作「瑊」。「瑊」、

〔註272〕楊守敬、熊會貞《水經注疏》卷16，江蘇古籍出版社1989年版，第1363頁。
〔註273〕俞樾《呂氏春秋平議》，收入《諸子平議》，上海書店1988年版，第503頁。

「今」音相似之譌也。（P232）

郝懿行曰：《子虛賦》云「瑊玏玄厲」，張揖注云：「瑊玏，石之次玉者。」《說文》作「玪䃑」，云：「玪䃑，石之次玉者。」《玉篇》云：「玪，同『瑊』。」郭云「勁石」，疑「勁」當為「玏」字之譌。瑊石，「石」字衍。（P207）

袁珂曰：《文選·子虛賦》云：「瑊玏玄厲。」張揖注云：「瑊、玏，石之次玉者。」如淳云：「瑊，音緘。玏，音勒。」據此，經文「瑊石」，「石」字疑衍。（P149）

按：郝懿行訂注文「瑊石，勁石似玉也」作「瑊玏，石似玉也」，謂注文「瑊石」之「石」是衍文。王念孫、段玉裁訂正郭注作「瑊玏，石似玉也」，段氏復指出「『玪䃑』合二字為石名」〔註274〕。袁珂既竊畢說、郝說，卻沒有看懂郝說，竟說正文「瑊石」之「石」疑衍。袁珂不懂「瑊玏」是玉石之名，引張揖說「瑊玏」中間加一頓號，則是誤以為二物。陋甚！賈雯鶴為袁氏所欺，以為是袁氏所揭（P137），又不知訂其誤讀。桂馥則訂郭注作「瑊石勒石似玉也」，並指出「『䃑』俗作『玏』，或省作『勒』。俗本『勒』譌作『勁』」〔註275〕。陳漢章從桂說，惟引「䃑」誤作「輕」（P133）。郝、段說是也。《御覽》卷809引此經「葛山之下多瑊石」，又引郭璞注：「瑊玏，似玉之名（石）。」《廣韻》「瑊」字條引郭璞曰：「瑊玏，似玉之石。」足證「勁」是「玏」形誤。《中山經》有「礝（碝）石」，《西山經》有「砆石」，《北山經》有「嬰石」，郭璞說是似玉之石，「瑊石」構詞正同，怎得說經文「石字疑衍」？袁氏不思之甚也。另外幾個相關的問題附辨如下：①《西山經》「號山多汵石」，郭璞注：「汵，或音金。未詳。」〔註276〕畢沅曰：「汵、涅聲之緩急，疑『涅石』。」（P192）黃丕烈曰：「汵，吳本作『冷』，注同。」（P142）郝懿行曰：「《說文》『汵』本字作『淦』，云：『泥也，從水金聲。』與郭音合。汵石蓋石質柔耎如泥者。」（P76）吳本作「冷」誤，黃丕烈未作判斷。畢、郝二氏之說均誤，「汵石」即是「玲

〔註274〕范祥雍《山海經箋疏補校》過錄王念孫說，上海古籍出版社2013年版，第213頁。王念孫《廣雅疏證》，收入徐復主編《廣雅詁林》，江蘇古籍出版社1992年版，第768頁。段玉裁《說文解字注》「玪」字條，上海古籍出版社1981年版，第16頁。段玉裁《古文尚書撰異》卷3亦訂注文作「瑊玏，石似玉也」，並指出「今本譌」，收入《四部要籍注疏叢刊》，中華書局1998年版，第1880頁。

〔註275〕桂馥《說文解字義證》「䃑」字條，齊魯書社1987年版，第37頁。

〔註276〕宋刊本、道藏本注「音金」，明刊本作「音今」。

石」，亦即此經之「瑊石」。②《中山經》上文「鹿蹄之山多泠石」，郭璞注：「未聞也。『泠』或作『涂』。」黃丕烈曰：「泠，吳本作『冷』，恐誤。」（P142）汪紱曰：「泠石，寒水石也。」（P64）畢沅曰：「『泠石』即『涅石』也，泠、涅聲相近。舊本作『冷』非。」（P217）郝懿行曰：「『冷』當為『泠』。郭云『泠或作涂』，『涂』亦借作泥塗字，『泠』又訓泥，二字義同，故得通用。又『涂』或『淦』字之譌也，《說文》『泠』、『淦』同。」（P162）郝說「冷當為泠」是也，其餘說則誤。「涂」亦「泠」形誤，《西山經》「鈐山」，郭璞注：「鈐，或作泠，又作塗。」（元抄本「泠」作「冷」）即其形譌之例。山名「泠山」者，蓋以此山多泠石故也。③《中山經》上文「箕尾之山多涂石」，畢沅曰：「疑『涂』當為『淦』，亦涅石也。」（P218）郝懿行曰：「上文『鹿蹄山』云『多泠石』，郭云『泠或作涂』，說已見上。」（P163）④《中山經》下文「柴桑之山多碧，多泠石、赭」，此據宋刊本、道藏本、明刊本、四庫本作「冷」，《西溪叢語》卷上引同；畢、郝本作「泠」。吳任臣曰：「泠石，滑石類，見《別錄》。」（P175）畢沅曰：「泠，舊本作『冷』，非。」（P240）郝懿行曰：「『冷石』當為『泠石』，已見上文。」（P231）三文亦當作「泠石」，均形近而譌。袁珂但知取用或襲用郝說（P53、119、120、168），而一無辨正。

（本篇與曾思博士合作，發表於《中國訓詁學報》第 8 輯，商務印書館2023 年出版，第20～26頁。）

郭璞《山海經圖讚》校補

　　《隋書·經籍志二》：「《山海經圖讚》二卷，郭璞注。」《舊唐書·經籍志上》作「郭璞撰」，是也。傳世本《山海經》，元代曹善抄本（簡稱元抄本）、明道藏本各有《圖讚》，都附錄於各卷末尾。元抄本《圖讚》是全本。道藏本只有前 13 卷有《圖讚》，後 5 卷則闕之。

　　郝懿行《山海經箋疏》據道藏本收錄，採用臧庸、陳壽祺的意見，參以己見略作校勘〔註1〕，但郝氏錄文偶有錯字。盧文弨《〈山海經圖讚〉拾補》據道藏本作底本，以明刻《郭宏農集》參校〔註2〕。嚴可均《全晉文》卷 122～123 輯錄《圖讚》，據類書補輯了道藏本的佚文，亦有極其簡略的校勘〔註3〕，但嚴氏標注出處常常誤記類書卷號。

　　茲據道藏本為底本作校補（後 5 卷據元抄本）。元抄本雖有勝處，而錯譌甚多，其誤者本文不一一指出。

　　本文引用類書版本如下：孔廣陶校刻本《北堂書鈔》（省稱作《書鈔》），南宋刻本《藝文類聚》（省稱作《類聚》），宋刊本《初學記》（古香齋本如有異文，則亦出之），宋刊本《白氏六帖事類集》（省稱作《白帖》），景宋本《太平御覽》（省稱作《御覽》），南宋刻本《事類賦注》，四庫本《記纂淵海》。

〔註 1〕郝懿行《山海經箋疏》附錄（欒保群整理），中華書局 2019 年版，第 395～438 頁。

〔註 2〕盧文弨《〈山海經圖讚〉拾補》，收入《盧文弨全集》第 2 冊《群書拾補初編（二）》，浙江大學出版社 2017 年版，第 339～406 頁。

〔註 3〕嚴可均《全晉文》，收入《全上古三代秦漢三國六朝文》，中華書局 1958 年版，第 2158～2171 頁。

一、《南山經圖讚》校補

（1）桂生南裔，枝華岑嶺。廣莫熙葩，凌霜津穎。氣王百藥，森然雲挺。

盧文弨曰：枝華，《集》作「拔萃」。（P339）

按：元抄本「枝華」作「拔華」，「百藥」作「百草」。《類聚》卷89凡二引：一引作「桂生南隅，拔萃岑嶺。廣熙葩陵霜秀津穎」，一引作「桂生南裔，拔萃岑嶺。廣莫熙葩，凌霜津穎」。《說文解字繫傳》「桂」字條引作「桂生南裔，拔華峯嶺。廣莫熙葩，凌霜津穎」。末二句均同道藏本。「廣熙葩陵霜秀津穎」句脫「莫」字，衍「秀」字，當作「廣〔莫〕熙葩，陵霜津穎」。「枝華」、「拔華」是「拔萃」形誤，「穎」是「穎」俗字。「岑嶺」、「峯嶺」並通。「拔萃」語出《孟子》。「枝」、「拔」形近易譌，《荀子・彊國》「拔戟加乎首」，楊倞注：「拔，或作『枝』。」《莊子・盜跖》「冠枝木之冠」，《御覽》卷684引「枝」誤作「拔」。都是其例。

（2）爰有奇樹，產自招搖。厥華流光，上映垂霄。

按：元抄本「垂霄」作「雲霄」。「垂霄」不辭，「垂」當是「重」形誤。《玉篇殘卷》「礸」字條引《字書》：「礸鳥（碼），重。」宋本《玉篇》、《集韻》「重」作「垂」。《史記・司馬相如傳》「垂句始以為慘」，《後漢書・輿服志》劉昭注引「垂」作「重」。P.2526V「垂纓奉（鳳）闕」，P.2385V「垂」作「重」。《博物志》卷4「雁食粟，則翼重不能飛」，《御覽》卷840引「重」作「垂」。都是其相譌之例。

（3）狌狌似猴，走立行伏。櫰木挺力，少辛明目。

按：元抄本同。《御覽》卷908引「猴」作「狐」，「櫰」作「懷」，「力」作「刀」；《記纂淵海》卷98引「力」作「刃」，餘同《御覽》。《南山經》：「有獸焉，其狀如禺而白耳，伏行人走，其名曰狌狌。」禺是母猴屬，則「狐」是「猴」形誤。又《南山經》長右獸其狀如禺，《圖讚》亦易「禺」作「猴」，云「長右四耳，厥狀如猴」。《北山經》幽鴳獸其狀如禺，《圖讚》亦易「禺」作「猴」，云「幽頞似猴」。嚴可均據《御覽》作「狐」〔註4〕，慎矣。《西山經》：「有木焉……名曰櫰木，食之多力。」《圖讚》：「櫰之為木，厥形似槤。若能長服，拔樹排山。力則有之，壽亦宜然。」則「懷」是「櫰」形

〔註4〕嚴可均《全晉文》卷122，收入《全上古三代秦漢三國六朝文》，中華書局1958年版，第2158頁。

誤，「刀（刃）」是「力」形誤。挺，讀為盈，多也。讚文「挺力」，即是經文之「多力」。

（4）水玉沐浴，潛映洞淵。

按：元抄本「沐浴」作「口沐」（「沐」上作空格缺字）。《類聚》卷78引作「水土冰鱗，潛映洞川」。《南山經》：「堂（一作常）庭之山多水玉。」郭璞注：「水玉，今水精也。」「土」是「玉」形誤，「川」是「淵」形誤。「沐浴」當作「冰鱗」，以冰鱗比喻水晶也。

（5）白猿肆巧，由基撫弓。應吁而號，神有先中。

按：元抄本「吁」同，當據《類聚》卷95引作「眄」。郝懿行本逕作「眄」，而失校記。元抄本「先」誤作「光」。《淮南子·說山篇》：「楚王有白蝯，王自射之，則搏矢而熙。使養由其射之，始調弓矯矢，未發而蝯擁柱（樹）號矣。有先中中者也。」高誘注：「《幽通賦》曰『養流睇而蝯號』是也。」《文選·幽通賦》李善注引曹大家曰：「睇，眄也。」

（6）鹿蜀之獸，馬質虎文。驤首吟鳴，矯足騰群。

按：元抄本「矯足」同，《御覽》卷913引作「矯矯」。

（7）若欲不恐，厥皮可佩。

按：元抄本「可」作「是」。《御覽》卷913引上句作「欲不恐懼」。

（8）赤鱬之物，魚身人頭。

按：元抄本同。《御覽》卷939引「物」作「狀」。郝懿行本逕作「狀」，而失校記。

（9）玉贛表夏，玄石勒秦。

郝懿行曰：贛，《類聚》作「匱」。（P397）

郝懿行引臧庸曰：《廣韻》：「匭，《方言》云：『箱類。』」此「贛」當為「匭」，玉匭猶言金匱耳。（P437）

按：臧說是。元抄本作「匭」，《類聚》卷8、《嘉泰會稽志》卷20引都作「匱」。

（10）犀頭似豬，形兼牛質。角則併三，分身互出。

按：元抄本下二句作「角生不併，三分牙出」。「牙」是「互」形譌。《爾雅·釋獸》「犀似豕」，郭璞注：「形似水牛，豬頭……三角：一在頂上，一在額上，一在鼻上。」故云「角生不併，三分互出」也。

（11）兕推壯獸，似牛青黑。

按：元抄本「推」作「惟」，《類聚》卷 95、《御覽》卷 890、《記纂淵海》卷 98 引同。「推」是「惟」形誤。

（12）羽翼來儀，應我聖君。

按：羽，元抄本作「掀」，《類聚》卷 99 引作「附」。當作「附」或「拊」。《海外北經圖讚》：「乘龍踐蛇，凌雲附（元抄本作「拊」）翼。」附，讀為拊、撫，拍也。《西山經圖讚》：「拊翼相和，以應聖哲。」又「巡遊四海，撫（元抄本作「拊」）翼雲儷。」《海外南經圖讚》：「百獸率儷，群鳥拊翼。」正作本字。《文選·嘯賦》：「百獸率舞而抃足，鳳皇來儀而拊翼。」《樂府詩集》卷 53 陳思王《鼙舞歌·大魏篇》：「騏驥躘足舞，鳳皇拊翼歌。」《漢書·敘傳》：「攜手遼（遯）秦，拊翼俱起。」《文選·贈馮文羆》、《廣絕交論》李善注引作「撫翼」。

（13）顒鳥棲林，鱄魚處淵。俱為旱徵，災延普天。測之無象，厥類推玄。

郝懿行曰：《御覽》作「厥類惟玄」。（P398）

盧文弨曰：「推」疑「惟」。（P344）

按：元抄本「推」作「惟」。《御覽》卷 939 引「顒」同，脫「鱄」字，「淵」作「川」，「推」作「惟」，標題「鱄」作「縛」。《南山經》：「有鳥焉，其狀如梟，人面四目而有耳，其名曰顒。」宋刊本、明刊本「顒」作「鷗」，《玉篇》、《廣韻》、《集韻》「鷗」字條引同。郝懿行本此讚逕作「鷗」，而失校記。「鱄」是「鱄」形誤（郭璞注：「鱄音團扇之團。」），「川」是「淵」形誤，「推」是「惟」形誤。《西山經圖讚》：「鰠魚潛淵，出則邑悚。」

二、《西山經圖讚》校補

（1）月氐之羊，其類甚野。厥高六尺，尾赤如馬。

郝懿行曰：甚，《御覽》作「在」。赤，《御覽》作「亦」。（P399）

按：《御覽》未引。元抄本「甚」作「在」。《類聚》卷 94、《初學記》卷 29 引「甚」作「在」，「赤」作「亦」，當據正。元抄本亦誤作「赤」。

（2）鷗亦衛災，厥形惟麼。

按：「衛」當作「御（禦）」。元抄本「鷗」作「鷗」，「御」亦誤作「衛」。《西

山經》:「其鳥多鴟,其狀如翠而赤喙,可以禦火。」《御覽》卷 869、928 引「禦」誤作「衛」。

（3）剛蠶之族,號曰豪彘。

按:彘,《初學記》卷 29、《御覽》卷 903、《爾雅翼》卷 21 引作「豨」,《類聚》卷 94、《記纂淵海》卷 98 引作「豨」。經文作「毫彘」。

（4）嶓冢美竹,厥號桃枝。叢薄幽藹,從容鬱猗。簟以安寢,杖以扶危。

按:元抄本「從容」作「從風」,「簟」作「簞」。《書鈔》卷 133、《類聚》卷 69、《演繁露》卷 12 引作「叢薄幽薈,從風蔚猗」。《書鈔》又引前二句作「竹類產巴,厥名桃枝」。藹、薈一聲之轉,鬱、蔚一聲之轉。「鬱藹(藹)」音轉作「蔚藹(藹)」,「蓊鬱」音轉作「蓊蔚」,「鬱茂」音轉作「蔚茂」,「嵂鬱」轉語作「弟蔚」,「鬱律」轉語作「蔚律」,「勃鬱」轉語作「勃蔚」,「鬱藍」轉語作「蔚藍」。《禮記・大學》《釋文》:「蔚,音鬱,又音尉。」《禮記・王制》《釋文》:「蔚,音尉,一音鬱。」《易・革》「其文蔚也」,《釋文》:「蔚,音尉,又紆弗反。」《書・五子之歌》《釋文》:「鬱,音蔚。」《後漢書・仲長統傳》李賢注:「『蔚』與『鬱』古字通。」《廣韻》:「尉,於胃切,又紆物切。」「紆弗反」、「紆物切」即是音鬱。《真誥》卷 2「柔翰蔚乎冥契也」,《墉城集仙錄》卷 5「蔚」作「鬱」;又卷 3「辭旨蔚然起」,《集仙錄》卷 5「蔚」作「鬱」;又卷 3「嘉柔順以變蔚」,《集仙錄》卷 5、《雲笈七籤》卷 98「蔚」作「鬱」;又卷 4「靈雲鬱紫晨」,《無上祕要》卷 20「鬱」作「蔚」;又卷 4「雲蔚待龍吟」,《諸真歌頌》、《集仙錄》卷 2、《雲笈》卷 97「蔚」作「鬱」。《神仙傳》卷 10「鬱然成林」,《廬山略記》「鬱」作「蔚」。都是其證。鬱猗,猶言鬱鬱猗猗,美盛貌。「從風」當作「從容」。《文選・七發》:「眾芳芬鬱,亂於五風;從容猗靡,消息陽陰。」李善注:「林木茂盛,隨風披靡。」「簞」是「簟」形誤,竹席也。

（5）有華無實,蓇容之樹。邊谿類狗,皮厭夭蠱。黑文赤翁,鳥愈隱痔。

　　郝懿行引臧庸曰:「『鳥愈隱痔』當作『隱痔可愈』,方有韻。」（P400）

按:臧說非是。「痔」字之部,與「樹」（侯部）、「蠱」（魚部）合韻。

（6）稟氣方殊,件錯理微。礜石殺鼠,蠶食而肥。口性雖反,齊之一歸。

按:元抄本「件」作「舛」,「性」上缺字作「厥」。《漢魏六朝百三家集》卷 57「件」作「舛」,「性」上缺字作「物」,欒保群據以訂補（P401）。舛,錯

亂也。《漢語大字典》據誤本訓「件」為「分別」〔註5〕，非是。

（7）**鸚鵡慧鳥，栖林喙桑。四指中分，行則以觜。自貽伊籠，見幽坐趾。**

郝懿行曰：「喙桑」誤，《初學記》引作「啄藥」。「趾」字誤，《類聚》引作「伎」。（P401）

按：元抄本作「啄藥」、「坐技」。《類聚》卷91、《御覽》卷924、《記纂淵海》卷97引作「啄藥」，《初學記》卷30引作「啄藥」。《白帖》卷29「鸚鵡」條有「啄藥、惠性」，未寫出處，當出郭璞讚。「喙桑」當是「啄榮」形誤。「藥」是「藥（榮）」俗字。《御覽》卷924引「以觜」作「啄地」，又引《南方異物志》：「鸚鵡鳥，凡鳥四指，三向〔前，一向〕後。此鳥兩〔指〕向前，兩指向後，異於凡鳥也。行則以口啄地，然後足從之。」〔註6〕即郭讚「四指中分，行則以觜」之誼。

（8）**延頸離鳥，翻飛合翮。**

按：《類聚》卷99引「離鳥」作「離鳴」，當據正。元抄本音誤作「離明」。

（9）**丹木煒燁，沸沸玉膏。**

按：煒燁，郝懿行本誤作「煒煒」，嚴可均《全晉文》卷122誤同。

（10）**崑崙月精，水之靈府。惟帝下都，西老之宇。嶸然中峙，號曰天柱。**

郝懿行曰：「老」當為「姥」。《類聚》作「羌」，又「老」之譌。臧庸曰：「『桂』乃『柱』之譌，以韻讀之可見。」（P403）

按：元抄本、道藏本作「天柱」，《類聚》卷7引同。郝懿行本誤作「天桂」，臧氏據誤本而說。元抄本「西老」同。《緯略》卷12引「老」亦作「羌」，《漢魏六朝百三家集》卷57作「姥」。郝說是也，但「姥」是「老」俗分化字（音亦由來母轉作明母），不必改字。《淮南子·覽冥篇》「西老折勝」，高誘注：「西王母折其頭上所戴勝。」道藏本《海內西經圖讚》：「請藥西姥，烏得如羿？」《類聚》卷88引同，元抄本《圖讚》作「西母」。《緯略》卷12引「嶸」作「磼」，都是「傑」孳乳字，特立也。

〔註5〕《漢語大字典》卷1，湖北辭書出版社、四川辭書出版社1986年第1版，第122頁；崇文書局、四川辭書出版社2010年第2版，第155頁。

〔註6〕所脫四字據《白帖》卷29引補。《初學記》卷30引作「凡鳥四指，三向前，一向後。此鳥兩指向後」，省「兩指向前」。

（11）安得沙棠，制為龍舟，泛彼滄海，眇然遐遊。聊以逍遙，任波去留。

按：元抄本「任波」同。郝懿行本作「任彼」，嚴可均《全晉文》卷122同。「波」字是。任波去留，猶言隨波而或留或去也。《御覽》卷469引《山海經讚》：「如彼浪舟，任波流滯。」是其切證。嚴可均曰：「注引《銘》曰：『安得沙棠，刻以為舟，泛彼滄海，以遨以遊。』《銘》即《圖讚》，疑『制』、『刻』乃『剡』字之誤。」〔註7〕注引《銘》者，《西山經》郭璞注引自作《圖讚》，各本都作「刻」。《初學記》卷25引《銘》：「安得沙棠木，剡以為舟船。」《述異記》卷上：「漢成帝嘗與趙飛燕游太液池，以沙棠木為舟。其木出崑崙山，人食其實，入水不溺。詩曰：『安得沙棠木，剡以為舟船。』」殆亦引郭氏《圖讚》也。制、刻、剡、剸，各字都通，不必改字。郝懿行說「刻」當為「制」（P444），未是。

（12）畢方赤文，離精是炳。旱則高翔，鼓翼陽景。集乃流災，火不炎正。

郝懿行曰：「正」字誤，《匡謬正俗》引作「上」。「上」與「炳」、「景」韻，是也。（P404）

按：郝說是。元抄本正作「炎上」，《韻補》卷3「炳」字條引同。「火不炎上」是漢晉人成語。炎，火上延也。郝懿行本「流災」倒作「災流」，蓋據《匡謬正俗》卷7所引。

（13）先民有作，龜貝為貨。貝以文彩，賈以小大。簡則易從，犯而不過。

按：元抄本「貝以」作「貴以」。《類聚》卷84引「貝以」作「貴以」，「易從」作「易資」。作「貴以」是。

（14）山名三危，青鳥所解。

盧文弨曰：憩，藏本「解」，謂解羽也。（P352）

按：盧說非是。《御覽》卷927引「解」同，《類聚》卷91引作「憩」。《西山經》：「三危之山，三青鳥居之。」郭璞注：「三青鳥主為西王母取食者，別自棲息於此山也。《竹書》曰：『穆王西征，至於青鳥所解也。』」《類聚》卷91引《〔竹書〕紀年》：「穆王十三年西征，至於青鳥之所憩。」《御覽》卷927引「憩」作「解」。解，脫也，卸也，指解開車駕，引申為憩止也。《方言》卷7：「稅，舍車也。」郭璞注：「舍，宜音寫。稅，猶脫也。」

〔註7〕嚴可均《全晉文》卷122，收入《全上古三代秦漢三國六朝文》，中華書局1958年版，第2160頁。

「寫」即「卸」，「稅」即「挩（脫）」。《史記・李斯列傳》《索隱》：「稅駕，猶解駕，言休息也。」《說文》：「卸，舍車解馬也。」謂停車而解開車駕。三危山是青鳥所居之處，即憩息之處，非其解墮毛羽之處。《大荒北經》：「有大澤方千里，群鳥所解。」郭璞注：「《穆天子傳》曰：『北至廣（曠）原之野，飛鳥所解其羽。乃於此獵，鳥獸絕群，載羽百車。』」《海內西經》：「大澤方百里，群鳥所生及所解。」郭璞注：「百鳥於此生乳，解之毛羽。」大澤是群鳥解墮毛羽之處，與三危山所說不同。

（15）**駮惟馬類，實畜之英。騰髦驤首，嘘天雷鳴，氣無馮凌，呑虎辟兵。**

按：馮凌，元抄本作「不凌」，《類聚》卷95、《御覽》卷892引同，是也。「馮」涉「無」形譌，又涉成詞「馮凌」而致衍。《類聚》引「髦」作「旄」，《御覽》則誤作「髮」。

（16）**爰有丹木，生彼淆盤。**

按：淆，元抄本作「洧」。郝懿行本、嚴可均《全晉文》卷122亦作「洧」，二氏未見元抄本，蓋據《西山經》郭璞注改，但當出校記。洧盤，水名。

（17）**物以感應，亦有數動。壯士挺劍，氣激白虹。鱕魚潛淵，出則邑悚。**

郝懿行引臧庸曰：《御覽》卷939「有」作「不」，又「白虹」作「江涌」，「邑悚」作「民悚」，皆較今本為勝。（P437）

按：《御覽》卷939引仍作「亦有」，臧氏誤校。嚴可均《全晉文》卷122誤作「亦不」。臧氏說《御覽》較今本為勝，亦未得。《韻補》卷3「虹」字條引同元抄本、道藏本作「白虹」、「邑悚」。《東山經圖讚》「見則邑駭」，《北山經圖讚》「見則邑恐」，則此讚作「邑悚」固不誤也。《北山經》：「有鳥焉……名曰酸與……見則其邑有恐。」尤是作「邑」之確證。挺，拔也。

三、《北山經圖讚》校補

（1）**馬實龍精，爰出水類。渥窪之駿，是靈是瑞。昔在夏后，亦有何駟。**

按：是靈是瑞，元抄本作「是勤是口」（末字作空格缺文），《韻補》卷4「蹏」字條引作「是勒是蹏」。「勤」是「勒」形譌。

（2）**涸和損平，莫慘於憂。**

郝懿行引臧庸曰：《御覽》卷937引作「汩和」。此作「涸」誤。（P437）

盧文弨曰：涸，今從吳改「汩」。（P356）

按：臧、盧說是，但臧氏有誤校。《御覽》卷 937 引「涸」作「泊」，《事類賦注》卷 29 引作「汩」。作「汩」是，亂也。「涸」、「泊」都是「汩」形譌。「汩和」音轉又作「滑和」，是周秦二漢成語。《莊子·德充符》：「故不足以滑和。」《淮南子·俶真篇》：「不足以滑其和。」

（3）鼓翮一揮，十翼翩翻。

　　郝懿行引臧庸曰：《御覽》卷 339「一揮」作「一運」，當從之。又「翩翻」作「翻翻」，古字通。（P437）

按：臧氏誤校。《御覽》見卷 939，仍作「翩翻」，不作「翻翻」。元抄本同道藏本。「運」當作「揮」，同「翬」。《海外西經圖讚》：「雲翮是揮，玉璜是佩。」亦然。

（4）駝惟奇畜，肉鞍是被。迅騖流沙，顯功絕地。潛識泉源，微乎其智。

按：元抄本「微乎其智」同，《類聚》卷 94、《御覽》卷 901、《爾雅翼》卷 22 引亦同。《白帖》卷 29 引誤作「徵乎其智」；宋本《初學記》卷 29 凡二引，一誤作「微乎長圭」，一誤作「徵乎其智」。「徵」是「微」形誤。

（5）好用小慧，終是嬰繫。

按：元抄本「慧」作「惠」，「是」作「見」。「是」是「見」形誤。

（6）鼠而傅翼，厥聲如羊。孟極似豹，或倚無良。

　　郝懿行曰：或倚無良，案此語難曉。（P408）

按：元抄本作「或伏或倚」，失韻。「無良」疑是「罔兩」、「魍魎」、「蝄蜽」、「望兩」、「罔閬」、「罔浪」等音轉，山川精怪之名。《北山經》：「有獸焉，其狀如豹而文題，白身，名曰孟極，是善伏，其鳴自呼。」

（7）磁石吸鐵，瑇瑁取芥。氣有潛感，數亦冥會。物之相投，出乎意外。

　　郝懿行引臧庸曰：瑇瑁取芥，《類聚》卷 6 作「琥珀取芥」，未聞其審。（P438）

按：《類聚》卷 6 引「磁石」作「礛石」，「潛感」作「潛通」，「相投」作「相感」。亦當出校。《論衡·亂龍》：「頓牟掇芥，磁石引針。」「頓牟」是「瑇瑁」音轉〔註8〕。投，合也。元抄本「投」誤作「役」。芥指草芥。《類聚》

〔註8〕參見劉嶽雲《格物中法》卷 1，清同治劉氏家刻本。馬宗霍《論衡校讀箋識》，中華書局 2010 年版，第 216～217 頁。

作「琥珀取芥」者，《華陽國志》卷4：「有虎魄，能吸芥。」

（8）山獋之獸，見人歡譃。厥性善投，行如矢激。

按：見人歡譃，元抄本作「見人懽譃」，《御覽》卷912引作「見乃歡唬」。「乃」
當作「人」。「譃」當作「諕」，同「唬」，亦即「號」字，呼號也。《北山
經》：「有獸焉，其狀如犬而人面，善投，見人則笑，其名山獋，其行如風。」
「笑」當作「嘯」，《文選·吳都賦》云「獋子長嘯」。元抄本「厥性善投」
誤作「性善厥頭」，又「矢」誤作「天」。

（9）鰥之為狀，羊鱗黑文。

　　郝懿行曰：案「羊」字疑誤。（P409）

按：羊鱗黑文，元抄本作「雞足鯉鱗」。《御覽》卷939引作「半鳥半鱗」，則
「羊」是「半」形譌。

（10）微哉䰽魚，食則不驕。物在所感，其用無標。

按：元抄本「䰽」作「魷」。《御覽》卷939「魷魚」條引「䰽」作「魮」，「在」
作「有」，「標」作「標」。《御覽》有注：「魷，音紫。」《北山經》：「其中
多䰽魚……食之不驕。」「魮」、「魷」是「魷（䰽）」形誤，「在」是「有」
形誤。標讀作標，猶言準則。

（11）狍鴞貪惏，其目在腋。食人未盡，還自齟割。圖形妙鼎，是謂不若。

　　郝懿行引臧庸曰：「『割』字非韻。」（P410）

按：臧說非是。元抄本「惏」誤作「琳」，「腋」作「掖」，「齟割」作「齰」，
「妙」作「九」。①「割」月部，與鐸部的「腋」、「若」合韻。古音月部
與鐸部有通轉之例。《方言》卷9：「戟，楚謂之釨。凡戟而無刃，秦晉之
間謂之釨。」《左傳·莊公四年》：「楚武王荊尸授師子焉，以伐隨。」杜
預注引《方言》作「子者，戟也」。「釨」是「子」增旁俗字。月部的「子」
是鐸部的「戟」方言音變。此其例一。《禮記·緇衣》「行有格也」，又「略
而行之」，郭店簡《緇衣》簡37～39「格」、「略」都作「逜」，上博簡《緇
衣》簡19都作「堲」；「堲（逜）」從月部的「丯」得聲，與鐸部的「格
（略）」相通。此其例二。包山楚簡簡61「鬥戈」，又簡269「車戈」，「戈」
從月部的「丯」得聲，整理者讀為鐸部的「戟」〔註9〕。此其例三。《廣

〔註9〕《包山楚簡》，文物出版社1991年版，第44、65頁。

雅》：「捀，裂也。」王念孫曰：「《莊子‧養生主篇》云：『動刀甚微，謋
然已解。』『謋』與『捀』同。」〔註10〕「謋」從月部的「桀」得聲，與
鐸部的「捀」相通。裴《韻》、蔣《韻》「謋」音虎伯反，《廣韻‧陌韻》
「謋」音同，「陌韻」即來自上古「鐸部」，則已轉讀其音矣。此其例四。
「末殺」、「抹搬」、「蔑屑」、「弊殺」音轉作「摸索」〔註11〕，「末（抹）」、
「蔑」、「弊」月部字，「摸」鐸部字。此其例五。王力也指出「魚鐸陽和
歌月元通轉」〔註12〕。②割，讀為劓。《左傳‧莊公三十二年》：「割臂盟。」
《史記‧吳起傳》：「與其母訣，齧臂而盟曰。」「割臂」即「齧臂」，都是
「契臂」音轉，同從「丯」得聲。《說文》「狠、齸」並訓齧，則「齸割（齧）」
是複語。

（12）或以尾翔，或以髯凌。飛鼠鼓翰，翛然背騰。用無〔常所〕，唯神
是憑。

郝懿行曰：常所，藏本闕二字。（P411）

按：翛然背騰，元抄本作「倏然皆騰」，《初學記》卷29引作「倏然背騰」，《白
帖》卷29引作「倏然背騰」，《類聚》卷95引作「儵然皆騰」，《御覽》卷
911引作「倏然皆騰」。用無，《類聚》、《白帖》引同，《初學記》、《御覽》
引作「固無」。是憑，《初學記》、《白帖》、《御覽》引作「所憑」，《類聚》
引作「斯憑」。飛鼠，各書引同，獨《白帖》引作「飛鳴」〔註13〕。元抄
本「常所」不脫，各書引同，獨《白帖》引作「所為」。「皆」是「背」形
誤，「用」是「固」形誤，「所憑」之「所」是「斯」形誤。

（13）景山有鳥，稟形殊類。厥狀如蛇，腳二翼四。見則邑恐，食之不醉。

盧文弨曰：三，舊作「二」，據經改。（P361）

按：盧校是，元抄本正作「腳三」。嚴可均《全晉文》卷122「邑」誤作「色」。
考《北山經》：「有鳥焉，其狀如蛇而四翼，六目三足，名曰酸與。其鳴自
詨，見則其邑有恐。」是當作「邑」也。《東山經圖讚》：「朱獳無奇，見

〔註10〕王念孫《廣雅疏證》，收入徐復主編《廣雅詁林》，江蘇古籍出版社1992年版，
　　　第124頁。
〔註11〕參見蕭旭《「抹殺」考》，收入《群書校補（續）》，花木蘭文化事業有限公司
　　　2014年版，第2460～2464頁。
〔註12〕王力《同源字論》，收入《同源字典》，商務印書館1982年版，第17頁。
〔註13〕《初學記》、《類聚》據宋刊本作「飛鼠」，古香齋本《初學記》、四庫本《類聚》
　　　作「飛鳴」。

則邑駿。」《全晉文》卷 122「邑」亦誤作「色」。《東山經》：「朱獳見則其國有恐。」國謂都邑也。

（14）炎帝之女，化為精衛。沈所東海，靈爽西邁。乃銜木石，以堙**攸**海。

　　郝懿行曰：所，《類聚》作「形」。以堙波海，《類聚》作「以填攸害」。「害」與「衛」、「邁」皆「脂類」也。若作「海」，則為「之類」矣。必當從《類聚》。（P411）

按：「所」當作「形」。元抄本作「沈形」，《類聚》卷 92 引同；《韻補》卷 4「海」字條引作「沈形」，《漢魏六朝百三家集》卷 57 同。嚴可均《全晉文》卷 122 誤作「況形」。末句元抄本作「以填彼害」，《韻補》引作「以填彼海」，《百三家集》作「以填波害」。「海」之部字。「衛」、「邁」是去聲，有的古音學派不承認古有去聲，歸為入聲月部。但也可歸為陰聲脂部。「惠」與「衛」同音即歸為脂部〔註14〕。之、脂合韻，「海」字不當改。「精衛堙海」或「精衛填海」是古成語，「填害」則不辭。北大漢簡（四）《妄稽》「孝弟（悌）茲悔」，「茲悔」讀為「慈惠」〔註15〕。「攸」、「波」當作「彼」。道藏本作「**攸**」，偏旁模糊，有可能就是「彼」字。

四、《東山經圖讚》校補

（1）魚號鱅鱅，如牛虎駮。

　　郝懿行曰：案「鮫」字譌，《御覽》作「駁」。（P412）

按：元抄本、道藏本作「駁」，郝氏自誤作「鮫」而又出校。

（2）豈伊妄降，亦應牒讖。

按：牒，《韻補》卷 4「讖」字條引作「圖」。

（3）澧水之鮮，狀如浮肺。體兼三才，以貨賈害。厥用既多，何以自衛。

按：元抄本同。《御覽》卷 939 引「鮮」作「鱗」，「害」作「客」。「鮮」、「鱗」皆可指魚，而字形又近。考《類聚》卷 99 引郭璞《比目魚贊》：「比目之鱗，別號王餘。雖有二片，其實一魚。」則郭璞作「鱗」字。「害」與「肺」、

〔註14〕今人「惠」字或歸為入聲質部。蔣《韻》、王《韻》、《廣韻》「惠」入《霽韻》，並讀去聲胡桂切，仍是陰聲脂部。

〔註15〕參見王曉明《北大簡〈妄稽〉校讀簡記（一）》，復旦古文字網 2016 年 6 月 7 日。蕭旭《北大漢簡（四）校補》，收入《群書校補（三編）》，花木蘭文化事業有限公司 2023 年版，第 235 頁。

「衛」月部同韻。貨，資用也。賈，買也。言澧水之魚以有資用而遇害，故下文云「厥用既多，何以自衛」。「客」鐸部，亦與月部合韻。貨，賣也。言澧水之魚可以賣給商人也。

（4）水圓四十，潛源溢沸。靈龜爰處，掉尾養氣。莊生是感，揮竿傲貴。

按：宋刊《初學記》卷30引作「水員三上，潛源溢沖」，古香齋本作「水圓三方，潛源溢沸」。考《東山經》：「有水焉，廣員四十里皆涌，其名曰深澤，其中多蠵龜。」則道藏本作「四十」不誤。「沖」字失韻，當是「沸」形誤。

（5）食之和體，氣不下溜。

按：溜，讀為流。

（6）豬身人面，號曰合窳。厥性貪殘，物為不咀。

　　郝懿行曰：案「為」當作「無」。（P414）

按：元抄本同。「為」字不誤。言其性貪殘，食物不加咀嚼。而不是說凡物都咀嚼。

五、《中山經圖讚》校補

　　元抄本、道藏本條目不盡相同，各有脫文。

（1）焉得鬼草？是樹是蓺。服之不憂，樂天傲世。如彼浪舟，任彼住滯。（道藏本缺，據元抄本）

按：《御覽》卷469引「蓺」作「藝」，「任彼」作「任波」，「住」作「流」，是也，元抄本誤。「蓺」是「藝」形誤，「藝」同「藝」。《漢魏六朝百三家集》卷57「蓺」作「萩」，「傲」作「儀」，「浪」作「滾」，「任彼」作「任波」，「住」作「流」。「萩」同「秋」，是「蓺」俗字。「儀」是「傲」形誤，「滾」是「浪」形誤。

（2）豪鱗除癬，天嬰已痤。飛魚如鮒，登雲遊波。口䏶之皮，終年行歌。（道藏本缺，據元抄本）

按：缺字當是「䏶」。《御覽》卷939引張駿《山海經飛魚讚》：「飛魚如鮒，登雲遊波。」元抄本豈是雜入張駿《山海經圖讚》歟？《初學記》卷29引張駿《山海經圖畫讚》：「敦山有獸，其名為穀，麟形一角。」是張駿確有《山海經圖讚》也。

（3）山膏如豚，厥性好罵。黃棘是食，匪子匪化。

　　盧文弨曰：子，疑「字」。（P368）

按：盧說是也，元抄本正作「字」。字，生育也。《中山經》：「有獸焉，名曰山
　　膏，其狀如逐（豚），赤若丹火，善罵。其上有木焉，名曰黃棘，黃華而
　　員葉，其實如蘭，服之不字。」郭璞注：「字，生也。」

（4）霆維天精，動心駭目。

按：郝懿行本「目」誤作「日」。

（5）氣通天漢，神洞幽明。

按：天漢，元抄本同，《類聚》卷7引作「元漠」。「元漠」即「玄漠」避諱而
　　改，非其誼也。元抄本、道藏本不誤。

（6）鶹之為鳥，同群相為。畸類被侵，雖死不避。

按：畸，元抄本作「疇」，《類聚》卷90引同，當據正。

（7）昆吾之山，名銅所在。切玉如泥，火炎有彩。尸子所歎，驗之彼宰。

按：元抄本「炎」作「炎」，「有」作「其」，《類聚》卷84引同，當據正。
　　元抄本「歎」作「難」，《類聚》卷84「彼」作「汲」，則均是形誤。尸
　　子所歎者，見《尸子·勸學》，歎鑄昆吾之金為劍，如不加砥礪，則無
　　用也。

（8）荀草赤實，厥狀如菅。婦人服之，練色易顏。夏姬是豔，厥媚三還。

　　盧文弨曰：如「還童」之「還」。《集》作「遷」，似非。（P371）

按：元抄本「還」同。《漢魏六朝百三家集》卷57「還」作「遷」。「還」、「遷」
　　與「菅」、「顏」都是元部合韻。「還」字義合，猶言回視也。「遷」是「還」
　　形誤。

（9）大騩之山，爰有苹草。青華白實，食之無夭。

　　郝懿行曰：案「苹」字蓋誤。（P418）

按：元抄本作「奇草」。

（10）椒之灌殖，實繁有倫。拂穎霑霜，朱實芬辛。服之洞見，可以通神。

按：元抄本「繁」上五字殘缺，餘同。《類聚》卷89引「殖」作「植」，「倫」
　　作「榛」，後四句作「薰林烈薄，馞其芬辛。服之不已，洞見通神」。疑當

從唐本。元本、明本脫「榛」字，「拂」是「彿」音誤，「倫穎」是「薰林」音誤。侖聲、熏聲古通〔註16〕。其餘待考。

（11）岷山之精，上絡東井。始出一勺，終致森冥。作紀南夏，天清地靜。

　　　郝懿行曰：案「森」《類聚》作「淼」。（P419）

按：森冥，元抄本作「森瞑」，《類聚》卷8引作「淼溟」，《漢魏六朝百三家集》卷57作「淼冥」。「森」是「淼」形誤。淼溟（冥），水大貌。

（12）寓屬之才，莫過於蜼。雨則自懸，塞鼻以尾。厥形雖隨，列象宗彝。

　　　郝懿行曰：案「隨」字似誤。（P419）

按：元抄本亦作「隨」，《永樂大典》卷11076、《漢魏六朝百三家集》卷57同。《匡謬正俗》卷7引作「陋」，是也。

（13）匪蛇匪龍，鱗彩炳煥。騰躍波濤，蜿蜒江漢。

按：《類聚》卷96引「蛇」作「蛟」，「炳」作「暉」，「騰躍波濤」作「騰濯濤波」。此是「蛟」讚，則讚文「蛟」當作「蛇」，《類聚》誤也。濯，讀為躍、躒，跳也。《爾雅》：「躍躍，迅也。」《釋文》：「躍躍：樊本作『濯』。」《真誥》卷3：「或眄五嶽峯，或濯天河津。」《無上祕要》卷20「濯」作「躍」。「淫躍」或作「淫濯」、「淫溧」、「淫爍」〔註17〕，是其比也。

（14）騰蛇配龍，因霧而躍。雖欲登天，雲罷陸略。仗非所任，難以云託。

　　　郝懿行曰：案「仗」字似誤。（P421）

按：下四句《類聚》卷96引作「雖欲昇天，雲龍陸莫。材非所任，難以久託」，《漢魏六朝百三家集》卷57「昇」作「登」，「龍」作「罷」，餘同；《匡謬正俗》卷7引作「雖欲登天，雲罷陸暴。枝非所體，難以久託」，並指出「此則暴曬之暴有薄音矣」。「龍」是「罷」形誤，「仗」是「材」形誤，「云」是「久」形誤。「躍」藥部，「託」鐸部，可以合韻。「略」、「莫」鐸部，「暴」藥部，亦合韻。「略」、「莫」聲轉，疑《匡謬正俗》作「陸暴」是誤本，「枝非所體」亦是誤本。「陸略」、「陸莫」猶言「落寞」、「落莫」，失意寂寞貌。言騰蛇雖欲登天，因雲散不得上天而落寞也。

〔註16〕參見張儒、劉毓慶《漢字通用聲素研究》，山西古籍出版社2002年版，第944頁。

〔註17〕參見蕭旭《呂氏春秋校補》，花木蘭文化事業有限公司2016年版，第97～100頁。

六、《海外南經圖讚》校補

（1）鳥喙長頰，羽生則卵。矯翼而翔，龍飛不遠。人維俔屬，何狀之反。

按：「龍」當據元抄本訂作「能」，形近致訛。《海外南經》：「羽民國，其為人長頭，身生羽。一曰其為人長頰。」郭璞注：「能飛不能遠，卵生，畫似仙人也。」元抄本首二句誤作「鳥喙被羽，厥生別卵」。

（2）實維嘉穀，所謂濡黍。

按：「濡」當據元抄本訂作「瑞」。

（3）三珠所生，赤水之際。翹葉栢竦，美壯若彗。濯彩丹波，自相霞映。

郝懿行曰：案「壯」疑當為「狀」。臧庸曰：「『映』字無韻，蓋誤。」（P422）

盧文弨曰：映，疑「蔚」。（P378）

按：《永樂大典》卷 14536 引同道藏本作「壯」，《漢魏六朝百三家集》卷 57 亦同。元抄本「壯」作「狀」，「霞映」作「映翳」。「際」、「彗」月部字，「映」陽部字，可以合韻。郭店簡《六德》簡 36「而狐寡萲緐（由）乍（作）也」，簡 24 同句「萲」作「亡」。《論語·雍也》：「亡之，命矣夫！」《新序·節士》「亡之」作「末之」，《漢書·宣元六王傳》作「萲之」。「末之」即「萲之」，亦即「滅之」，是「亡之」雙聲音轉。《論語集解》引孔安國曰：「亡，喪也。疾甚，故持其手曰喪之也。」孔氏「亡，喪也」陽部疊韻為訓，「亡」不讀「無」音。陽部的「亡」音轉為月部的「末」、「萲」。

（4）雙肱三尺，體如中人。彼曷為者，長臂之民。脩腳是負，捕魚海濱。

郝懿行曰：三尺，《初學記》作「三丈」。（P423）

按：元抄本作「三丈」。《初學記》卷 19 引「雙肱三尺」作「雙臂三丈」，「民」作「人」，又引「是負」同於道藏本。郝懿行本誤作「自負」，嚴可均《全晉文》卷 123 誤同。

（5）聖德廣被，物無不懷。爰乃殂落，封墓表哀。

按：「乃」當據元抄本訂作「及」。

七、《海外西經圖讚》校補

（1）雲融是揮，玉璜是佩。

郝懿行曰：「融」當作「翮」。（P424）

按：元抄本作「翩」。

（2）妙哉工巧，奇肱之人。因風構思，制為飛輪。凌頹遂軌，帝湯是賓。

按：凌，讀為陵。陵頹，猶言陵遲頹靡。岑參《招北客文》：「當周室陵頹兮，
　　亂無（其）紀綱。」〔註18〕元抄本「遂軌」作「隧軌」，是也。隧，讀
　　為墮。

（3）軒轅之人，承天之祐。冬不襲衣，夏不扇暑。猶氣之和，家為彭祖。

按：祐，元抄本作「祜」，郝懿行本、嚴可均《全晉文》卷123同。作「祜」
　　魚部合韻。

（4）飛黃奇駿，乘之難老。揣角輕騰，忽若龍矯。

按：揣，搖動也，音丁果反。《廣雅‧釋詁》：「搖、扤、掉、捎、揣、撋、抁，
　　動也。」又《釋訓》：「揣抁，搖捎也。」P.2011王《韻》、S.2071《切韻箋
　　注》：「揣，丁果反，搖。」《漢語大字典》引此例，音初委反，訓「持、
　　抓」，其根據是《漢書‧賈誼傳》「何足控揣」孟康注：「揣，持也。」〔註
　　19〕其音義均有問題。《漢書》之「揣」，《史記》、《文選‧鵩鳥賦》作「搏」，
　　李善注：「孟康曰：『搏，持也。』如淳曰：『搏，或作揣。』《鶡冠子》曰：
　　『彼時之至，安可復還，安可控搏也。』」「揣」乃「搏」借字，當音徒端
　　反，謂以手團之。

（5）龍魚一角，似狸居陵。俟時而出，神靈被乘。飛騖九域，乘龍上升。

　　郝懿行曰：案「龍」，《類聚》作「雲」。（P426）

按：元抄本「被」作「攸」，「龍」作「雲」，《類聚》卷96、《御覽》卷939、
　　《漢魏六朝百三家集》卷57同，當據校正。郝懿行本「被」徑作「攸」，
　　而失校記。《御覽》、《百三家集》「狸」同，當據元抄本及《類聚》作「鯉」。
　　《百三家集》「騖」同，《類聚》誤作「驚」，元抄本及《御覽》誤作「鷔」。

八、《海外北經圖讚》校補

（1）天缺西北，龍衝火精。氣為寒暑，眼作昏明。身長千里，可謂至神。

　　郝懿行曰：案「衝」，《類聚》作「銜」。神，《類聚》作「靈」。（P427）

〔註18〕Дx.3865《招北客詞》「無」作「其」。
〔註19〕《漢語大字典》卷2，湖北辭書出版社、四川辭書出版社1986年第1版，第
　　　　1918頁；崇文書局、四川辭書出版社2010年第2版，第2030頁。

按：元抄本同《類聚》。「衝」是「衘」形譌。《大荒北經》郭璞注引《詩含神霧》：「天不足西北，無陰陽消息，故有龍衘火精往照天門之中者矣。」又《類聚》卷96引「西北」作「西土」。「靈」、「神」都合韻。

（2）蒼四不多，此一不少。子野冥瞽，洞見無表。形遊逆旅，所貴維眇。

按：元抄本「冥」作「名」，「遊」作「猶」，「維眇」作「惟道」。「蒼四」殆謂蒼頡有四目。《論衡·骨相》：「蒼頡四目，為黃帝史。」《類聚》卷17引《春秋孔演圖》：「蒼頡四目，是謂並明。」晉平公時瞽人師曠字子野。冥，讀為瞑，目盲也。「名」是「冥」音譌，「遊」是「猶」音譌。

（3）柔利之人，曲腳反肘。子求之容，方此無醜。所貴者神，形于何有。

按：元抄本「子求」作「子永」，誤也。《淮南子·精神篇》：「子求行年五十有四而病傴僂，脊管高於頂，腸下迫頤，兩髀在上，燭營指天，匍匐自闚於井，曰：『偉哉！造化者其以我為此拘拘邪？』」高誘注：「子求，楚人也。」讚文謂柔利人比子求更加醜陋。

（4）深目類胡，但口絕縮。軒轅道降，款塞歸服。穿胸長腳，同會異族。

按：元抄本「但」下缺字作「服」，「降」作「隆」，「腳」作「服」，「族」作「域」。盧文弨校本作「但頸」，「但」下注「疑」，又改「降」作「隆」（P385），盧氏疑「但」字有誤，不知其補「頸」字何據。「族」、「域」都合韻，義亦並通。「降」當作「隆」，形聲俱近。「長腳」是，作「長服」是形誤。

（5）眇眇尋木，生於河邊。竦枝千里，上干雲天。垂陰四極，下蓋虞淵。

按：元抄本「四極」作「西極」，是也。《海外北經》：「利纓之國，尋木長千里，在拘纓南，生河上西北。」

（6）厥形雖大，斯腳則企。跳步雀踶，踵不閡地。

按：元抄本作「厥形惟大，其腳則跂。跳步雀躍，踵不閡地」。經文：「跂踵國，其為人大，兩足亦大。一曰大踵。」郭璞注：「其人行，腳跟不著地也」跂，讀為企，舉踵也。陳逢衡曰：「郝氏曰：『案：《竹書》云：「夏帝癸六年，歧踵戎來賓。」《呂氏春秋·當染篇》云：「夏桀染於跂踵戎。」即此也。高誘注《淮南·地形訓》云：「跂踵民踵不至地，以五指行也。」』案：所謂『跂踵』者，《玉篇》：『踵，足後。』《曲禮》：『車輪曳踵。』疏：『踵，腳後也。』《集韻》『跂』與『蚑』同，蟲行也。《前漢·禮樂志》：『跂行

畢逮。』《淮南·原道訓》：『跂行喙息。』又《漢書·東方朔傳》：『跂跂脈脈善緣壁。』皆是言此國人足大，足跟累重，行不離地，有似蟲行，故曰跂踵，正與郭注相反。」〔註20〕陳說是「跂行」，非是，引《漢書》「跂跂脈脈」尤誤〔註21〕，與「跂行」無涉。

（7）駒驕野駿，產自北域。交頸相摩，分背翹陸。雖有孫陽，終不能服。

按：元抄本「陸」作「踛」。「翹陸（踛）」出《莊子·馬蹄》：「翹足而陸。」《釋文》：「司馬云：『陸，跳也。』《字書》作『踛』。踛，馬健也。」《文選·江賦》李善注引《莊子》作「翹尾而踛」。《類聚》卷 93、《爾雅翼》卷 18 引作「終不在服」，是也。「服」為「驂服」之「服」。元抄本、道藏本誤以「服」為馴服義，因改作「不能服」。

九、《海外東經圖讚》校補

（1）東方氣仁，國有君子。薰華是食，雕虎是使。雅好禮讓，禮委論理。

郝懿行曰：案末句有誤。（P429）

按：禮委，當據元抄本作「端委」，指穿上禮服。光緒刻本《漢魏六朝百三家集》卷 57「禮委」同，四庫本《百三家集》及吳任臣《山海經廣注》作「委蛇」，皆臆改。

（2）青丘奇獸，九尾之狐。有道翔見，出則銜書。作瑞周文，以標靈符。

按：《初學記》卷 29 引「標」作「摽」，餘同道藏本。《類聚》卷 95、《御覽》卷 909 引「翔」作「祥」，「周文」作「於周」，「標」作「摽」。《記纂淵海》卷 98 引亦作「祥」、「於周」。翔，讀為祥。《易·履》「考祥」，帛書本「祥」作「翔」。元抄本「翔」作「則」，乃是臆改。

十、《海內南經圖讚》校補

（1）梟梟怪獸，被髮操竹。獲人則笑，脣蔽其目。終亦號咷，反為我戮。

按：怪獸，《御覽》卷 908、《廣韻》「嚻」字條、《爾雅翼》卷 19、《記纂淵海》

〔註20〕陳逢衡《山海經彙說》（劉朝飛點校），花木蘭文化事業有限公司 2023 年版，第 68～69 頁。

〔註21〕「跂跂」是「規規」、「窺窺」、「闚闚」轉語，竊視皃。參見蕭旭《小學類著作校疏（五則）》，《中國文字》2021 年夏季號（總第 5 期），第 49～52 頁；又收入《群書校補（三編）》，花木蘭文化事業有限公司 2023 年版，第 1894 頁。

卷98引同；元抄本作「怪萌」，《爾雅·釋獸》疏、《緯略》卷7引同。《御覽》、《記纂淵海》引「髬髵」作「虇虇」，「蔽」作「蓋」。《廣韻》、《爾雅翼》引「髬髵」作「狒狒」，「操」作「握」，「終亦」作「終乃」。

（2）狌狌之狀，形乍如犬。厥性識往，為物警辯。以酒招災，自貽縲胃。

按：元抄本「形乍如犬」作「乍豚乍犬」，「辯」作「辨」，「貽縲」作「詒嬰」。《海內南經》：「狌狌知人名，其為獸如豕而人面。」郭璞注：「今交趾封溪出狌狌，土俗人說云：狀如豚而後似狗，聲如小兒啼也。」是所謂「乍豚乍犬」也。

（3）炎帝之苗，實生氏人。死則復蘇，厥身為鱗。雲南是託，浮游天津。

　郝懿行曰：案「南」疑當為「雨」。（P431）

按：《永樂大典》卷3007、《漢魏六朝百三家集》卷57同道藏本。郝說是也，盧文弨亦校「南」作「雨」（P391）。元抄本「身」作「半」，「南」作「雨」，「託」作「訖」。「訖」是「託」形譌。

（4）象實巨獸，有蛇吞之。越出其骨，三年為期。厥大何如，屈生是疑。

按：《類聚》卷96引同。元抄本「是疑」作「所疑」。《海內南經》：「巴蛇食象，三歲而出其骨。」郭璞注：「今南方蚺蛇吞鹿，鹿已爛，自絞於樹，腹中骨皆穿鱗甲間出。此其類也。」越，讀為夬，俗作決、抉，穿通也。匣母、見母旁紐雙聲，月部疊韻。《說文》：「夬，穿也。」字亦作欮、厥、撅、蹶、闕、掘、抇。《廣雅》：「欮、掘、抇、抉，穿也。」《集韻》：「掘，穿也，或作闕，亦書作撅。」定縣漢簡《儒家者言》：「厥之得甘泉焉。」《韓詩外傳》卷7、《說苑·臣術》「厥」作「掘」。《大戴禮記·曾子疾病》「蹶穴其中」，《說苑·敬慎》作「穿穴」。「越出其骨」者，即「象骨穿鱗甲間出」之誼。

十一、《海內西經圖讚》校補

（1）漢擊磐石，其中則危。劉生是識，群臣莫知。可謂博物，《山海》乃奇。

按：元抄本「磐石」作「磻石」，「識」作「辨」，「乃」作「是」。郭氏讚文本於劉歆《上山海經表》：「孝宣皇帝時擊磻石於上郡，陷，得石室。其中有反縛盜械人。時臣秀父向為諫議大夫，言此貳負之臣也。詔問何以知之，

亦以《山海經》對。」擊，讀為啟，猶言打開。《海內西經》郭璞注：「漢宣帝使人上郡發磐石，石室中得一人，徒裸，被髮，反縛，械一足。以問群臣，莫能知。劉子政案此言對之，宣帝大驚。於是時人爭學《山海經》矣。」「啟磐石」即「發磐石」之誼。

（2）城圍三百，連河比棟。動是塵昏，蒸氣霧重。

郝懿行曰：案「河」疑當作「阿」。（P431）

按：郝說是也，盧文弨亦校「河」作「阿」（P392）。元抄本「河」作「阿」，「是」作「則」，「霧重」作「成霧」。

（3）穆王旋軫，爰榮騄耳。

按：元抄本「榮」作「𥱼」，是也。「𥱼」是俗「策」字，猶言鞭打。萬曆刻本《抱朴子外篇・知止》「況自為策而不詳哉」，道藏本、魯藩本「策」作「榮」。宋九卷本《古文苑》卷6班固《車騎將軍竇北征頌》「握輔𢱢」，宋廿一卷本「𢱢」作「探」。

（4）天限內外，分以流沙。經帶西極，頹溏委蛇。注于黑水，永溺餘波。

按：元抄本「溏」同。郝懿行本作「唐」，嚴可均《全晉文》卷123同，與底本不合。元抄本「永」作「承」，是也。

（5）爰有嘉穀，號曰木禾。匪植匪藝，自然靈播。

按：元抄本下二句作「匪蓺匪殖，自然雲播」。「蓺」是「藝」形譌，「雲」是「靈」形譌。

（6）文玉玗琪，方以類叢。翠葉猗萎，丹柯玲瓏。玉光爭煥，彩豔火龍。

按：元抄本「方以」誤作「以方」，「玉光」誤作「五光」。「猗萎」雙聲連語，猶言「猗猗」，枝葉柔弱下垂貌，繁盛貌。《三輔黃圖》卷4「花葉難萎」是其誼，「難萎」是「阿難」倒語，「阿難」語轉又作「猗難（儺）」、「阿那」、「委移」、「倚移」。《詩・隰桑》：「隰桑有阿，其葉有難。」毛傳：「阿然，美貌。難然，盛貌。」

（7）醴泉璿木，養靈盡性。增氣之和，祛神之冥。

郝懿行曰：案「璿」當作「睿」。（P432）

按：《類聚》卷88引作「睿木」。

（8）服常琅玕，崑山奇樹。丹實珠離，綠葉碧布。

按：離，讀為羅，列也，布也。

十二、《海內北經圖讚》校補

（1）金精朱鬣，龍行駿跱。拾節鴻驚，塵下及起。是謂吉黃，釋聖牖里。

按：元抄本「鬣」作「髦」，「駿」作「駮」，「下」作「不」，「吉黃」作「古皇」，
「釋」作「拔」。「下」為「不」誤，《漢魏六朝百三家集》卷 57、《玉芝堂
談薈》卷 33 亦作「不」。「塵不及起」形容「吉良」馬飛騰之疾。「髦」當
作「鬣」，「古皇」當作「吉皇」。《海內北經》：「有文馬，縞身朱鬣，目若
黃金，名曰吉量（一作良），乘之壽千歲。」郭璞注引《大傳》：「駮身朱
鬣雞目。」〔註22〕《說文》：「驦，馬赤鬣縞身，目若黃金，名曰驦。吉皇
之乘，周成王時犬戎獻之。」「文馬」即「驦馬」，《說文》正作「吉皇」。
拔，救出也，與「釋」義近。「釋聖牖里」指散宜生獻美馬等珍物於紂王，
解救文王於牖里也。「拾節」不詳何義。疑拾讀為迨，及也。《說文》：「迨，
遝也。」節讀為蹟（跡），一聲之轉。

（2）稟華之精，練食石八。乘龍隱淪，往來海若。是謂水仙，號曰河伯。

按：石八，元抄本作「八石」，是也。郝懿行本作「八石」，而失校記。《類聚》
卷 78 引作「食惟八石」。「八石」是道家煉丹所用八種石料。《類聚》又引
下句作「往來海客，若是水仙」，則非是。元抄本亦作「海若」，指海神。
《楚辭·遠遊》：「使湘靈鼓瑟兮，令海若舞馮夷。」王逸注：「海若，海
神名也。」鮑照《望水》：「河伯自矜大，海若沉渺莽。」

（3）姑射之山，實西神人。大蟹千里，亦有陵鱗。

郝懿行曰：「西」當作「有」。（P434）

按：「西」當據元抄本作「栖」，《漢魏六朝百三家集》卷 57 同。

十三、《海內東經圖讚》校補

（1）川瀆交錯，渙瀾流帶。通潛潤下，經營華外。殊出同歸，混之東會。

按：元抄本「渙瀾」作「澳瀾」，「通潛潤下」作「潛潤旁通」，「殊出」作「殊

〔註22〕《御覽》卷 641 引「駮身」同，《初學記》卷 29、《爾雅翼》卷 18 引作「駿
身」，《御覽》卷 893 引作「驄身」。縞身謂白色。疑「縞身」音誤作「駮身」，
又臆改作「驄身」耳。

派」。《類聚》卷 8 引「交錯」作「綺錯」,「通潛潤下」作「潛潤旁通」;
《初學記》卷 6 引「旁」作「傍」,其餘全同《類聚》。「澳」是「渙」形
誤,「沠」是「派」俗誤字。

十四、《大荒東經圖讚》校補

自卷 14《大荒東經》以下,道藏本闕《圖讚》,元抄本有之。郝懿行、嚴
可均二氏未見元抄本,據類書有少量輯錄。茲據元抄本為底本。

(1)寫溢洞穴,**暎**昏龍燭。爰有〔大〕壑,無底之谷。流宗所灌,豁然
滲漉。

按:前四句《書鈔》卷 158 引作:「雁益洞穴,映昏龍燭。爰有大壑,號曰底
谷。」《韻補》卷 5「底」字條引作:「寫溢洞穴,嘆昏龍燭。爰有大壑,
號為無底。」「雁益」當作「寫益(溢)」。「暎」當作「暎」,同「映」。「嘆」
當作「映」。方以智指出「底有篤音」〔註23〕,與「燭」合韻。疑本作「號
無底谷」,「谷」與「燭」、「漉」合韻,《韻補》所引未必可取。末二句未
見諸書引用。

(2)焦嶢極麼,錚人又小。四體取具,眉目財了。

按:《初學記》卷 19 引「焦嶢」作「僬僥」,「取具」作「取足」,「財」作「纔」。
《御覽》卷 378 引「焦嶢」作「僬僥」,「又小」作「唯小」,「取具」作「具
足」,「財」作「才」。

十五、《大荒南經圖讚》校補（闕）

十六、《大荒西經圖讚》校補

(1)共工赫怒,不周是觸。地虧異維,天缺乾角。理外之言,難以語俗。

按:《芥隱筆記》引前四句同。

(2)弱出崑山,鴻毛是沉。北淪流沙,南映火林。惟水之奇,莫測其深。

按:《類聚》卷 8 引同。

(3)木含陽精,氣構則然。焚之無盡,是生火山。理見乎微,其妙如傳。

按:《類聚》卷 7 引「氣」、「精」互倒,「構」作「搆」,「然」作「燃」,「如」

〔註23〕方以智《通雅》卷 49,收入《方以智全書》第 1 冊,上海古籍出版社 1988 年
版,第 1456 頁。

作「在」。《韻補》卷 2「焚」字條引作：「木含陽精，氣結則焚。理其微乎，其妙在傳。」

十七、《大荒北經圖讚》校補

（1）若木之生，崑山是濱。朱華電照，碧葉玉津。食之靈智，為力於人。

按：《類聚》卷 89 引「於人」作「為仁」。

十八、《海內經圖讚》校補

（1）都廣之野，珍怪所聚。爰有膏穀，鸞歌鳳舞。后稷純絡，樂哉斯土。

按：《類聚》卷 6 引「膏」作「羔」，「純絡」作「託終」。「羔」是「膏」音誤，「純絡」是「託終」形誤。《海內經》：「都廣之野，后稷葬焉。爰有膏菽、膏稻、膏黍、膏稷，百穀自生，冬夏播琴。鸞鳥自歌，鳳鳥自儛。靈壽實華，草木所聚。爰有百獸，相群爰處。」

（2）有物貪惏，號曰封豕。荐食無猒，肆其殘毀。羿乃飲羽，獻商文枝。

按：《類聚》卷 94 引「惏」作「婪」，「猒」作「饜」，「獻商文枝」作「獻帝效技」。「商文枝」是「帝效技」形譌。

2023 年 1 月 24 日～4 月 14 日初稿，4 月 14～19 日修訂，8 月 16～18 日再訂。